Hansjörg Hemminger

# Kindheit als Schicksal?

## Die Frage nach den Langzeitfolgen frühkindlicher seelischer Verletzungen

Rowohlt

Umschlagentwurf Werner Rebhuhn

1. Auflage Februar 1982

Satz Garamond (Linotron 404)
Gesamtherstellung Clausen & Bosse, Leck
Printed in Germany
ISBN 3 498 02857 x

# Inhaltsangabe

# Vorwort

Dieses Buch wird sich mit einem Thema beschäftigen, das viele Menschen persönlich betrifft, nämlich mit der Frage, wie sich seelische Verletzungen im frühen Alter auf die kindliche Entwicklung auswirken. Dabei geht es auch um die Frage, was getan werden kann, um entstandene Schäden zu beheben. Ursprünglich waren es gerade diese praktischen Probleme, die mich veranlaßten, über das Thema des psychischen Traumas wissenschaftlich zu arbeiten. Es ging mir um die Anwendung anthropologischer Theorien in der Sozialpolitik und in der Psychotherapie, und mit den Resultaten der mir bekannten herkömmlichen Theorien war ich, offen gesagt, außerordentlich unzufrieden. Um nicht bei der bloßen Bekundung von Mißbehagen stehenzubleiben, hatte ich keine andere Wahl, als meine praktische Unzufriedenheit wissenschaftlich zu untersuchen und mir einen eigenen theoretischen Standpunkt zu erarbeiten.

Allerdings halte ich es für notwendig, den Leser im voraus darauf hinzuweisen, welche Art von Buch bei dieser Arbeit letztlich entstand:

Es handelt sich nicht um ein populärwissenschaftliches Buch im üblichen Sinn, in dem «anerkannte Resultate der Wissenschaft» für ein Laienpublikum allgemeinverständlich dargestellt werden. Solche Bücher sind sehr wichtig, aber sie lassen meist keine Schlüsse darüber zu, wie sicher die geschilderten Ergebnisse nun eigentlich wirklich sind. Im Gegensatz dazu habe ich mich darum bemüht, die theoretischen und methodischen Gedankengänge, die zu den wichtigsten Ergebnissen führen, wissenschaftlich vollständig darzustellen. Viele wesentliche Aussagen dieses Buches hätten daher in ähnlicher oder gleicher Weise auch in einer wissenschaftlichen Veröffentlichung im engeren Sinn diskutiert werden können.

Trotzdem habe ich es so weit als möglich vermieden, eine Sprache zu benutzen, die die Gedankengänge für den Nichtwissenschaftler undurchschaubar werden läßt. Dabei wurde ich von der Überzeugung unterstützt, daß es in Fragen des menschlichen Lebens wirkliche Laien nicht gibt und nicht geben kann. Es ist eine Frage der Ausdrucksweise, ob sich der wissenschaftliche Anthropologe dem Nichtfachmann verständlich machen kann oder nicht.

Ziel des Autors und des Verlages war es, Ergebnisse einer wissenschaftlichen Arbeit, die von allgemeinem Interesse sind, auch in einer allgemein verständlichen Form zu veröffentlichen. Natürlich bedeutet dies, zwischen den Erwartungen des Fachmanns und den Erwartungen anderer Leser einen Kompromiß zu schließen. Die Wissenschaftler unter den Lesern werden manche Passage als zu lang oder als zu anschaulich und bildhaft empfinden, und sie werden vielleicht die gewohnte Terminologie vermissen. Ich kann diese Leser nur darauf hinweisen, daß erfahrungsgemäß gerade die anschaulichen Beispiele, die ein Autor wählt, seinen Standpunkt (mit seinen Irrtümern) für den Kollegen besonders klar werden lassen. Ein Wissenschaftler, der sich im Interesse von nichtwissenschaftlichen Lesern bildhaft und anschaulich ausdrückt, macht sich damit auch angreifbarer, als wenn er sich hinter seiner Fachterminologie verschanzt hätte. Ich bitte die wissenschaftlichen Leser also darum, mir den moralischen Mut dazu als einen mildernden Umstand anzurechnen.

Hingegen wird der interessierte Nichtwissenschaftler vielleicht die wissenschaftliche Diskussion an manchen Stellen als zu schwierig empfinden. An solche Leser möchte ich ausdrücklich appellieren, sich trotzdem auf das Für und Wider der wissenschaftlichen Streitfragen einzulassen. Ein dabei entstandenes eigenes Urteil – ob es nun zustimmend oder ablehnend ausfällt – wird von viel größerem Gewicht sein als ein Urteil, das kritiklos den «anerkannten Ergebnissen der Wissenschaft» folgt (die es in diesem Bereich, entgegen vielen Behauptungen, gar nicht gibt).

Nun noch einige Hinweise zum Inhalt der einzelnen Kapitel: Die Kapitel II, IV und VI enthalten die wesentlichen anthropologischen Aussagen des Buches. Besonders Kapitel VI geht in einzelnen Passagen vielleicht weiter, als mancher Nichtwissenschaftler zu folgen bereit ist. Es ist jedoch ohne weiteres möglich, die schwierigsten Stellen zu überlesen, ohne den Überblick über den Gesamtzusammenhang des Textes zu verlieren. Die übrigen Kapitel sind eher anwendungsbezogen und werden daher, wie ich hoffe, auf allgemeines Interesse stoßen.

Hinweise auf die zitierte Literatur sowie wissenschaftliche Anmerkungen von spezieller Art wurden in einen Anhang am Schluß des Buches verlegt. Im laufenden Text weisen Nummern auf die zugehörigen Zitate und Anmerkungen des Anhangs hin. Außerdem findet sich auch ein Sach- und Namenregister am Schluß des Buches.

Schließlich möchte ich mit diesem Vorwort all denjenigen danken, die mir bei der Abfassung des Textes geholfen haben. Besonders nennen möchte ich Frau HASSENSTEIN und Herrn Professor HASSENSTEIN sowie Herrn Professor HERTEL aus Freiburg, die zu vielen einzelnen Fragen kritisch Stellung bezogen. Herrn Professor GÖRRES aus München danke ich dafür, daß er es mir ermöglichte, meine Gedanken im Rahmen eines Seminars vorzutragen und sie mit ihm zu diskutieren. Der Stiftung Volkswagenwerk, die im Rahmen des Projekts «Biologische Anthropologie» einen Teil der Forschungsarbeiten finanzierte, gebührt ebenfalls Dank. Ganz besonders habe ich dem Rowohlt Verlag zu danken, dessen Lektor, Herr GIESELBUSCH, mich sehr zu Recht veranlaßte, einige notwendige Änderungen vorzunehmen. Durch den Einsatz des Verlages wurde der Versuch erst möglich, ein wissenschaftliches Buch über das Thema «psychisches Trauma» für einen größeren Leserkreis zu veröffentlichen. Ob dieser Versuch gelungen ist, wird sich für jeden einzelnen Leser bei der Lektüre erweisen müssen.

Freiburg, September 1981 H. H.

# Einführung

Nicht alles ist klar und verläßlich, was so scheint;
Die dunkle Bilderweisheit soll'n wir nicht verachten;
Sonst könnten wir Verderbliches leichthin empfangen;
Und unsrer Seele gute Nahrung rauben.

Aus: ‹*The Pilgrim's Progress*› von John Bunyan

In einer deutschen Großstadt steht ein achtzehn Jahre alter Jugendlicher vor Gericht, weil er gemeinsam mit einer Gruppe junger Männer nachts einen Betrunkenen überfallen, niedergeschlagen und ausgeraubt hat. Der Angeklagte gesteht die Tat ein, so daß sich das Gericht wenig mit dem Hergang des Raubes zu beschäftigen hat, um so mehr aber mit der Person des Angeklagten und den Hintergründen des Verbrechens. Nach den Bestimmungen des Jugendgerichtsgesetzes hat das Jugendschöffengericht die Aufgabe, eine Strafe auszusprechen, die einerseits der Schwere der Tat angemessen ist, andererseits aber der künftigen Erziehung und Entwicklung des Jugendlichen dienlich sein soll.

Wie es in solchen Fällen häufig geschieht, hat der Verteidiger des Angeklagten ein psychologisches Gutachten erstellen lassen. Der Gutachter tritt vor Gericht auf und gibt seine Stellungnahme ab. Er stützt sich unter anderem auf die Tatsache, daß der Angeklagte als Säugling monatelang krank gewesen sei und diese Zeit getrennt von seinen Eltern in einer Klinik verbracht habe. Das Kind sei, wie die Eltern dem Gutachter berichtet haben, nach seinem Klinikaufenthalt ungewöhnlich schwierig gewesen und habe viel Sorge bereitet. Später habe sich die Entwicklung zwar normalisiert, aber mit vierzehn Jahren sei der Junge in schlechte Gesellschaft geraten. Auf diesen Umgang führen die Eltern, laut ihrem Gespräch mit dem Gutachter, alle Probleme ihres Sohnes zurück. Er habe sich von seinen Kumpanen zunehmend zu kleinen Diebereien verführen lassen, und nun sei dieser schlimme Raubüberfall das Ende gewesen.

Der Gutachter zieht vor Gericht seine eigenen Schlüsse aus seinen Erhebungen und aus den Gesprächen mit dem Angeklagten. Er führt etwa das folgende aus:

Als Säugling hat der heutige Angeklagte eine lange Trennung von seinen Bezugspersonen erlebt, die ein schweres seelisches Trauma darstellte. Dieses Trauma, das in dem sozial einfachen und psychologisch undifferenzierten Elternhaus nicht überwunden werden konnte, bewirkt bis heute eine sehr tiefsitzende Beziehungsunsicherheit. Das Handeln des Angeklagten wird von der unbewußten Angst gelenkt, nicht geliebt und anerkannt zu werden. Er fürchtet stets das Erlebnis, irgendwo nicht dazugehören zu können. Diese unbewußte Angst wird kompensiert, indem sich der Jugendliche voll und ganz mit einer Gruppe identifiziert, deren Anerkennung er sich durch kriminelle Aktivitäten erringen kann. Gemeinsame Unternehmungen, wie auch im Fall des gemeinschaftlichen Raubes, führen bei dem Angeklagten zu einem euphorischen Zustand, in dem seine Steuerungsfähigkeit erheblich eingeschränkt ist. Schuldfähigkeit im Sinne des Gesetzbuches besteht allerdings trotzdem, denn der Angeklagte könne sich – so der Gutachter – der verführerischen Gruppensituation ja rechtzeitig entziehen. Allerdings müsse der Angeklagte durch seine Traumatisierung und die an sie anschließende neurotische Entwicklung als besonders anfällig für Gruppenkriminalität gelten. Am Schluß seines Gutachtens fordert der Sachverständige das Gericht auf, die vorhandene seelische Verletzung des Angeklagten bei der Strafzumessung zu berücksichtigen, und er empfiehlt außerdem, den Angeklagten durch eine richterliche Weisung zum Beginn einer Psychotherapie zu veranlassen.

Ich habe hier einen authentischen Fall geschildert (der natürlich in den Einzelheiten verändert wurde) und der für viele andere ähnliche Vorgänge in deutschen Gerichtssälen steht. Was das Jugendschöffengericht letztlich entschied, ist hier nicht weiter wichtig (es erkannte auf eine zweijährige Jugendstrafe). Wichtig ist, mit welchen psychologischen Mitteln der Gutachter dem Gericht das Verhalten des Angeklagten erklärte.

Und zwar führte der Sachverständige die kriminelle Neigung

des Angeklagten zum erheblichen Teil auf ein sehr lange zurückliegendes Ereignis zurück, nämlich auf ein Trennungstrauma, das dieser als noch nicht ein Jahr alter Säugling erlitten hatte. Er ging davon aus, daß durch dieses Trauma irgendeine seelische Mißbildung oder Erkrankung entstanden sei, die bis heute das Verhalten des Jugendlichen wesentlich bestimme. Diese Art des Erklärens aktueller Verhaltensprobleme aus frühkindlichen Erfahrungen heraus ist heute außerordentlich weit verbreitet. Nicht nur Psychologen und Psychiater, auch Juristen, Lehrer, Jugendamtsleiter, Sozialpolitiker und belesene Eltern reden und handeln auf der Grundlage ganz ähnlicher Vorstellungen. Diese Denkweise beschränkt sich dabei auch nicht auf den Bereich kriminellen Verhaltens. Alle möglichen menschlichen Probleme, Ehe- und Erziehungsschwierigkeiten ebenso wie Konflikte am Arbeitsplatz, Unzufriedenheit im Alltag und vieles andere werden irgendwie mit frühkindlichen Traumata in Verbindung gebracht. Insgesamt hat der Begriff des frühkindlichen seelischen Traumas dadurch einen großen Einfluß auf unseren gesamten Alltag gewonnen.

Gerade der Bedeutung wegen, die dem frühkindlichen Trauma heute zugemessen wird, stellen sich auch wichtige Fragen. Es fragt sich, auf welche wissenschaftlichen Erkenntnisse sich die Theorie vom lange nachwirkenden frühkindlichen Trauma überhaupt stützt. Es fragt sich, wie weit diese Stütze reicht und ob die Traumatheorie von Laien nicht überinterpretiert wird. Im Gegensatz zu der Vorstellung von der großen Wichtigkeit frühkindlicher Traumata, die weit verbreitet ist, sind die Kenntnisse über die Gründe für diese Wichtigkeit recht wenig verbreitet. Zwar haben viele Menschen den Eindruck, es handle sich um Kenntnisse aus der Tiefenpsychologie (was zutrifft) oder Kenntnisse aus der Psychologie schlechthin (was falsch ist). Kaum jemand kann jedoch in klaren Worten angeben, durch welche Erfahrungen, Messungen oder Beobachtungen der Wissenschaft die Traumatheorie eigentlich begründet und gestützt wird. Die weite Verbreitung dieser Theorie beruht auf Gewohnheit, keineswegs auf einem allgemein verbreiteten klaren Wissen. Es ist die Absicht dieses Buches, die wissenschaftliche Begründung der Traumatheorie zu prüfen und damit die Fragen neu zu stellen, die von vielen Menschen im Vertrauen auf «die Wissenschaft» als beantwortet betrachtet werden.

Man muß sich darüber im klaren sein, daß unsere heutige Vorstellung vom psychischen Trauma geschichtlich gesehen eine Neuentwicklung darstellt und viele Bestandteile der vorwissenschaftlichen, auf der Alltagserfahrung beruhenden Menschenkenntnis verwirft und für falsch erklärt. Unseren Vorfahren wäre die Behauptung fremd und absurd vorgekommen, daß schmerzliche Erlebnisse im frühen Kindesalter einen Erwachsenen zu kriminellem Handeln, zu ehelicher Untreue oder zu übermäßigem Essen veranlassen könnten. Diese Theorie ist also entweder ein bahnbrechender, ungeheurer Fortschritt, der das vorherige Denken revolutioniert, oder ein schlichter Irrtum. Um eine organische Weiterentwicklung aus alten Vorstellungen heraus handelt es sich auf keinen Fall. Auch FREUD war sich über die umwälzende Bedeutung seiner Theorien im klaren. Er verglich die Psychoanalyse in ihrer Wirkung auf das menschliche Denken mit der Astronomie des KOPERNIKUS und der Evolutionslehre DARWINS. Trotzdem hat diese Theorie, die entweder umwälzend neu oder fundamental irrig ist, bis heute nicht nur die Alltagspsychologie früherer Generationen, sondern auch noch einen großen Teil der Wissenschaft gegen sich. Ich werde darauf noch näher einzugehen haben.

Zuerst sollen jedoch zwei weitere Beispiele genannt werden, um die weite Verbreitung der tiefenpsychologischen Traumatheorie zu belegen: Das erste Beispiel stammt aus einer sehr guten und in der ganzen Bundesrepublik benutzten Broschüre, die verteilt wird, um schwangere Frauen und junge Eltern über Säuglingspflege zu informieren [1]. In dieser Broschüre wird – sehr richtig – darauf hingewiesen, daß das Baby zu seiner gesunden Entwicklung die Liebe der Eltern ebenso dringend benötigt wie die Versorgung mit Nahrung und Kleidung. Mitten in diesen wichtigen Passagen findet sich der folgende Satz:

«Wer als Säugling nicht genügend Gelegenheit hatte, innige und anhaltende Beziehungen zu seiner Mutter (oder einer anderen Bezugsperson) zu knüpfen, kann das damit Verlorene später kaum mehr nachholen.»

Hier wird mehr ausgesagt, als daß das Fehlen liebevoller Beziehungen Gesundheit und Wohlbefinden des Säuglings schwer beeinträchtigt. Es wird zusätzlich gesagt, daß dieser Schaden, ist er einmal eingetreten, auch durch spätere Bemühungen kaum mehr wiedergutgemacht werden kann. Dies ist eine sehr folgenreiche und schwerwiegende Aussage – man denke an das Beispiel des Jugendlichen vor Gericht, der als Säugling lange Zeit in einer Klinik verbringen mußte. Ihm und seinen Eltern wird hier von Fachleuten bescheinigt, daß durch dieses unglückliche und unverschuldete Ereignis schwere spätere Probleme bereits vorherbestimmt waren, wenn auch nicht gerade eine kriminelle Entwicklung im einzelnen hätte vorausgesagt werden können.

Auch hier kann man bezweifeln, daß sich solche Aussagen tatsächlich aus «der Wissenschaft» (was immer man darunter verstehen mag) mit einer genügenden Sicherheit ableiten lassen. Ein Fachmann, der solche Aussagen pauschal macht, muß sich fragen lassen, ob er die damit verbundene Verantwortung guten Gewissens auf sich nehmen kann. Ein weiteres Beispiel soll die Schwierigkeit noch deutlicher werden lassen:

Auch Erwachsene, die unter persönlichen Problemen leiden, greifen häufig auf traumatheoretische Erklärungen zurück, um sich selbst ihre Lage verständlich zu machen. Es sei hier eine Stelle aus einem kürzlich erschienenen Buch zitiert, in dem sich die Patientin einer guten und renommierten psychosomatischen Klinik selbst zu ihrer Situation äußert [2]. (In dieser Einführung will ich dem Leser mit Absicht nur Beispiele vorstellen, die für Alltagsvorgänge unserer Gesellschaft typisch sind. Beispiele für die Traumatheorie, wie sie von Außenseitern, Sektierern, Ideologen und Quacksalbern benutzt wird, werde ich erst in den folgenden Kapiteln geben. Auch dieser Mißbrauch ist interessant, doch hier soll es um Vorgänge gehen, die im Alltag üblich oder sogar erwünscht sind.)

In dem nun folgenden Zitat beschreibt die Patientin ihre Reaktion, als in der Klinik ein Film von Frédérick Leboyer vorgeführt wird. Der Film zeigt eine sogenannte «sanfte Geburt», bei der das Baby im gedämpften Licht zur Welt kommt und unmittelbar danach am Körper der Mutter gehalten und gestreichelt wird.

«Dies ist die bewegendste Viertelstunde, die ich je erlebt habe. Aber ich weine dabei, des Schmerzes wegen, der tief in meiner Seele sitzt. Ich wünsche mir, selbst dieses Baby zu sein. Ich brauche irgend etwas, ich habe immer etwas gebraucht ...»

An einer anderen Stelle bezeichnet dieselbe Patientin das Betrachten des LEBOYER-Films als «den Beginn meiner spirituellen Wiedergeburt».

Es soll nun nicht darum gehen, die bewegende Erfahrung dieser Frau mit wissenschaftlichen Zweifeln zu überschütten. Ich kenne den Film selbst, um den es sich handelt, und er hat in der Tat eine große gefühlsmäßige Wirkung auf den Betrachter.

Aber wiederum muß gefragt werden, ob die Patientin ihre Emotionen richtig deutet, ob das Erklärungsmuster, das sie benutzt, verläßlich und tragfähig ist. Denn es handelt sich um dieselbe Erklärungsweise wie in den vorigen Beispielen, lediglich in die persönliche Rückschau eines Erwachsenen verlegt. «Irgend etwas fehlt mir, irgend etwas hat mir seit meiner frühesten Kindheit gefehlt. Mein ganzes Leben war unbewußt von der Suche nach dem Fehlenden bestimmt.» So lautet der Kern der Traumatheorie, rückblickend in Psychotherapien und Selbstanalysen formuliert. Und auch dies geschieht häufig, viel häufiger, als es sich mancher Nichtfachmann träumen läßt. Es gibt eine große Anzahl von Menschen, die ihre Lebensgeschichte durch solche Aussagen verstehen oder zu verstehen meinen und die sich bei ihren Zukunftsplänen nach diesen Einsichten richten.

Das letzte Beispiel weist aber auch auf den bereits erwähnten Ursprung der Traumatheorie hin. Diese Theorie stammt in der Form, in der sie heute verbreitet ist, direkt aus dem Werk von SIGMUND FREUD, dem Begründer der Psychoanalyse. Genaugenommen stand die Traumatheorie sogar am Anfang der Psychoanalyse, denn im Gegensatz zu vielen anderen Aussagen ist sie in den ersten Schriften FREUDS bereits fertig enthalten. Im nächsten Kapitel werden diese geschichtlichen Zusammenhänge noch näher zu untersuchen sein.

Für die Einführung in das Thema «psychisches Trauma» in diesem Kapitel bleibt die Aufgabe, den bisher nur an Beispielen erklärten Begriff der «Traumatheorie» etwas genauer zu beschreiben. Denn unter einem psychischen Trauma kann nicht nur das verstanden werden, was FREUD in seiner Traumatheorie darunter verstand. Vielmehr gibt es (wie oft in der Tiefenpsychologie) neben dem psychoanalytischen Begriff einen umgangssprachlichen oder allgemeinpsychologischen Traumabegriff, der mit dem ersteren keineswegs identisch ist. Es können daher unter einer «seelischen Verletzung» ganz verschiedene Dinge verstanden werden, je nachdem von welchem theoretischen Hintergrund der Betreffende ausgeht. Ich will hier, um eine erste Klärung vorzunehmen, drei verschiedene mögliche Bedeutungen des Begriffs «psychisches Trauma» unterscheiden.

1. Man kann das Leiden, die Trauer, den Schmerz und den Zorn, die unmittelbar von einem Ereignis ausgelöst werden, als eine seelische Verletzung auffassen. Diese Art des «Verletztseins» besteht also in der affektiven (gefühlsmäßigen) Reaktion auf ein schmerzliches Erlebnis. Sie ist als solche, gemessen an der Stärke der Affekte, von vorübergehender Natur, da starke Affekte nie lange anhalten. Selbstverständlich können nach schweren Erlebnissen, wie nach dem Verlust eines geliebten Menschen, die Affekte über Monate und Jahre hin immer wieder einmal aufbrechen. Trotzdem bleibt der offene, heftige Affekt eine eher kurzlebige Erfahrung. Und vor allem kleine Kinder zeichnen sich dadurch aus, daß ihre offenen Gefühlsausbrüche, ihre Emotionen im «Hier und Jetzt» nicht lange anhalten. Insgesamt ist also der Begriff des Verletztseins in diesem Sinn weder wissenschaftlich noch menschlich besonders problematisch. Lang anhaltende Wirkungen von schweren Erlebnissen, wenn es sie überhaupt gibt, müssen auf anderen Mechanismen der Verhaltenssteuerung beruhen, als auf der bloßen Stärke von negativen Affekten.

In der Regel wird das Wort «Trauma» auch nicht benutzt, um aktuelle Schmerzen oder Ängste zu beschreiben, obwohl es wörtlich übersetzt dasselbe bedeutet wie «Verletzung». Bei dem dazugehörigen Adjektiv «traumatisch» ist dies seltsamerweise anders. Man kann immer wieder jemanden sagen hören, er habe eine «traumatische Erfahrung» hinter sich, wobei er nichts anderes meint als eine Erfahrung, die ungewöhnlich viel Angst, Schmerz oder Zorn ausgelöst hatte. Doch nun zur zweiten Bedeutung des Begriffs «psychisches Trauma».

2. Man kann immer dann von einem psychischen Trauma sprechen, wenn schmerzliche Erfahrungen nachweislich über lange Zeit hin negative Folgen für den Betroffenen hinterlassen. Unter diesen allgemeinen Traumabegriff, der sowohl in der Umgangssprache als auch in der Medizin benutzt wird, fallen sehr viele verschiedenartige Folgen belastender Erfahrungen. So können durch ein Schreckerlebnis festsitzende Ängste entstehen, oder negative Erlebnisse führen zu ungewöhnlichen Empfindlichkeiten und Abneigungen, die sich nicht ohne weiteres abbauen lassen. Weiterhin gibt es negative Folgen, die durch das Erlebnis selbst eher ausgelöst als verursacht werden, wie Depressionen, sogenannte Nervenzusammenbrüche und ähnliches.

Traumata in diesem allgemeinen Sinn spielen wohl in jedem menschlichen Leben, und vor allem auch in der Kindheit, eine wichtige Rolle. Die Wirkung negativer Erfahrungen auf die Verhaltensentwicklung wird daher auf verschiedene Weise psychologisch untersucht, und einige der dabei gewonnenen Ergebnisse werden in diesem Buch zur Sprache kommen. Wie steht es im Vergleich dazu nun mit dem Traumabegriff der Tiefenpsychologie?

In gewissem Sinn geht die Tiefenpsychologie ebenfalls von dem genannten allgemeinen Traumabegriff aus. Sie macht dazuhin jedoch einige besondere Aussagen, die noch zu besprechen sein werden. Dies führt zu der dritten unterscheidbaren Form des Begriffs «psychisches Trauma».

3. Die Tiefenpsychologie nimmt an, daß die Langzeitfolgen frühkindlicher Traumata durch seelische Mechanismen hervorgerufen werden, die im Unbewußten verankert sind. Das Wissen um die unbewußte traumatische Struktur ist dem Betroffenen nicht zugänglich, und auch andere Menschen können zwischen dem früheren Trauma und den späteren Symptomen keinen Zusammenhang

erkennen. Nur ein therapeutischer Prozeß kann die eigentlichen lebensgeschichtlichen Zusammenhänge wieder aufdecken.

Mit dieser Annahme eng verbunden ist das zweite wichtige Merkmal der tiefenpsychologischen Traumatheorie: Es wird angenommen, daß ein psychisches Trauma um so wichtiger sei und um so grundlegendere Eigenschaften der Person betreffe, je früher im Leben es gewirkt habe. Diese Annahme ist in dem oben geschilderten allgemeinen Traumabegriff keineswegs enthalten. In der Medizin wurde das Wort «psychisches Trauma» ursprünglich ebenso für Erlebnisse von Erwachsenen wie für kindliche Erlebnisse benutzt. In der Tiefenpsychologie jedoch wird davon ausgegangen, daß psychische Traumata im engeren, für das ganze Leben bedeutsamen Sinn nur in der frühen Kindheit entstehen, und daß diese stets der Abwehr anheimfallen (zum Beispiel verdrängt werden) und für den Erwachsenen unbewußt sind.

Man muß sich die Tragweite dieser theoretischen Festlegung klar vor Augen führen: Ein Mann, der sagt, er habe Angst vor Hunden, weil er als Kind gebissen worden sei, hat kein psychisches Trauma im Sinn der Tiefenpsychologie erlitten (oder er hat ein Trauma erlitten, aber dieses besteht nicht in dem Zusammenhang, über den er sprechen kann). Ebenso hat übrigens eine Frau, die sagt, die Erinnerung an ihren geschiedenen Mann habe sie «verdrängt», diese Erinnerung nicht im Sinn der Tiefenpsychologie verdrängt. In beiden Fällen benutzen die Sprecher umgangssprachliche Begriffe mit einer sehr breiten und allgemeinen Bedeutung, die zwar von den Theorien der Tiefenpsychologie beeinflußt sind, aber etwas ganz anderes, fast etwas Gegenteiliges bedeuten als in der tiefenpsychologischen Theorie.

In diesem Buch bezeichne ich nur diejenige Auffassung, die sich auf den tiefenpsychologischen Traumabegriff stützt, als «Traumatheorie». Diese Theorie ist es auch, die einen so großen Einfluß auf das Denken unserer Zeit ausübt. Die beiden anderen, viel weitergefaßten Traumabegriffe sind zwar psychologisch und im Alltag wichtig. Sie haben jedoch nie eine umwälzende Wirkung auf das Denken ausgeübt und können dies auch nicht, da sie eng mit der lange bestehenden, auch in vorwissenschaftlicher

Zeit formulierten Lebenserfahrung der Menschheit zusammenhängen.

In der öffentlichen Diskussion entsteht leider häufig Verwirrung, weil der zweite, allgemeine Traumabegriff mit dem dritten, dem tiefenpsychologischen Begriff des frühkindlichen Traumas verwechselt wird. Dies ist geschichtlich gesehen verständlich, verhindert aber das Durchdenken der eigentlichen wissenschaftlichen und menschlichen Probleme. In der Terminologie dieses Buches soll der Unterschied daher immer klar erkennbar bleiben.

Um die zentrale Rolle der Traumatheorie für die Tiefenpsychologie noch weiter deutlich zu machen, will ich einen bekannten Tiefenpsychologen selbst zu Wort kommen lassen. Ich zitiere aus einem populären Buch des Psychoanalytikers RATTNER, der die gemeinsame Grundhaltung aller Tiefenpsychologen wie folgt zusammenfaßt [3]:

«1. Seelische Krankheiten (Neurosen, Perversionen, Delinquenz, Psychosen) entstehen durch seelische Verletzungen in der Kindheit, im Zusammenhang mit Erziehungsmethoden, die die Bedürfnisse des Kindes nicht erfüllen.

2. In der Kindheit durchläuft der Mensch eine komplizierte seelische Entwicklung, die die Grundlagen zu seiner Charakter- und Persönlichkeitsbildung zutage fördert. Durch das ganze Leben hindurch bleiben in den ersten Jahren erworbene seelische Strukturen erhalten. Das Kind ist der Vater des Mannes.

3. Sehr wichtige seelische Motivationen und Triebkräfte sind unbewußt. Sie haben dennoch gewaltige Macht über den Menschen. Werden diese Motive erkannt, so kann man sie kontrollieren und beeinflussen. Sowohl im Normalleben wie in psychischen Erkrankungen ist das Unbewußte von kaum zu überschätzender Tragweite.

4. Seelische Therapie besteht in der Bewußtmachung pathologischer Einstellungen und Haltungen sowie in einer gefühlsmäßigen Neu- und Umerziehung ...»

RATTNER fügt noch zwei weitere Punkte an, die für unsere Zwecke nicht wichtig sind und beiseite gelassen werden können. Am Schluß seiner Übersicht setzt er hinzu:

«Es gäbe noch viele Gesichtspunkte zu erwähnen, in denen die Repräsentanten der Tiefenpsychologie übereinkommen. Für unseren Gedankengang ist am wichtigsten, daß sie alle der Meinung sind, mit den tiefenpsychologischen Forschungsresultaten sei erstmals in der Geschichte der Menschheit eine wissenschaftliche Menschenkenntnis möglich geworden.»

Das darin erkennbare große Selbstbewußtsein und das Bewußtsein, Vertreter einer umwälzend fortschrittlichen Denkrichtung zu sein, sind kein besonderes Merkmal JOSEF RATTNERS. Sie finden sich, wie bereits gesagt, auch bei FREUD selbst bereits in hohem Maße, und viele (jedoch nicht alle) seiner Nachfolger stimmen dieser Selbsteinschätzung zu. Klarer als dies in dem angeführten Zitat von RATTNER geschieht, kann man die theoretischen Grundbestandteile der Traumatheorie und die Konsequenzen für das Denken, die daraus folgen, kaum allgemeinverständlich darstellen. Trotzdem wird es zum Schluß dieser Einführung nötig sein, noch eine weitere Unterscheidung einzuführen, da (trotz RATTNERS Versuch, das Unstrittige zu formulieren) nicht alle Tiefenpsychologen mit seiner Anschauung einverstanden wären. Dies hat folgenden Grund:

RATTNER formuliert die Grundlagen der Tiefenpsychologie so, daß die eigentliche Traumatheorie nur den Spezialfall einer umfassenden Entwicklungspsychologie bildet. Er behauptet, daß das Gefühlsleben und die innersten Antriebe jedes Menschen von seiner frühen Kindheit determiniert werden. Probleme des Erwachsenen müssen im Rahmen einer solchen Theorie zwangsläufig durch Defizite in der kindlichen Entwicklung erklärt werden. Die Traumatheorie ergibt sich als der pathologische Spezialfall einer allgemeinen Entwicklungstheorie.

Ich werde, um einen Begriff zur Verfügung zu haben, diese Auffassung als die «frühe Milieutheorie» der Tiefenpsychologie bezeichnen. Die frühe Milieutheorie muß von einer engergefaßten Traumatheorie unterschieden werden, die das menschliche Seelebenleben als solches unerklärt läßt, die aber annimmt, daß ganz bestimmte Verhaltensprobleme ihre Ursache in seelischen Verletzungen der frühen Kindheit haben. Diese engergefaßte Theorie kann man als eine «pathogenetische Traumatheorie» bezeichnen, weil sie lediglich die Entstehung (Genese) pathologischer Erscheinungen zu erklären beansprucht. Eine pathogenetische Traumatheorie in irgendeinem Sinn wird tatsächlich von allen Tiefenpsychologen vertreten, während keineswegs alle mit einer «frühen Milieutheorie» nach der Formulierung RATTNERS einverstanden wären. Auch geschichtlich gesehen stand eine sehr enggefaßte pathogenetische Theorie am Anfang der Tiefenpsychologie, wie wir noch sehen werden. Die umfassende frühe Milieutheorie geht zwar ebenfalls auf FREUD zurück, entstand aber viel später.

In diesem Buch wird die tiefenpsychologische Traumatheorie in beiden genannten Formen untersucht werden. Es ist das Ziel der Untersuchung, einerseits die wissenschaftlichen Grundlagen dieser Theorie zu prüfen und andererseits, soweit dies sich als möglich erweist, einen eigenen Standpunkt zu formulieren. Es soll dadurch geklärt werden, wie sich, von der heutigen Verhaltenswissenschaft her gesehen, seelische Verletzungen in der Kindheit auf lange Sicht auswirken. Und zwar sollen beide Vorhaben, die Prüfung der herkömmlichen Theorien und die Formulierung eines eigenen Standpunkts, mit den Mitteln der Erfahrungswissenschaft erfolgen. Ich werde mich daher vor allem auf die Ergebnisse der empirischen Psychologie und der naturwissenschaftlichen Anthropologie stützen. Die Tiefenpsychologie selbst zeigt, von wenigen Ausnahmen abgesehen, leider wenig Neigung, ihre Theorien mit den Mitteln der empirischen Wissenschaft zu überprüfen. Diese Selbstgenügsamkeit, der Rückzug in ein wissenschaftliches Getto, wurde der Tiefenpsychologie oft vorgehalten und als ein Indiz für ihre grundsätzlich nichtwissenschaftliche Natur gewertet. In diesem Buch wird jedoch die Frage, inwieweit die Tiefenpsychologie als Wissenschaft, besonders als eine empirische Wissenschaft, betrachtet werden kann, keine Rolle spielen. Ich werde die Aussagen der Traumatheorie als Naturwissenschaftler in ihrem Anspruch prüfen, etwas über die erfahrbare Wirklichkeit des menschlichen Lebens auszusagen. Dabei werde ich weder grundsätzliche erkenntnistheoretische Einwände gegen die Tiefenpsychologie berücksichtigen, noch werde ich auf der anderen Seite tiefenpsychologische Wahrheitsansprüche anerkennen, die über den Rahmen des empirisch Nachprüfbaren hinausreichen. Dadurch werden zwar ganze Schulen der Tiefenpsychologie, wie zum Beispiel die analytische Psychologie JUNGS, die Existentialpsychologie BINSWANGERS oder die Logotherapie nach FRANKL, zum Teil oder völlig aus den Betrachtungen ausgeschieden. Ich nehme dies in Kauf, da nach meiner Erfahrung die praktische Wirkung tiefenpsychologischer Theorien ganz auf ihrem erfahrungswissenschaftlichen Anspruch beruht. Der gebildete Laie, der Arzt, der Lehrer oder der Sozialpolitiker ist bereit, die Traumatheorie zu berücksichtigen, solange er glaubt, sie sei durch klare Beobachtungen und wissenschaftliche Prüfung belegt. Philosophische oder religiöse Prämissen würde er in aller Regel nicht als eine sichere Grundlage für sein praktisches Handeln betrachten, zumindest dann nicht, wenn sie zur Stützung einer so umwälzenden und ungewöhnlichen Annahme über den menschlichen Alltag herangezogen werden, wie sie die Traumatheorie nun einmal darstellt. Und ich persönlich glaube, daß der gebildete Laie oder der Praktiker mit seinem Standpunkt recht hat. Ich bin weit davon entfernt, religiöse oder philosophische Prämissen des Handelns für unwichtig zu halten, eher ist das Gegenteil der Fall. Aber wenn es um beobachtbare und verfolgbare Ereignisse des menschlichen Alltags geht, dann muß die schlichte Erfahrung Vorrang vor abgeleiteten Sätzen einer Theorie haben. Die Zweifel an der «Beschränktheit der bloßen Erfahrungswissenschaft» lesen sich ganz gut, solange man sie in einem erkenntnistheoretischen Essay vor sich hat. Doch welcher Mensch wird sich je um solche Zweifel kümmern, wenn er Entscheidungen in einem Bereich zu treffen hat, in dem mitteilbare und nachprüfbare Erfahrung zur Verfügung steht? In weiten Lebensbereichen ist dies nicht der Fall, und dann muß man tatsächlich auf eine zuverlässige Autorität setzen (oder versuchen zu raten). Die Traumatheorie sagt jedoch Dinge aus, die sich erfahrungswissenschaftlich prüfen lassen – und die empirische Wissenschaft ist auch im Grunde nichts anderes als eine Methode, mit der die alltägliche menschliche Weise, Erfahrungen zu einem zuverlässigen Weltbild zu verbinden, zum System erhoben wird.

Doch nun zum Schluß noch einige Bemerkungen zur Traumatheorie selbst:

Es wurde bereits erwähnt, daß die tiefenpsychologische Traumatheorie in der Wissenschaft keineswegs allgemein anerkannt wird, obwohl die breite Öffentlichkeit dies nicht immer wahrnimmt. In der Tat ist es zur Zeit sogar so, daß die Tiefenpsychologie zwar die Praxis der Sozialpolitik und Psychotherapie maßgeblich beeinflußt, daß sie für die wissenschaftliche Psychologie aber als überholt gilt. Beim deutschen Psychologentag 1980 in Zürich befanden sich unter den vielen Rednern nur ganz wenige, die von tiefenpsychologischen Grundlagen ausgingen. Und diese trugen ihre Ergebnisse dazuhin in einer Art vor, die deutlich werden ließ, daß sie unter dem Zwang standen, die scheinbar oder tatsächlich überholten tiefenpsychologischen Konzepte gegen die ablehnende Mehrheit zu verteidigen. Im Augenblick befinden wir uns also in der merkwürdigen Lage, daß die Tiefenpsychologie allgemein und die Traumatheorie im besonderen in der Wissenschaft immer mehr beiseite gelegt werden, in der Öffentlichkeit aber weiterhin große Popularität genießen. Nahezu gleichzeitig mit dem deutschen Psychologentag in Zürich wurden die extrem traumatheoretisch ausgerichteten Bücher von ALICE MILLER [24] auf dem Markt angeboten, und sie erwiesen sich als ausgesprochene Bestseller (s. auch Kapitel III). Diese seltsam gespaltene Situation kann nur dahingehend gedeutet werden, daß sich entweder die wissenschaftliche Psychologie auf einem Irrweg befindet oder daß die Tiefenpsychologie und die Traumatheorie von gesellschaftlichen Bedürfnissen gestützt werden, die außerhalb des Bereichs der Wissenschaft liegen. Ich hoffe, daß auch diese Fragen wenigstens zum Teil beantwortet werden können, wenn in den nun folgenden Kapiteln die Geschichte, die Formulierung und die Begründung der Traumatheorie näher untersucht werden wird.

# 1. Teil
# Das Problem

Ihr Lebenden wollt jede Ursach' leiten von den Gestirnen her, als ob sie alles notwendig mit sich selbst bewegen würden.

‹*Die göttliche Komödie*› von
DANTE ALIGHIERI

# I Die Traumatheorie Sigmund Freuds

Trauma: Ereignis im Leben des Subjekts, das definiert wird durch seine Intensität, die Unfähigkeit des Subjekts, adäquat darauf zu antworten, die Erschütterung und die dauerhaften pathogenen Wirkungen, die es in der psychischen Organisation hervorruft.

Ökonomisch ausgedrückt, ist das Trauma gekennzeichnet durch ein Anfluten von Reizen, die im Vergleich mit der Toleranz des Subjekts und seiner Fähigkeit, diese Reize psychisch zu bemeistern und zu bearbeiten, exzessiv sind.

Aus: ‹*Das Vokabular der Psychoanalyse*› von J. LAPLANCHE und J. B. PONTALIS

In diesem Kapitel soll ein Überblick über die Entstehung und über die wesentlichen Bestandteile der Traumatheorie gegeben werden, so wie sie ursprünglich von BREUER und FREUD, und später von FREUD alleine, in den letzten Jahrzehnten des 19. Jahrhunders formuliert wurde. Da FREUDS Theorien und Schriften sich in einem langen und verschlungenen Prozeß über Jahrzehnte hin entwickelten, kann es nicht darum gehen, einen fundierten geschichtlichen Überblick zu geben. Dieser würde viel mehr Raum erfordern, und er wäre für das eigentliche Anliegen dieses Buches auch unnötig. Es geht lediglich darum, die theoretische Grundstruktur der Traumatheorie aus ihrer Entwicklung heraus besser verstehen zu können.

Der Begriff des psychischen Traumas, wie er heute in der Tiefenpsychologie gebraucht wird, geht auf die Studien BREUERS und FREUDS über die sogenannte «psychisch akquirierte Hysterie» zurück. Es handelt sich dabei um eine Form von psychischen Störungen, die heute praktisch verschwunden ist. Sie trat besonders (jedoch nicht ausschließlich) bei Frauen höherer gesellschaftlicher Schichten auf und brachte eine Anzahl von typischen Symptomen mit sich, wie Zwangshandlungen, Halluzinationen, hysterische Lähmungen und anderes mehr. Die Studien FREUDS und BREUERS über diese in der Gegenwart exotisch anmutende Erkrankung waren es, die am Anfang der Traumatheorie und der gesamten Psychoanalyse standen [4].

Breuer und Freud nahmen an, daß die richtige Erklärung für die unverständlichen hysterischen Symptome durch eine Theorie psychischer Traumata gegeben werden könne. Sie vermuteten also, diese Symptome gingen auf die Wirkung seelischer Verletzungen zurück, die die Patientinnen kürzere oder längere Zeit vorher erlitten hätten. Und zwar kamen die Autoren zu dem Schluß, daß die seelische Verletzung, die nicht verarbeitet werden konnte, unbewußte Abwehr- und Unterdrückungsmaßnahmen gegen die schmerzlichen Emotionen und Vorstellungen bewirke. Sie sprachen von einem «hypnoiden Zustand», der durch ein Trauma entstehen könne.

Nach dieser Theorie wäre die innerseelische Reaktion auf ein traumatisches Ereignis also ein nicht willensabhängiger, dem Bewußtsein nicht zugänglicher «psychomechanischer» Vorgang, der wie im Fall einer Hypnose außerhalb der Kontrolle der Persönlichkeit bleibt. Die hysterischen Symptome, wie zum Beispiel Lähmungen, werden dem bewußten Erleben von diesen unbewußten Mechanismen aufgezwungen und sind für den Patienten unerklärlich.

Die Schlüsselrolle bei der Symptomentstehung kommt nach dieser Theorie der Stärke der negativen Affekte zu, die von dem traumatischen Erlebnis hervorgerufen werden. Die Autoren stellten sich vor, daß der subjektiven, psychologisch beschreibbaren Gefühlsregung ein physiologisches Korrelat entspricht, nämlich eine «traumatische Energie». Diese Energie ist es, die den «hypnoiden Zustand» hervorruft, und sie ist es, die abgewehrt und unterdrückt werden muß. Doch muß hier sofort differenziert werden:

Natürlich führt auch nach dieser Theorie nicht jedes negative Erlebnis zu dauerhaften Störungen des normalen Verhaltens, nur weil die erzeugten Affekte sehr stark sind. Vielmehr kommt es zu Dauerwirkungen nur dann, wenn die negativen Affekte nicht abreagiert werden können, sondern «verdrängt» oder «eingeklemmt» werden. Erst in diesem Verdrängen und Einklemmen besteht die «hypnoide» und allgemein die pathogene Wirkung des Traumas. Ist also eine offene, bewußte Verarbeitung der Angst, der Scham oder des Schmerzes nicht möglich, so ergeben sich durch Verdrängung über einen unwillkürlichen Mechanismus Verhaltensauffälligkeiten und auch körperliche Symptome. Diese «psychomechanischen» Vorstellungen hängen eng mit der physiologischen Deutung der Affekte als eine Art von Energie zusammen. «Energie» kann nicht einfach verschwinden, und wird sie nicht auf dem üblichen Weg verbraucht, so muß etwas anderes mit ihr geschehen. Was geschieht, ist, daß eine unbewußt wirkende Mechanik in Gang kommt, die von der eingeklemmten Energie ständig (oder auf bestimmte Reize hin) in Betrieb gehalten wird. Die Funktionsweise dieser Mechanik ist gemäß ihrer hypnoiden Natur unwillkürlich, es kann nicht bewußt in sie eingegriffen werden. Ist der Verdrängungs- oder Einklemmungsprozeß einmal abgelaufen, so bleiben die Zusammenhänge zwischen dem auslösenden Ereignis und dem eigenen Verhalten für den Menschen unbewußt. Nur wenn diese Zusammenhänge durch einen äußeren Eingriff (zum Beispiel durch einen Psychotherapeuten) wieder bewußt gemacht werden, kann die Affektenergie auf dem normalen Weg abfließen, oder subjektiv gesprochen, kann der Affekt abreagiert werden. Ohne einen solchen Eingriff besteht der einmal entstandene psychische Mechanismus unbegrenzt weiter. Oder besser gesagt, gerade weil der Verhaltenszusammenhang verborgen und unbewußt ist, wird er vor weiteren Veränderungen (bis auf einen tiefenpsychologischen Eingriff) dauerhaft geschützt. Bleibt dagegen die Ursache der negativen Affekte bewußt, so baut sich das Trauma durch einen natürlichen Vorgang auch wieder ab. Wie (und wie erstaunlich modern) sich FREUD diesen natürlichen Abbau vorstellte, zeigt das folgende Zitat: «Man darf also sagen, daß die pathogen gewordenen Vorstellungen sich darum so frisch und affektkräftig erhalten, weil ihnen die normale Usur durch Abreagieren und durch Reproduktion in Zuständen ungehemmter Assoziation versagt ist.» [5] Dieser Satz bedeutet das folgende:

Normalerweise verarbeitet der Mensch eine schwere Erfahrung, indem er einmal seine Affekte offen äußert und im Laufe der Zeit in ähnlichen Situationen gegenteilige, positivere Erfahrungen macht. Diese Erfahrungen führen zu neuen und besseren Assoziationen (Verknüpfungen), die die negativen Verknüpfungen abbauen. Im Grunde umschließt FREUDS Begriff der Usur also recht moderne lerntheoretische Konzepte, die für den heutigen Wissenschaftler etwas unvermittelt und unverbunden neben seiner energieanalogen Affektphysiologie stehen (in seiner eigenen Zeit mag dies anders gewesen sein). Man kann das obige Zitat so deuten, daß sich auch nach FREUDS Ansicht die menschliche Verhaltenssteuerung in der Regel durch Erfahrung umformt und daß daher auch die Wirkung einer negativen Erfahrung üblicherweise nicht unbegrenzt erhalten bleibt. (Diese Aussage betrifft die affektive und charakterliche Wirkung. Die Erinnerung an ein schweres Erlebnis kann zweifellos zeitlebens praktisch unverändert bleiben. Zwischen einer solchen Erinnerung und einer verhaltenssteuernden Wirkung muß aber streng unterschieden werden.)

Nun trifft aber, und darin besteht die wesentliche Aussage BREUERS und FREUDS, die Hoffnung auf eine normale «Usur» in all den Fällen nicht zu, wo der negative Affekt nicht bewußt bleibt, sondern der Verdrängung verfällt. Dann sind «ungehemmte Assoziationen» nicht mehr möglich, das Trauma bleibt abgeschirmt vor neuen Erfahrungen und auch abgeschirmt vor der schlichten Gewöhnung erhalten und bewirkt immer neue Probleme. FREUD zeigt sich also in dieser frühen Schrift, wenn man der in der Einführung getroffenen Gliederung folgt, als ein Traumatheoretiker im engeren Sinn, der eine rein pathogenetische Traumatheorie vertritt. Das spätere Werk FREUDS belegt, daß er bald in Richtung einer allgemein «frühen Milieutheorie» neigte, nämlich in seiner Theorie der psychosexuellen Kindesentwicklung. Soweit ich informiert bin, verfolgte er die im Begriff der «Usur» enthaltenen Gedanken nicht wesentlich weiter, während seine psychomechanischen und energieanalogen Gedankengänge immer beherrschender wurden. Doch es soll im Rahmen dieses Textes nicht auf die historische Frage ankommen, was FREUD zu welcher Zeit seines langen Lebens genau dachte und warum einige Teile seines Denkens so viel mehr praktische Wirkung entfalteten als andere [6]. Wichtig für dieses Buch ist die Unterscheidung zwischen der ursprünglichen, pathogenetisch deutbaren Traumatheorie und den zahllosen «frühen Milieutheorien», die von FREUD selbst und von seinen Nachfolgern auf der Basis der Traumatheorie entwickelt wurden. Und wichtig ist auch, daß sich im Kern fast aller Schulen der modernen Tiefenpsychologie noch immer die Struktur der ursprünglichen Traumatheorie auffinden läßt, mit ihrer energieanalogen Deutung der Triebe und Affekte, mit ihrer Vorstellung einer Psychomechanik und mit dem Gedanken, daß durch «Bewußtmachung» vorher unbewußter Zusammenhänge der Ablauf dieser Mechanik verändert wird.

Unterschiede zwischen den moderneren tiefenpsychologischen Schulen ergeben sich erst bei der Frage, wieweit die Traumatheorie zu einer allgemein «frühen Milieutheorie» ausgebaut werden sollte, und sie ergeben sich dann, wenn die Traumatheorie Bestandteil einer größeren Entwicklungspsychologie werden soll. (Selbstverständlich wird auch über die richtige Form der Therapie heftig gestritten. Doch diese Frage können wir vorläufig beiseite lassen.)

Eine vereinfachte Darstellung davon, wie FREUD selbst die Traumatheorie entwicklungspsychologisch benutzte, soll nun folgen, obwohl die FREUDsche Entwicklungspsychologie heute nur noch als eine unter vielen tiefenpsychologischen Theorien gelten kann. Nichtsdestoweniger sind seine Vorstellungen von größter Bedeutung, da sie als erste den Begriff des psychischen Traumas mit einer allgemeineren psychologischen Theorie verknüpften, eine Verbindung, die wohl als die Geburtsstunde der Tiefenpsychologie gelten darf:

Auch in seiner Entwicklungspsychologie ging FREUD von dem Prinzip der unbewußten Psychomechanik und dem einer Affektenergie aus. Er erweiterte seine Energievorstellungen lediglich in der Weise, daß nicht nur Schmerz und Angst, sondern alle Antriebe physiologisch als Energien gedeutet wurden. Es entstand ein Element des Denkens, das ich als den «energieanalogen Triebbegriff» bezeichnen will. Er wurde zum Kern der Psychologie FREUDS.

Die überragende Triebkraft menschlichen Verhaltens fand FREUD dabei in der Sexualität. In Analogie zur früheren Traumatheorie konnte er sowohl die normale Verhaltensentwicklung als auch alle Psychoneurosen an Hand der Wirkungen dieser mächtigen Triebenergien erklären: Während die normale Entwicklung über Stufen verläuft, in denen sich der Sexualtrieb auf immer neue Triebziele richtet, kommen Neurosen dadurch zustande, daß durch Entwicklungskonflikte diese Energien fehlgeleitet, fehlinvestiert oder blockiert werden. Das einzelne Ereignis «Trauma» wird nun weniger wichtig, es tritt zurück gegenüber dem äußeren Konflikt des Kindes und gegenüber dem neurotischen «Abwehrkonflikt», der sich dadurch in der psychischen Struktur des Kindes bildet. Aber natürlich entstehen auch diese Konflikte durch Erfahrungen, die traumatischen Charakter haben, die also Angst verursachen, zu Spannungen führen und so weiter. Es erscheint daher völlig berechtigt, den Begriff der «Traumatheorie» als einen Überbegriff für sämtliche Theorien dieser Art weiterhin zu benutzen.

Die Einzelheiten der Stufenentwicklung des Kindes nach FREUD sind weithin bekannt geworden, sie seien daher nur kurz referiert:

Im ersten Lebensjahr richtet sich die Triebenergie des Kindes auf orale Aktivitäten wie Saugen und Essen, und der hauptsächliche Lustgewinn wird über die Mundregion erzielt. Im zweiten und dritten Lebensjahr gilt dasselbe für die anale Körperregion, während die Genitalien im vierten und fünften Jahr die Quelle der Lust und Organ der Triebenergie werden. In diesem Alter wünscht sich das Kind sexuelle Zuwendung vom gegengeschlechtlichen Elternteil und fürchtet die Konkurrenz des gleichgeschlechtlichen. Die Folgen bestehen in dem, was FREUD den Ödipus-Komplex nennt, aus dem schließlich Strafängste und soziale Normen (Über-Ich) und eine Identifikation mit dem gleichgeschlechtlichen Elternteil erwachsen. Schließlich führt die ödipale Phase über eine Latenzzeit zu der eigentlich erwachsenen genitalen Phase, in der nach FREUDS Ansicht das adulte Sexualverhalten zur hauptsächlichen Lustquelle wird.

Wenn das Kind nun auf einer Stufe seiner Entwicklung zuwenig (oder auch zuviel) Befriedigung erfährt, können seine Triebwünsche und Triebenergien auf diese Stufe fixiert werden. Das Kind entwickelt sich affektiv nicht zur nächsten Stufe weiter, vielmehr versucht es beständig, das Defizit der früheren Phase auszugleichen oder aber die im Übermaß erhaltene Befriedigung immer neu zu erlangen. Auf jeder Entwicklungsstufe besteht der von einer Entwicklungsstörung hervorgerufene Verdrängungsprozeß also darin, daß die traumatische Energie die Triebwünsche gleichzeitig steigert und unbewußt hält und sie so auf dieser Stufe fixiert. Der Mensch versucht, wenn man so will, sein Leben lang auf unbewußte, indirekte Weise diejenige Befriedigung zu erhalten, die ihm auf verletzende Weise verweigert wurde. Zum früheren Begriff der Verdrängung negativer Affekte tritt nun die Vorstellung von der Verdrängung derjenigen Triebwünsche, die mit negativen Affekten gekoppelt sind. Ein Kind, das im vierten Lebensjahr nicht zärtlich behandelt, sondern schroff abgelehnt wird, muß sowohl seine Aggressivität den Eltern gegenüber als auch seinen Wunsch nach Zärtlichkeit verdrängen. Gerade dadurch werden beide erhalten, und das Kind bleibt auf seinen «ödipalen» Konflikt fixiert. Durch die Theorie der psychosexuellen Entwicklung wird also der allgemeine Begriff der Verdrängung zu der ins einzelne gehenden Vorstellung eines Triebschicksals verfeinert. Auch der Begriff der «Usur» wird damit zu der Vorstellung einer normalerweise geordnet fortschreitenden Entwicklung erweitert, die durch die «Verdrängung» an diesem Fortschreiten gehindert wird. Die letztlich nach vielen Jahren entstehenden Symptome sind ebenso überraschend und mit dem frühen Trauma scheinbar unverbunden, wie es die Hysterie mit ihrem auslösenden Trauma war. So kann man Alkoholismus nun auf eine ungenügende Fütterung im Säuglingsalter zurückführen, Zwangsverhalten oder Geiz durch eine zu strenge Reinlichkeitserziehung erklären und anderes mehr. Stets wirkt eine unbewußt arbeitende Psychomechanik, die in der frühen Kindheit entstand und gerade durch ihre Unbewußtheit seither unverändert blieb [7].

In sehr vereinfachter Weise könnte man also tatsächlich sagen, daß Freud mit seiner psychosexuellen Entwicklungstheorie den Weg von der pathogenetischen Traumatheorie zur «frühen Milieutheorie» ging. Der Begriff «frühe Milieutheorie» paßt auf das Freudsche Denken jedoch viel weniger als auf das seiner meisten Nachfolger, da es – in Anlehnung an den Zeitgeist – stark organisch und erbbiologisch ausgerichtet war. Freud verarbeitete sehr viele genetische und sogar phylogenetische Gedankengänge; so glaubte er bei den meisten Neurosen (neben einer Erklärung aus dem «frühen Milieu») auch an eine erbliche Disposition beim Patienten. Dieser Zug des Freudschen Denkens hat sich jedoch in der modernen tiefenpsychologischen Literatur nicht weiter durchgesetzt, und seine aus traumatheoretischen und genetischen Determinanten gemischte Erklärungsweise wurde vor allem in ihren ersteren Bestandteilen übernommen. Dies wird im weiteren Text noch an Beispielen zu belegen sein.

An diesem Punkt will ich nochmals betonen, daß erst durch die Erweiterung der Traumatheorie zu einer allgemeinen Entwicklungspsychologie diejenigen Erklärungsmöglichkeiten entstanden, die die wichtigsten Aussagen der Tiefenpsychologie bilden. Es hätte kaum epochemachend gewirkt, hätte ein Arzt namens Freud schmerzliche Erlebnisse als wesentliche Ursache hysterischer Symptome bezeichnet. Was ungeheuer wirksam war, war die generelle Erklärung der Verhaltensprobleme von Erwachsenen (und sogar des erwachsenen Charakters schlechthin) aus frühkindlichen Erfahrungen heraus. Als Breuer und Freud ihre Traumatheorie im engeren Sinn entwickelten, dachten sie nicht von vornherein an lange zurückliegende oder gar an frühkindliche Erlebnisse. Dies zeigen die beschriebenen Fallgeschichten sehr deutlich. Erst als Freud seine Theorie der frühkindlichen Sexualentwicklung mit der Traumatheorie verband, war die eigentliche Tiefenpsychologie in Sicht (ein Weg, den Breuer bekanntlich nicht mit Freud mitging). Durch diese Vorstellung erhielt das psychische Trauma seine heutige große Bedeutung, durch sie wurde das Erziehungsverständnis verändert, und durch sie wurde die Sicht des Gegenübers, des Mitmenschen, für viele Menschen eine andere. Die Ausweitung der pathogenetischen Traumatheorie von einem aktuellen Zusammenhang bei einer einzigen psychischen Krankheit auf die Entwicklung schlechthin und auf menschliche Probleme schlechthin ist es, was die eigentliche Tiefenpsychologie hervorbrachte.

Der weitere Text wird sich nicht direkt und gezielt mit der Freudschen Entwicklungspsychologie oder mit irgendeiner anderen tiefenpsychologischen Entwicklungslehre befassen. Vielmehr hat sie ausdrücklich das Ziel, die von der Tiefenpsychologie ganz allgemein angenommene Langzeitwirkung belastender frühkindlicher Erfahrungen auf das spätere Verhalten zu untersuchen, ohne auf einen bestimmten Mechanismus dieser Langzeitwirkung abzuheben. Es sollte jedoch klar ausgesprochen werden, daß sich die Prüfung und die Kritik der Traumatheorie indirekt auch an die tiefenpsychologischen Entwicklungslehren wenden, und zwar weil diese stets eine Traumatheorie als integrierten – und oft unaufgebbaren – Bestandteil mit enthalten. Daher wird der Text immer wieder auf einzelne Bestandteile solcher Theorien zurückkommen müssen.

Zu Beginn der nun folgenden Untersuchung sollen die entscheidenden Aussagen und Probleme der Traumatheorie an Hand einer Skizze und an Hand eines praktischen Beispiels nochmals so klar als möglich formuliert werden:

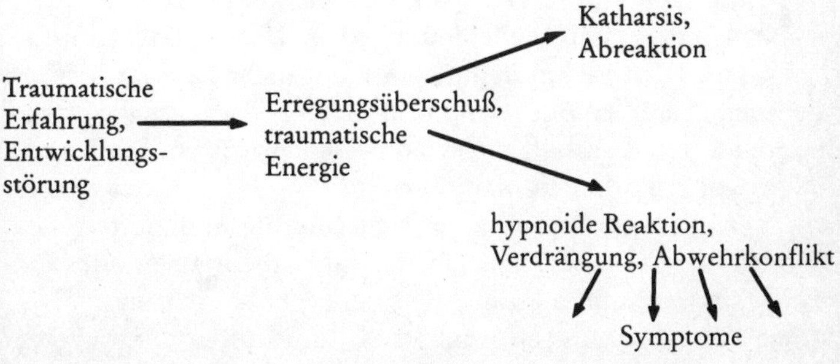

Der in der Skizze gezeigte Wirkungszusammenhang ist folgendermaßen zu verstehen:

Eine seelische Verletzung erzeugt negative Affekte und Änderungen im Triebgeschehen, die als Energiephänomene aufgefaßt werden. Bei bewußter Verarbeitung (Abreaktion und «Usur» durch Lernprozesse) ergeben sich keine pathologischen Folgen. Ist dies nicht möglich, wird die traumatische oder libidinöse Energie abgewehrt, so werden eine Reihe von unwillkürlichen (und altersabhängigen) Mechanismen in Gang gesetzt, die dann scheinbar unerklärliche Symptome hervorbringen. Das obige Schema kann nun aber sowohl als Beschreibung eines aktuellen Zusammenhangs gedeutet werden als auch als langfristige lebensgeschichtliche Kausalerklärung. Der erste Fall ist auch vom Standpunkt der biologischen Anthropologie aus unproblematisch, er führt zum allgemeinen, umgangssprachlichen Bild von einer seelischen Verletzung. Die zweite Deutung hingegen führt zur Traumatheorie und wirft eine ganze Reihe von Fragen auf, die alle um das zentrale Problem kreisen, warum die normale «Usur» im Fall einer «Abwehr», sprich einer komplizierteren Konfliktreaktion, nicht mehr möglich sein soll. Ich will dieses Problem an einem Beispiel deutlich machen:

Man denke sich ein kleines Kind, das ständig kritisiert und kaum je gelobt wird. In diesem Kind verknüpft sich jede Leistungsforderung mit Angst und Aggressivität und führt – in der Sprache der Verhaltensbiologie – primär zu Verteidigungs- oder Fluchttendenzen. Diese Tendenzen können vom Kind aber nicht offen gezeigt werden, da sie durch weitere schmerzliche Erfahrungen (Strafen) gehemmt werden. Introspektiv gesprochen erlebt es das Kind dann auch nicht mehr bewußt, daß es eigentlich ausreißen oder den Fordernden angreifen will. Es befindet sich im Konflikt zwischen diesen primären Tendenzen und seinen erworbenen Hemmungen; und daher entwickelt es (auf allen Ebenen der Verhaltenssteuerung) kompliziertere Reaktionen, um dem chronischen Konflikt zu entgehen oder ihn wenigstens zu mildern. Zum Beispiel redet es sich und seiner Umwelt ein, es könne eben nichts, sei müde oder der Aufgabe nicht gewachsen. Wird diese Reaktion zur Gewohnheit, so kommt es zu dem Symptom der Leistungsverweigerung und Apathie, bis hin zu körperlichen Begleiterscheinungen. Soweit beschreibt das Schema der Traumatheorie einen Zusammenhang, der sich auch in den Begriffen der Verhaltensbiologie erfassen läßt. «Abreaktion» bedeutet hierbei das ungehemmte Auftreten der primären Verhaltenstendenzen, also Aggressivität, Flucht oder Trauer, und «Usur» die Bewältigung dieser Reaktionen in einer der Wiedererlangung einer positiven Affektlage dienenden Lerngeschichte. «Abwehr» dagegen bedeutet den erzwungenen Aufbau sekundärer Reaktionen, wenn die primären Verhaltenstendenzen in unauflösliche Konflikte führen.

Ganz anders stellt sich die Traumatheorie in ihrer zweiten Form dar, in der sie über lange Zeiträume hinweg lebensgeschichtliche Kausalerklärungen liefert. An diesem Punkt ergibt sich das Problem, warum über einen langen, nachweislich viele Gegenerfahrungen enthaltenen Zeitraum keine «Usur» erfolgen kann. Man könnte sagen, daß sich nun mehr das Problem des Unbewußten stellt. Ich will das obige Beispiel weiterspinnen, um auch diese Frage anschaulich zu machen:

Ein Student kommt mit schweren Lernstörungen und einer Neigung zu Apathie in psychotherapeutische Behandlung. Man stellt fest, daß dieser Mann als kleines Kind viel kritisiert und wenig gelobt wurde, und wir wollen annehmen, die Feststellung sei sachlich richtig. Trotzdem hat der Student mit gutem Erfolg sein Abitur abgelegt, aber jetzt in der Studiensituation versagt er völlig.

Nach orthodoxer Deutung der Tiefenpsychologie beruht das aktuelle Symptom des Studenten auf seiner kleinkindlichen Mangel- und Angsterfahrung. Durch sie entstand ein psychischer Mechanismus, der eine Leistungsanforderung unwillkürlich als Angriff interpretiert, wodurch Abwehrreaktionen ausgelöst werden, die aktuell unerklärlich sind. Der Mann schiebt seine Ängste und seine Apathie vielleicht auf körperliche Ursachen, während er in Wirklichkeit symbolisch Lernleistung verweigert, um die fordernden Pseudoeltern zu bestrafen und um symbolisch sein Defizit an Fürsorge aufzufüllen. Das Schema der Traumatheorie wäre in diesem Fall so zu interpretieren, daß die «traumatische Energie» seit der Kindheit weiter besteht (oder immer neu erzeugt wird), weil die Abwehr sämtliche Ab- und Umbauprozesse am kindlichen Trauma verhindert. Eine erfolgreiche Therapie muß daher immer erst diesen alten Konflikt aufdecken, wenn sie verändernd wirken will. Der bloße Abbau des Symptoms, etwa über ein Lerntraining, würde als «Symptombehandlung» abgelehnt und hätte (aus dieser Sicht) auch eine ungünstige Prognose. Eine solche Anwendung der Traumatheorie wirft aber eben die Frage auf, wie ein geschichtlich so lange zurückliegender Konflikt trotz aller Erfahrungen erhalten bleiben soll. Der Student unseres Beispiels hat ja, wohlgemerkt, erfolgreich sein Abitur bestanden, an Bestätigung und Leistungsmöglichkeiten hat es ihm nicht gefehlt, die die frühere Fehlentwicklung hätten ausgleichen können. FREUD löste dieses Problem im Rahmen seiner Entwicklungspsychologie, indem er den energieanalogen Triebbegriff konsequent anwandte. Er nahm nämlich an, daß jeder Mensch im Laufe seiner Entwicklung ein bestimmtes Maß an Antriebsenergie zur Verfügung habe, das er in verschiedene Triebziele investiert. In unserem Beispiel hätte das zu stark kritisierte Kind einen übergroßen Anteil seiner Triebenergie in das Ziel investiert, von den Eltern auf kleinkindliche Weise versorgt zu werden. Gerade die traumatische Energie der Angst- und Schmerzerfahrung steigerte diesen Triebwunsch und hielt ihn gleichzeitig auf der kleinkindlichen Ebene fest. Daher verfolgt auch der Erwachsene in einer unwillkürlichen Weise noch dasselbe Ziel; sein «Triebschicksal» hat ihn an diese Art der Triebbefriedigung gebunden. Mit erfolgter Investition ist ein Teil der Plastizität des Verhaltens für immer verloren.

Für den heutigen Verhaltenswissenschaftler, auch für den tiefenpsychologischer Richtung, ist aber die Vorstellung kaum haltbar, daß es eine «zu verbrauchende» Triebenergie gebe, die im Laufe der Entwicklung auf die verschiedenen Bereiche verteilt wird. Er stellt sich die «Investition» (Besetzung) der FREUDschen Theorie in Begriffen des Lernens, der Prägung usw. vor, er nimmt also an, daß feste Verknüpfungen im System der Verhaltenssteuerung entstehen, die den langfristig wirksamen psychischen Mechanismus der Störung bilden. Beispiele für eine solche moderne Interpretation der Langzeitwirkung psychischer Traumata werden im weiteren Text noch behandelt werden, hier sei lediglich auf die Zitate von HEISS [8], HAU [9] und DÜHRSSEN [10] hingewiesen. Durch die Verschiebung der Erklärungsweise von der FREUDschen Energievorstellung zu einer modernen, lerntheoretisch und neurologisch sinnvollen Hypothese wird es aber auch gleichzeitig unerfindlich, warum neue Erfahrungen nicht andere Verknüpfungen schaffen sollen, wie es in der Lerntheorie angenommen wird. Der mit dem Alter des Kindes zunehmende Verlust an Plastizität des Verhaltens, der sich für FREUD von selbst ergab, muß mit dem Aufgeben der Energieanalogie näher begründet werden [6].

Ich bin allerdings der Ansicht, daß auch die modernen Interpretationen der Traumatheorie das Problem der Langzeitwirkung nicht oder nicht vollständig lösen. Die genannten Autoren berufen sich entweder auf eine frühe «Prägung», die schwer rückgängig gemacht werden kann, oder sie stützen sich auf die hypothetische besondere Festigkeit von sehr frühen oder sehr negativen Lernprozessen. Im nächsten und übernächsten Kapitel werden solche Vorstellungen genauer zu prüfen sein. Erstaunlich ist allerdings, daß gerade einige der modernsten (und populärsten) tiefenpsychologischen Autoren in glücklicher Unkenntnis der wissenschaftlichen Anthropologie wieder auf ganz energieanaloge Vorstellungen zurückgreifen, wie sie nicht einmal FREUD zu seiner Zeit in dieser Simplizität vertrat. Ich habe ein Beispiel eines solchen Rückfalls, die Theorie der Primärtherapie nach ARTHUR JANOV, in einem früheren Buch ausführlich beschrieben [11]. In seinem Denken spielen die Triebenergien, die entweder abströmen oder blockiert werden und dann innere Verwüstungen anrichten, eine beherrschende Rolle. JANOV geht so weit, durch schwarze Pfeile in Schemazeichnungen des Gehirns zu zeigen, auf welchen Wegen diese Energien abfließen oder blockiert werden. Für die Praxis der Tiefenpsychologie haben solche Einfachtheorien im Moment eine erstaunlich große

Bedeutung, aber ich erwarte nicht, daß diese Entwicklung anhält. Für die Zukunft wird es wesentlich sein, die Traumatheorie in ihrer modernsten und besten Form zu prüfen, und dieser Aufgabe wird das nächste Kapitel gewidmet sein.

Ich will dieses Kapitel über die Traumatheorie FREUDS aber nicht abschließen, ohne eine Vorschau auf die weiteren Gedankengänge dieses Buches zu geben. Es wäre zwar formal angebracht, nun zu einer möglichst objektiven Darstellung und Prüfung der Traumatheorie in moderner Form überzugehen und erst aus dem Ergebnis dieser Prüfung heraus praktische Schlüsse zu ziehen oder zu grundsätzlichen Überlegungen überzugehen. Aber die Gedankengänge eines Wissenschaftlers verlaufen nicht so geradlinig und systematisch wie die Didaktik eines Schulbuchs, und auch meine jetzige Haltung zur FREUDschen Traumatheorie hat sich in einem komplizierten Hin und Her zwischen Theorie und Praxis, zwischen Faszination und Zweifeln gebildet. Es gibt dem Leser also wahrscheinlich ein besseres Bild von dem, was ich zu sagen habe, wenn ich bereits hier ausspreche, wie ich die Folgen der Traumatheorie beurteile. Für den Leser hat das den Vorteil, daß er dieses Buch gleich beiseite legen kann, wenn er eine Darlegung meines Standpunkts nicht für anhörenswert hält. Nun also zu den geschichtlichen Konsequenzen der tiefenpsychologischen Traumatheorie:

Eine offensichtliche Folge der Traumatheorie war die Entwicklung der gesamten, sehr populären Abwehrlehre der Psychoanalyse, mit der neben dem SIGMUND FREUDS vor allem der Name seiner Tochter, ANNA FREUD, verknüpft ist.

Die Abwehrlehre stützt sich auf dieselbe Vorstellung einer Psychomechanik, die von FREUD in seinen ersten Schriften benutzt wurde. Es ist zum Beispiel nur dann möglich, den Geiz eines Erwachsenen auf die Abwehr gegen den unbewußten Wunsch zurückzuführen, die eigenen Exkremente zu behalten, wenn man annimmt, daß dieser Wunsch seit der Kindheit irgendwie (als Energie oder als feste Assoziation) in der Verhaltenssteuerung wirkt. Dasselbe gilt für die vielen publikumswirksamen Deutungen von angeblich symbolischen Äußerungen unbewußter Wünsche. Zum Beispiel drückt ein Patient, der einen fruchtbaren Garten malt, aus analytischer Sicht damit symbolisch die Sehnsucht nach der mütterlichen Vagina aus – aber eben nur, falls diese Sehnsucht tatsächlich noch als fixierte Triebenergie oder als festes Triebziel in ihm vorhanden ist. Alle diese Deutungen von hypothetischen Abwehrreaktionen oder hypothetischen Symbolismen, die das übliche Handwerkszeug eines jeden Tiefenpsychologen bilden, stehen oder fallen zum erheblichen Teil mit der Gültigkeit der in der Psychoanalyse überall gegenwärtigen Traumatheorie.

Eine weitere wichtige Folge der tiefenpsychologischen Traumatheorie liegt in der durch sie bewirkten besonderen Bewertung des menschlichen Gefühlsbereichs. Nach dieser Theorie ist die von den Kindheitserfahrungen bestimmte Affektstruktur schwerer veränderbar und prägt den menschlichen Charakter stärker als zum Beispiel erlernte Gewohnheiten oder das rationale Denken. Letztere bilden ja lediglich die im Moment erfolgreichste Strategie des Ichs, die durch das Triebschicksal festgelegten Kräfte des Unbewußten unter Kontrolle zu halten. Die Traumatheorie führt also aus ihrer eigenen Logik heraus zu einem «Primat der Emotionen» in der Anthropologie. Einerseits wird der individuelle Charakter des einzelnen an Hand seiner individuellen Affektstruktur beschrieben und andererseits wird ein Wandel, eine Änderung des Individuums auf Dauer nur über eine Änderung der Affektstruktur für möglich gehalten.

Man muß sich klarmachen, daß das «Primat der Emotionen» alle früheren Ansichten über den Menschen schlichtweg umkehrt. Unsere Vorfahren nahmen als selbstverständlich an, daß die Antriebe und Gefühle eines Menschen dasjenige sein, was er am ehesten mit anderen Menschen teile und was am wenigsten individuell geprägt sei. Natürlich war immer bekannt, daß es besondere Gefühlsregungen und Gefühlsstärken einzelner Personen gibt, aber im großen und ganzen wurden Emotionen eher als etwas allgemein Menschliches angesehen, während erlernte Gewohnheiten oder gar persönliche Philosophien dem Individuum zugeschrieben wurden. In moderner Sprache könnte man sagen, daß die Affektstruktur früher als der am meisten phylogenetisch, die Kognition als der am meisten ontogenetisch bestimmter Teil des Menschen betrachtet wurde. Ähnliches gilt auch für die Frage nach der Veränderbarkeit des menschlichen Verhaltens: Man nahm an, daß es wichtig sei, die Gewohnheiten und das Denken eines Menschen zu beeinflussen, wenn man zum Beispiel gute Erziehungsergebnisse erzielen wollte. Man betrachtete die gefühlsmäßigen Reaktionen als weit stärker vom Tun und Denken abhängig als umgekehrt das Tun und Denken von den Gefühlen. Erziehung, Veränderung und auch die Selbstkontrolle hatten daher vor allem an den Gewohnheiten und am Denken anzusetzen. Maßvolle und angebrachte Gefühlsreaktionen erwartete man von selbst, wenn Gewohnheit und Denken richtig und realitätsgerecht gestaltet werden konnten.

In diesem ganzen Bereich bewirkte die Tiefenpsychologie einen großen und weithin nicht bewußt durchdachten Umschwung des Denkens.

Eine andere wichtige geistige Strömung, die in eine ähnliche Richtung verlief, wurde von der Tiefenpsychologie zwar nicht hervorgebracht, aber doch sehr unterstützt. Durch diese Strömung wird eine wesentliche Grundlage der Anthropologie relativiert oder ganz aufgehoben, nämlich die Erkenntnis, daß der Mensch von Natur aus ein Kulturwesen ist. Viele Tiefenpsychologen deuteten ihre Abwehrlehre so, daß sie die kulturellen «Anpassungsstrategien an die Gesellschaft» prinzipiell mit der neurotischen Triebabwehr gleichsetzten. Daraus wäre zu schließen, daß die kulturelle Anpassung die natürlichen, freien und gesunden Verhaltensweisen des Menschen stets künstlich unterdrückt und verformt. Der Versuch liegt dann nahe, diese hypothetischen freien und natürlichen Verhaltensmöglichkeiten in einer Revolution gegen den Zwang der Gesellschaft zu erschließen und die «Aufdeckung» nicht mehr auf die Nöte des einzelnen als krank klassifizierten Individuums zu beschränken. Solche Gedankengänge hatten und haben gerade in neuester Zeit eine große Anziehung auf die Jugend der Wohlstandsgesellschaften. Warum dies so ist, kann ich hier nicht näher diskutieren.

Es lassen sich also drei geschichtliche Folgen der FREUDschen Traumatheorie ausmachen: die Lehre von der neurotischen Abwehr und Symbolik, an diese anknüpfend der anthropologische Primat der Emotionen sowie die gefühlsanarchistische Kulturkritik. Wie diese Folgen mit anderen, unabhängigen Strömungen des Denkens zusammenwirken und mit ihnen verzahnt sind, ist schwer zu sagen. Meist ist es kaum auszumachen, inwieweit ein einflußreicher Denker das geistige Klima selbst formt und inwieweit er lediglich dem folgt, was dem Geist seiner Zeit entspricht. Jede der drei genannten Anschauungen hatte Vorläufer und von FREUD unabhängige Vertreter, etwas die ROUSSEAUsche Kulturkritik oder die Betonung der Gefühlswelt bei den «Kraftgenies» des Sturms und Drangs (man kann auch an die Gefühlsverehrung in *‹Werthers Leiden›* denken). Was FREUD sicherlich allein und als einzelner leistete, ist, daß er solche Denkweisen in die Psychologie einführte und ihnen eine für das wissenschaftliche Zeitalter passende Form verlieh. Nicht zufällig kann FREUD sowohl als Aufklärer als auch als Gegenaufklärer verstanden werden, er bewegt sich in dem Bereich zwischen einer erklärten Rationalität und einer verborgeneren, aber deutlichen Gefühlsverehrung. Er ist auf der einen Seite Reflextheoretiker und führt das Verhalten auf PAWLOWsche Reflexketten im Gehirn zurück, andererseits erfindet er die mythische Urhorde und ihre archetypische Geschichte. FREUD erklärt sich selbst zum Empiriker, ja sogar zum Mechanisten, aber auf der anderen Seite setzt er in gewissem Sinn die deutsche Romantik, also die Gegenaufklärung, in das wissenschaftliche Zeitalter hinein fort. Diese Lust am Irrationalen mitten in der Hochburg eines scheinbar rationalistischen Denkens macht es dem konsequenten Naturwissenschaftler nicht leicht, die Theorien der Psychoanalyse zu verstehen.

Ich selbst halte alle drei genannten Gedankengebäude im wesentlichen für Irrtümer. Mit der Lehre von Triebabwehr und Triebsymbolik werden sich die folgenden Kapitel, zumindest einschlußweise, näher befassen. Zur Kulturkritik wäre zu sagen, daß ich es für falsch halte, kulturelle Äußerungen unter dem Aspekt der Unterdrückung «natürlichen Verhaltens» zu sehen. Vielmehr ist es wahrscheinlich natürlich für den Menschen, das heißt, es ist seiner Natur angemessen, seine Emotionen durch Erfahrung und Denken zu überformen und gelegentlich auch zu unterbinden. Kulturelles Verhalten (selbstverständlich nicht Anpassung an jede Norm) bedeutet keinen Verlust an Menschsein, sondern ist gleichbedeutend mit ihm. Es gibt auch keine menschliche Gesellschaft, und sei sie vom materiellen Gesichtspunkt aus noch so «primitiv», die nicht hochentwickelte kulturelle Verhaltensnormen besäße. Im Gegenteil, die kulturelle Festlegung des Tuns und Lassens eines Individuums ist bei einfachen Stammeskulturen vielfach enger als bei uns. Behauptungen des Gegenteils, die man bis heute immer wieder findet, beruhen auf Unwissenheit.

Ich glaube, und ich habe dies immer wieder angedeutet, daß die Traumatheorie und die mit ihr eng verbundene psychosexuelle Entwicklungspsychologie den wissenschaftlichen Kern der Tiefenpsychologie bilden. Ich sehe diesen Kern, ganz im Gegensatz zu anderen Autoren, nicht in der Entdeckung des Unbewußten (das im übrigen schon lange vorher entdeckt war). Zwar gehört zur Traumatheorie auch eine Theorie des Unbewußten, aber der unbewußte Anteil des menschlichen Verhaltens kann auch ganz anders, zum Beispiel systemtheoretisch, gedeutet werden. Für die Tiefenpsychologie entscheidend ist nicht, daß es ein Unbewußtes gibt, sondern daß darin verborgen die Strukturen vermutet werden, die durch Kindheitserfahrungen festgelegt wurden.

Ich bin auch nicht der Ansicht, die ERICH FROMM vertritt: nämlich daß FREUDS Leistung in der Entdeckung bestehe, daß die Erkenntnis der Wahrheit über das eigene Leben dem neurotischen Menschen zur Heilung verhelfe. Eine solche Theorie kann auch von anderer Seite (mit anderen Begründungen) vertreten werden, und FREUD hat diese Methode ganz bestimmt nicht entdeckt. Soweit ich weiß, hat er sie nicht einmal in die Psychiatrie eingeführt. Was er wirklich entwickelte, war eine Theorie, die neurotische Symptome und sogar den menschlichen Charakter aus der Affektgeschichte erklären wollte. Wie es heute um diese Erklärung steht, wird nun zu untersuchen sein.

# II Die Traumatheorie in moderner Form

Welch ein Mann wäre ich, wenn ich nicht das Kind
gewesen wäre, das ich war!
Aus den ‹*Tagebüchern*› von Albert Camus.

Es wird die Aufgabe dieses Kapitels sein, die Freudsche Traumatheorie in modernen Begriffen auszudrücken, so daß sie sich an Hand der heutigen Ergebnisse der Wissenschaft betrachten und überprüfen läßt. Mehrere Autoren haben zu dieser Umformulierung einen Beitrag geleistet, und ihre Beiträge werden in diesem und dem nächsten Kapitel eine wichtige Rolle spielen. Ich will jedoch keiner dieser Theorien ganz folgen, sondern ziehe es vor, eine eigene Version der umformulierten Traumatheorie anzubieten, die allerdings anderen modernen Anschauungen nicht widerspricht, sondern diese mit enthält.

Eine moderne Neuformulierung der Traumatheorie muß davon ausgehen, daß durch ein traumatisches Erlebnis irgendeine Art von Verknüpfung zwischen dem traumatischen Reiz und den dadurch ausgelösten negativen Affekten stattfindet. Ein Kind, dessen «sexuelle» Kontaktwünsche mit Strafen beantwortet werden, wird künftig das bloße Auftauchen solcher Wünsche als bedrohlich empfinden. Weiterhin verknüpft sich aber auch die Reaktion, die das Kind in dieser Situation zeigt, mit dem traumatischen Reiz und dem negativen Affekt, sofern diese Reaktion irgendeine positive Wirkung hat, also belohnt wird. Im einfachsten Fall unterläßt das Kind zum Beispiel seine Kontaktversuche, da dies zu einer Spannungsminderung führt. Solche Vorgänge können in Begriffen der Lerntheorie als Konditionierungen beschrieben werden; genauer sind jedoch die verhaltensbiologischen Begriffe, die ich künftig verwenden will: Die Verknüpfung zwischen Reiz und negativem Affekt wird danach als eine bedingte Aversion bezeichnet, während die Verknüpfung von negativem Affekt und Reaktion in dieser Situation eine bedingte Hemmung bildet. Bestünde die erlernte Reaktion nicht im Unterlassen einer vorher durchgeführten Handlung, sondern im Erwerb einer anderen aktiven Verhaltensweise, würde man statt von einer bedingten Hemmung von einer bedingten Aktion sprechen. Eine ausführliche Erläuterung dieser Begriffe findet sich bei HASSENSTEIN [12 und 13].

Aus der bedingten Aktion und der bedingten Aversion, oder aus der bedingten Hemmung und der bedingten Aversion, formt sich eine kombinierte Form eines erworbenen Verhaltens, das die gesamte Reaktion des Kindes auf die traumatische Erfahrung beschreibt. Diese Reaktion kann an Hand eines verhaltensbiologischen Schemas der funktionellen Zusammenhänge anschaulich gemacht werden, wie es in Abb. 1 dargestellt ist. Dieses Schema ist natürlich allgemein anwendbar, die Beschriftung bezieht sich jedoch auf das bereits im letzten Kapitel benutzte Beispiel eines Kindes, das leistungsmäßig überfordert wird und auf diese Überforderung mit Apathie, Leistungsverweigerung und Unwertgefühlen antwortet. Die dabei ablaufenden Lernprozesse lassen sich folgendermaßen beschreiben:

In den Schemata werden folgende Symbole benutzt:

 Fördernder Einfluß, Erhöhung

 Rezeptor für Sinnesreize oder Reizmuster

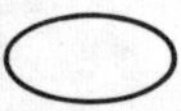 Bereitschaft, Antrieb

 In Pfeilrichtung leitende Signalverbindung, auf der (wie auf Nervenbahnen) nur positive Signale fließen und die eine gewisse Übertragungszeit benötigen

 Koinzidenzglied, ein Signal fließt nur weiter, wenn auf beiden Eingängen eine Meldung eintrifft

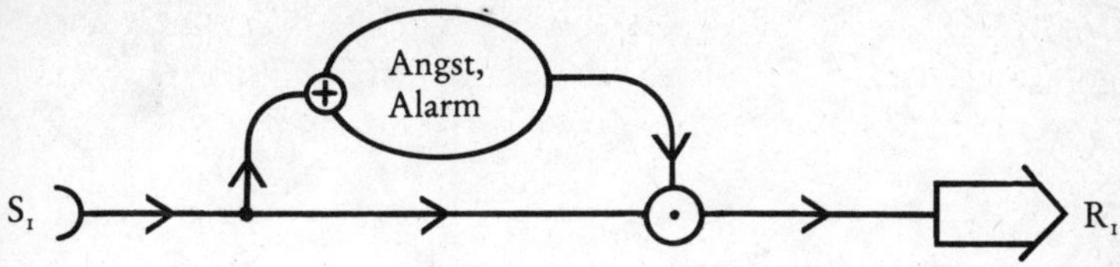


Abb. 1a: primäres, zum Beispiel angeborenes, Verhalten

Dieses Schema stellt den Zusammenhang im Fall einer einfachen primären Reaktion dar: Ein traumatischer Stimulus steigert aversive (Angriffs- und Flucht-) Tendenzen und setzt gewisse Reaktionen (Weinen, Schreien, Schlagen) in Gang. Die Reaktion tritt in der Regel nur dann auf, wenn sowohl ein entsprechender Antrieb als auch der auslösende Reiz vorliegt. Dies wird durch das Koinzidenzglied (hier gleichbedeutend mit einem logischen und -Glied) ausgedrückt.

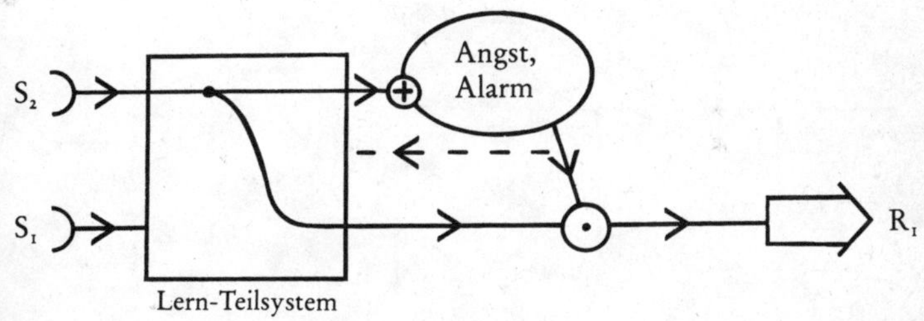


Abb. 1b: erlernter Reiz $S_2$ verknüpft mit dem primären Verhaltenszusammenhang

Dieses Schema beschreibt, wie ein neuer Reiz $S_2$ durch Erfahrung mit dem ursprünglichen Verhaltenszusammenhang verknüpft wird. Zum Beispiel lernt das Kind, daß Leistungsanforderungen bedrohlich sind. Das linke Lern-Teilsystem bildet also eine bedingte Aversion.

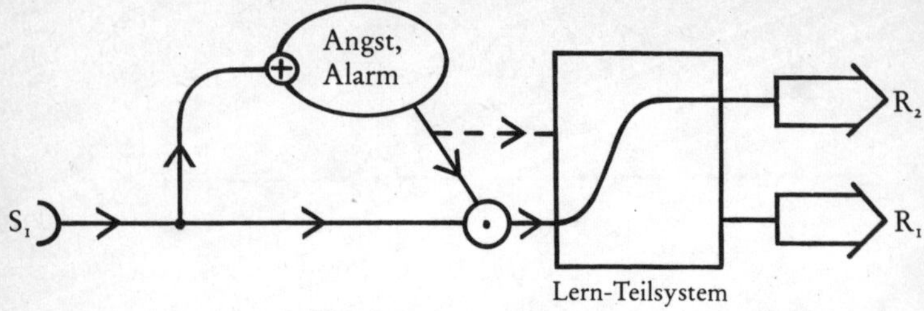


Abb. 1c: erlernte Reaktion $R_2$ verknüpft mit dem primären Verhaltenszusammenhang

Dieses Schema zeigt, wie eine neue Reaktion $R_2$ mit dem ursprünglichen Verhalten verknüpft wird. Im Fall des Textbeispiels lernt das Kind, die bedrohlich empfundene Leistungsanforderung mit Apathie zu beantworten. Das rechte Lern-Teilsystem bildet also eine bedingte Aktion oder in diesem Fall eine komplizierte Mischung zwischen bedingter Aktion und bedingter Hemmung.

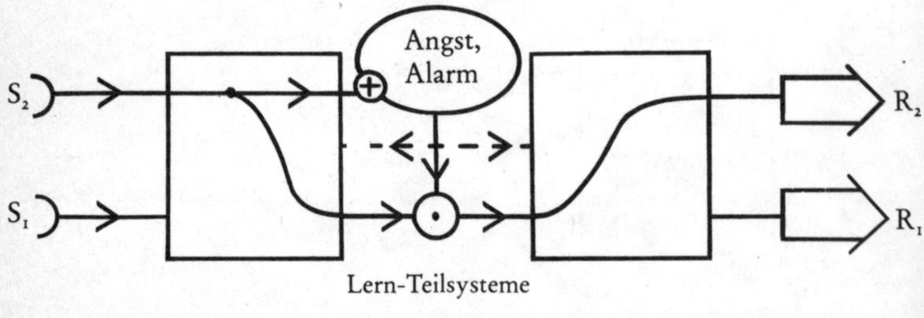


Abb. 1d: erlernter Reiz und erlernte Reaktion verknüpft mit dem primären Verhaltenszusammenhang

Nachdem beide Lernschritte vollzogen sind, bleibt vom ursprünglichen Verhaltenszusammenhang nur die Verbindung zwischen den beiden Lern-Teilsystemen und die Antriebskomponente (Angst, Alarm) erhalten. (Nach HASSENSTEIN [12], verändert.)

Wenn das Kind unseres Beispiels für seine Leistungen nie gelobt und oft kritisiert wird, verknüpft es einerseits die Tatsache, daß eine Leistung gefordert wird mit Angst- und Abwehrbereitschaft, und andererseits lernt es (wenn es diesen Tendenzen nicht direkt folgen kann), mit Apathie, exzessiver Selbstkritik und Leistungsverweigerung zu reagieren. Dieses durch Erfahrung erworbene Verhalten erscheint der Umwelt später dann als ein unerklärliches Symptom.

Mit einer solchen, an Lernprozessen orientierten Beschreibung lassen sich also die aktuellen Wirkungen traumatischer Erfahrungen angemessen darstellen. Es muß aber im nächsten Schritt erklärt werden, warum ein bestimmtes Lernergebnis so lange stabil bleiben soll, wie es die Traumatheorie verlangt, und warum spätere Erfahrungen die einmal entstandene Struktur nicht mehr verändern können. Hierfür muß die einfache lerntheoretische Beschreibung um eine weitere Voraussetzung ergänzt werden, und in der Literatur lassen sich im wesentlichen drei verschiedene Ansätze erkennen, eine solche Ergänzung vorzunehmen. Der erste Ansatz beruft sich auf den ethologischen Begriff der Prägung und nimmt an, die Festigkeit traumatischer Strukturen des Verhaltens lasse sich in einer analogen Weise verstehen. Nach dieser Auffassung würden also affektive Lernprozesse, oder zumindest einige affektiv bestimmte Lernprozesse, ähnlich einer Prägung durch besondere Dispositionen gelenkt und wären auch ähnlich dauerhafter Natur. Der zweite Ansatz nimmt an, daß alle frühen Lernprozesse grundsätzlich besonders fest verankert werden und daß jedes Erfahrungslernen um so schwerer veränderbar ist, je früher es erfolgte [8]. Und nach der dritten Meinung sind alle aversiv getönten, also in Gegenwart starker negativer Affekte erfolgten Verknüpfungen der Verhaltenssteuerung besonders stabil. Dies würde unter anderem natürlich auch die Dauerhaftigkeit der Engramme erklären, die durch traumatische Erfahrungen des Kindesalters entstehen [10].

Die drei genannten Ansätze sollen nacheinander behandelt werden, und ihre Untersuchung wird uns zu einer plausiblen Formulierung der Traumatheorie in modernen Begriffen hinführen.

Zuerst zum Begriff der Prägung: Er geht, wie weithin bekannt ist, auf die Untersuchungen von KONRAD LORENZ an Graugans-Küken zurück. LORENZ entdeckte, daß die gerade geschlüpfte Gans angeborenermaßen dazu disponiert ist, das erste größere bewegte Objekt ihrer Umgebung als «Muttertier» kennenzulernen. Einige einfache Schlüsselreize, wie zum Beispiel eine Lautäußerung, die den Kontaktlauten des Kükens antwortet, lenken den Lernprozeß zusätzlich auf sein Ziel hin.

Weiterhin entdeckte LORENZ, daß dieser ungewöhnliche Lernprozeß sehr schnell verläuft und daß sein Ergebnis schwer wieder abzubauen ist. Außerdem entsteht dieses Ergebnis ohne jede sichtbare Belohnung im üblichen lerntheoretischen Sinn. Die Belohnung besteht lediglich in der Wahrnehmung des Partners oder des Prägeobjekts.

Die Disposition für diesen Prozeß bleibt nur eine begrenzte Zeit (während der sogenannten sensiblen Phase) bestehen. Nach dieser Zeit läßt sich die Prägung nicht mehr auslösen. Es gibt also eine angeborene Vorstrukturierung des Lernverhaltens bei dem Gänseküken, die dazu führt, daß zu gewissen Zeiten ganz bestimmte Verknüpfungen besonders leicht gebildet werden und sehr stabil sind, während andere Lernprozesse den üblichen Regeln der Lerntheorie folgen. Inzwischen wurde das Phänomen der Prägung bei vielen Tieren gefunden, und die genannten Charakteristika (angeborenermaßen erkannte Schlüsselreize, Stärke der Verknüpfung, sensible Phase und innere Motivation) bestätigten sich immer wieder. Für die Erklärung der Wirkung traumatischer Erfahrungen ist das Phänomen der Prägung aber eben dieser Charakteristika wegen nicht direkt geeignet. Eine Prägung richtet sich immer auf eine gewisse, engumrissene Klasse von Reizen, die durch einige Schlüsselreize angeborenermaßen erkannt werden. Dabei hat die Prägung stets einen ganz bestimmten Sinn, wie zum Beispiel dem Jungtier eine schnelle Bindung an das Muttertier zu ermöglichen, dem noch nicht geschlechtsreifen Tier den späteren Sexualpartner einzuprägen, das Wiedererkennen der Heimat zu erleichtern und anderes mehr. Eine generelle «Prägung» auf Angst oder Schmerz auslösende Situationen erscheint im Vergleich dazu wenig sinnvoll zu sein.

Auch die sensible Phase und vor allem die innere Motivation des Geschehens finden in der Traumatheorie keine Entsprechung. Obwohl also prägungsähnliches Lernen in der kindlichen Entwicklung wahrscheinlich vorkommt, kann durch eine Analogie mit der Prägung kein allgemeiner Lehrsatz wie der der pathogenetischen Traumatheorie konstruiert werden. Ganz abgesehen davon sind die Folgen einer Prägung auch stets manifest vorhanden und beobachtbar, sobald das Objekt, auf das geprägt wurde, dem Lebewesen zur Verfügung steht. Es wäre zwar nicht unmöglich, aber doch sehr schwer zu erklären, wie ein Kind auf «Leistungsanforderung» als Feindbild «geprägt» werden könnte und dies lange Jahre nicht sichtbar würde. Dieser Einwand wird noch deutlicher, wenn man die Wirkung traumatischer Erfahrungen mit den Prozessen vergleicht, die tatsächlich als prägungsähnlich bezeichnet werden könnten. Ein gutes Beispiel für eine Art von Prägung bietet unter anderem das schnelle Kennenlernen des Neugeborenen durch die Mutter gleich nach der Geburt. Weitere Fälle könnten sexuelle Prägungen sein (s. HASSENSTEIN in [13]), und auch die kleinkindliche Phobie zählt zu den Anwärtern auf prägungsähnliches Lernen beim Menschen. Dieses letzte Beispiel wird in Kapitel VII noch näher geschildert werden. Der Erklärungswert des Prägungsbegriffs liegt also gerade nicht auf dem Gebiet der Traumatheorie, wo mit der Bildung der üblichen bedingten Verknüpfungen zu rechnen ist, sondern in anderen, besonders strukturierten Bereichen des menschlichen Verhaltens.

Wie steht es nun aber mit der Annahme, daß frühe Verknüpfungen einfach des Zeitpunkts ihrer Entstehung wegen besonders fest seien? Diese Annahme hat in unserer Zeit eine gewisse Plausibilität, eine Plausibilität, die nach meiner Ansicht aber nicht auf klarer Erkenntnis, sondern auf vagen Gedankenverbindungen beruht.

Zum einen wird mit einer solchen Annahme der wohlbekannte Unterschied zwischen Kindheit und Erwachsenenalter in die frühe Kindheit übertragen: Wir alle wissen, daß das Gedächtnis eines Kindes besser ist als das eines Erwachsenen und das eines jungen Erwachsenen besser als das eines älteren. Wir wissen zum anderen, daß in der Kindheit erworbene Fertigkeiten besser erhalten bleiben als die im Alter erworbenen Dinge. Es liegt nun scheinbar nahe, diese Kette weiter fortzusetzen und anzunehmen, was das Kleinkind lernt, sei fester verankert, als was das Schulkind lernt und die Erfahrungen des Säuglings wirkten sich noch stärker aus als die des Kleinkindes.

In Wirklichkeit gibt es für eine solche Annahme (mit Ausnahme von einigen speziellen Erscheinungen) keine wirkliche Begründung. Es ist viel wahrscheinlicher, daß es im späten Kleinkindalter und in der Schulzeit vor der Pubertät ein Optimum der Lernfähigkeit gibt, das weder früher noch später übertroffen wird. Vor der Kleinkinderzeit ist die organische Reifung des Gehirns noch nicht abgeschlossen, und nach der Pubertät setzen diejenigen Prozesse ein, die die Plastizität des Handelns und Denkens wieder vermindern. Aus dieser Sicht erscheint es ganz unberechtigt, ein «je früher, desto fester» in die Lernpsychologie einzuführen. (Die scheinbaren Beweise der Tiefenpsychologie für eine solche Annahme werden in Kapitel V ausführlich untersucht werden.)

Die Plausibilität des «je früher, desto fester» geht, wie ich meine, aber auch auf die Tiefenpsychologie selbst zurück. Wir sind schlichtweg daran gewöhnt, in den Begriffen zu denken, die die Tiefenpsychologie seit FREUD benutzt, und einer dieser Begriffe ist die sogenannte «Stufentheorie» der Entwicklung:

Man stellt sich die Kindesentwicklung ähnlich wie den Bau eines Hauses oder die Montage einer Maschine vor. Was zuerst kommt ist dabei grundlegend und unveränderlich, während später hinzugefügte Teile besser austauschbar bleiben. Die Zündkerzen eines Automotors kann man mit ein paar Handgriffen wechseln, nicht aber die Kurbelwelle. Man könnte eine solche Vorstellung von der Entwicklung als eine «mechanische» Anschauung bezeichnen. Eine Stufenvorstellung von dieser Art spielt in der Traumatheorie eine wichtige Rolle, die noch näher zu besprechen sein wird.

Man kann sich die kindliche Entwicklung aber auch mit ganz anderen Bildern deutlich machen, die zu anderen Anschauungen führen. Man kann etwa an das Wachstum eines Baumes oder an den Ablauf eines komplizierten geschichtlichen Prozesses denken. Dann ist es keineswegs so, daß der frühe Einfluß immer der langfristig wirksamste ist. Ein Knochenbruch in der Kindheit hat wahrscheinlich gar keine Dauerwirkung, da die Heilungsfähigkeit noch groß ist und das System «Körper» noch wächst, während ein Knochenbruch im Alter von dreißig Jahren eher eine dauernde Behinderung hinterläßt. Eine organische Entwicklungsvorstellung führt also nicht zu denselben A-priori-Plausibilitäten wie die im Moment herrschende Vorstellung. Mit Plausibilitäten ist hier – wie stets in der Wissenschaft – nichts anzufangen. Und im Bereich empirischer Forschung gibt es keinen mir bekannten Beweis dafür, daß früh entstandene Verknüpfungen und Lernergebnisse im Zentralnervensystem grundsätzlich stabiler sind als später entstandene. Es existieren natürlich besondere Funktionen des Gehirns, die zu einer großen Stabilität von früh entstandenen Lernergebnissen führen, wie im Fall der bereits besprochenen Prägung. Damit allein kann jedoch die Traumatheorie nicht argumentieren. Wir müssen uns also dem dritten und wichtigsten Argument für die Dauerhaftigkeit traumatischer Verknüpfungen zuwenden, nämlich der Beobachtung, daß stark aversiv getönte Verknüpfungen (stark bedingte Aversionen und bedingte Hemmungen) im Gegensatz zu positiv getönten Verknüpfungen nicht leicht vergessen werden. Jeder Hunde- und Pferdekenner weiß, daß ein einziges starkes Angsterlebnis ein Tier für eine bestimmte Aufgabe «verderben» kann und daß es sehr schwierig sein kann, diesen Vorgang rückgängig zu machen. Diese Tatsache ist vom Standpunkt der Verhaltensbiologie aus auch nicht weiter erstaunlich: Der Sinn einer Neuverknüpfung im lernenden System besteht darin, räumliche, zeitliche oder kausale Beziehungen in der Umgebung des Tieres in der Verhaltenssteuerung zu berücksichtigen. Eine einmalige Erfahrung als Anlaß für eine solche Verknüpfung zu nehmen ist daher unter Umständen ungünstig, denn einmalige Koinzidenzen können Zufall sein und sind es häufig auch. Ein Reh, das einmal eine Salzlecke unter einer Eiche findet, wird später nicht dauernd unter Eichen nach Salz suchen. Es wird zwar vorübergehend eine schwache Tendenz haben, Eichen zu bevorzugen, diese Tendenz wird sich aber bald wieder verlieren, da Salzlekken ja an ganz anderen Orten ebenfalls vorkommen. Eine feste Neuverknüpfung in der Verhaltenssteuerung erfordert an sich also eine wiederholte Erfahrung (mehrfache Verstärkung), sofern es sich nicht um den Sonderfall der Prägung handelt. Warum machen nun starke Angst- und Schmerzerlebnisse eine Ausnahme? Auch diese können ja auf einmaligen Zufällen beruhen; die Pflanze, von der das Reh krank wurde, kann insektizidvergiftet gewesen sein, während sie sonst überall eine gute Futterpflanze darstellt. Wenn das Reh diese Pflanze nun nie mehr frißt, beraubt es sich vielleicht einer guten Nahrungsquelle.

Der Unterschied liegt jedoch darin, daß das Risiko für den lernenden Organismus im Fall einer Bedrohung so hoch ist, daß falsche (keine sachbedingte Beziehung widerspiegelnde) Verknüpfungen in Kauf genommen werden müssen. Das Reh kann es sich nicht leisten, eine Pflanze, von der es einmal krank wurde, so oft zu fressen, bis es Gewißheit über den zugrunde liegenden Zusammenhang erlangt hat. Es wäre sonst zwar ein wissenschaftlich exakt arbeitender, aber auch bald ein toter Organismus. Daher dürfen starke bedingte Aversionen und bedingte Hemmungen nicht erst durch mehrfache Erfahrung entstehen, und sie dürfen auch nicht von selbst wieder verschwinden (vergessen werden). Das einzige, was sie sinnvollerweise aufheben kann, sind ausdrückliche Erfahrungen in Gegenrichtung. Diese Gegenerfahrungen kommen bei einem Tier aber, wie im Beispiel des Rehs, oft gar nicht mehr zustande. Das Tier setzt sich der mit Schmerz verknüpften Situation nie mehr aus oder führt das gehemmte Verhalten nie mehr durch, und daher lernt es nie mehr ihre Harmlosigkeit kennen [12].

Man kann nun die geschilderten Erkenntnisse auf traumatische Erfahrungen des Kindes übertragen. Es wird angenommen, daß die kindlichen Angst- und Schmerzerlebnisse Engramme hinterlassen, die für dauernd einige Reize oder Situationen mit Angst und mit Abwehrreaktionen verknüpfen und die nicht mehr vergessen werden. Es ließe sich also verstehen, warum der Student mit Lernstörungen auf Leistungsanforderungen so gehemmt reagiert, obwohl es hierfür in seiner momentanen Situation keinen Grund gibt. Einige empirisch ausgerichtete Tiefenpsychologen haben, wie gesagt, auch so und ähnlich argumentiert.

Und tatsächlich erscheint es als durchaus berechtigt, bedingte Hemmungen oder bedingte Aversionen dieser Art, sind sie nur genügend stark, als «psychisches Trauma» zu bezeichnen. Doch damit wird der allgemeine umgangssprachliche Traumabegriff benutzt, nicht derjenige der Traumatheorie. Es läßt sich klar belegen, daß die Aussage der pathogenetischen Traumatheorie weiterreicht, als es an Hand solcher Verknüpfungsvorstellungen erklärt werden kann. Zum Beispiel wird durch Tierexperimente bewiesen, daß auch Verknüpfungen mit starker negativer Valenz durch Gegenerfahrungen gelöscht werden können. Sie unterliegen also nicht dem Vergessen, wohl aber der Extinktion [14]. Hierfür gibt es eine große Anzahl von experimentellen Beispielen, wie etwa die Versuche von Miller, Rossellini und Seligman [15] über «erlernte Hilflosigkeit» bei Hunden. Diese Autoren setzten Hunde Elektroschocks aus, denen die Tiere durch kein Verhalten entkommen konnten. Sie lernten es folglich, apathisch alle Schmerzen zu ertragen, und später entzogen sie sich den Stromstößen auch dann nicht, wenn sie es hätten tun können. Da die Hunde keine Flucht mehr versuchten, lernten sie nicht mehr (wie unerfahrene Hunde), daß Flucht jetzt wieder möglich war. Durch gezielte Eingriffe der Experimentatoren ließ sich dieses Verhalten aber wieder löschen: Wurden die Hunde mit Gewalt aus dem stromführenden Teil des Käfigs gezogen, so lernten sie es, nach einiger Zeit selbst zu flüchten. Die Erfahrung, daß der Schmerz durch Ortswechsel beendet werden kann, war also selbst dann wirksam, wenn der Ortswechsel gewaltsam vorgenommen wurde. Fast alle Hunde, die vorher die «Hilflosigkeit» gelernt hatten, ließen sich so wieder zu einem aktiven Fluchtverhalten zurückführen.

Das Beispiel zeigt, daß selbst starke (und für eine Extinktion sehr ungünstige) Verknüpfungen mit negativer Valenz sich dann löschen lassen, wenn es zu entgegengerichteten Erfahrungen kommt. Dies entspricht auch der Alltagserfahrung im menschlichen Bereich: Die Hemmung, etwas zu tun oder durchzustehen, verschwindet sehr schnell, wenn trotz der Angst die Erfahrung einmal mit gutem Erfolg gemacht wurde. Auch aus der klinischen Arbeit der Verhaltenstherapie lassen sich hierfür Beispiele anführen.

Von der Tiefenpsychologie wird jedoch ausdrücklich behauptet, daß im Fall frühkindlicher Traumata eine Extinktion durch Gegenerfahrungen nicht möglich sei. Ein Tiefenpsychologe würde die Folgen eines Kindheitstraumas zum Beispiel nicht für überwunden halten, wenn man dem Studenten mit Leistungsstörungen in einem Trainingsprogramm Erfolgserlebnisse vermitteln und seine Stresstoleranz erhöhen würde. Er wäre der Ansicht, daß der eigentliche Konflikt unter der durch das Training geglätteten Oberfläche weiter schwelt und zu neuen Problemen führen wird. Nur diese Ansicht rechtfertigt es ja in der Praxis, auf ein solches Trainingsprogramm zu verzichten und statt dessen eine viel kostspieligere und längere Psychoanalyse oder eine ähnliche tiefenpsychologische Behandlung vorzunehmen. Mit anderen Worten, in der Tiefenpsychologie wird behauptet, daß die frühen traumatischen Erfahrungen sich später nicht direkt, sondern irgendwie verdeckt auswirken und von der gegenwärtigen Lebenserfahrung auch nicht mehr verändert werden. Hierin drückt sich die bereits erwähnte Entwicklungsvorstellung aus: Man nimmt im Grunde an, das Kind entwickle sich stufenweise, und was auf einer bestimmten Stufe geschieht, bleibe später wie ein Bauteil in einem mechanischen Apparat unverändert bestehen. Man muß auf die frühere Stufe zurückgehen (den Apparat wieder teilweise abbauen), um die dabei entstandenen Strukturen nachträglich zu verändern. Genau dies wird zum Beispiel in der regressiven Übertragungsbeziehung in einer Analyse oder im Primärerlebnis in einer Primärtherapie versucht. Die Vorstellung eines psychomechanischen Apparats, der sich stufenweise entwickelt, stammt wie alle Grundgedanken der Tiefenpsychologie, von Freud selbst. Seine Entwicklungspsychologie, verbunden mit der Theorie einer auf jeder Stufe investierten Triebenergie, führte ihn von selbst zu der Annahme, die Wirkungen früher Erfahrungen blieben unverändert bestehen und würden von den Wirkungen späterer Erfahrungen lediglich

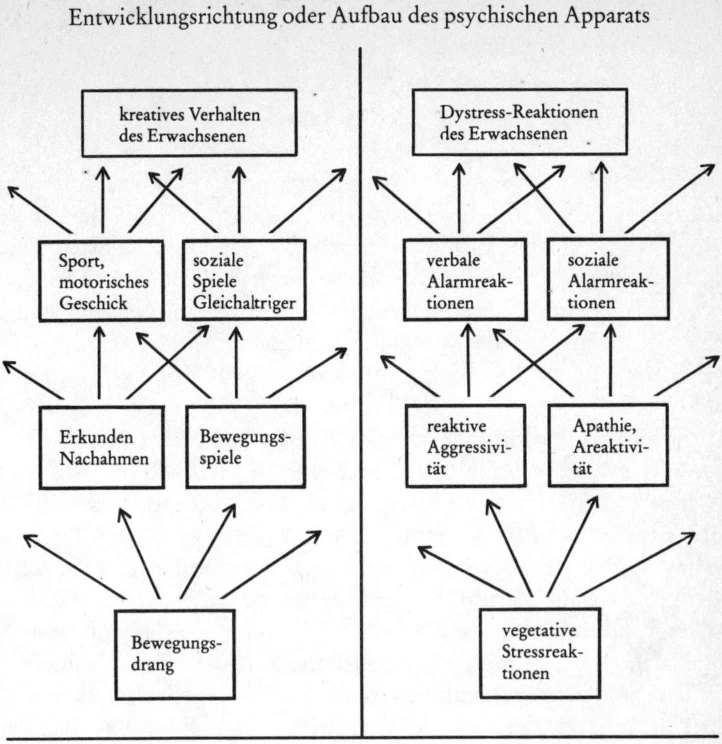


Die Abb. 2 stellt zwei Bereiche aus der menschlichen Verhaltenssteuerung in hierarchischer Form dar, dies allerdings in stark vereinfachter und beispielhafter Weise. Die gezeigte Vorstellungshilfe kann als Beschreibung der erwachsenen Verhaltenssteuerung in hierarchischer Form oder auch als Beschreibung des Entwicklungsganges dieser Steuerung gedeutet werden. Am Anfang steht ein einfaches Verhaltenselement (Antrieb, vegetatives Regelsystem). Dieses bildet Teile des nächst höheren Verhaltensbereiches oder führt in der Entwicklung zu ihm hin. Hier wurden als Beispiele der nächsten Stufe weitgehend angeborene, aber bereits komplizierte Verhaltensdispositionen angeführt (Erkunden und Nachahmen, Bewegungsspiele, reaktive Aggressivität und die extreme Stressreaktion der Apathie). Es folgen auf der nächst höheren Ebene Beispiele für komplexe erlernte Verhaltensweisen. Diese bilden schließlich wieder Untersysteme des Erwachsenenverhaltens, das in der Abbildung nicht weiter aufgegliedert wird.

überlagert. In ihrer ursprünglichen, an den energieanalogen Triebbegriff geknüpften Form ist diese Theorie zwar nicht mehr haltbar, aber sie läßt sich in eine moderne, mit der Lerntheorie und mit dem heutigen neurologischen Wissen vereinbare Form bringen. Ich will eine solche Formulierung versuchen, die nunmehr die ganze Aussage der tiefenpsychologischen Traumatheorie wiedergeben soll: Sie soll sowohl die unmittelbare Wirkung einer traumatischen Erfahrung beschreiben als auch erklären, wie diese Wirkung über lange Zeit hinweg erhalten bleiben könnte.

Mein Formulierungsvorschlag lehnt sich an hierarchische Funktionsmodelle der Verhaltenssteuerung an, wie sie in der Ethologie benutzt werden (zurückgehend auf Tinbergen). Die Abb. 2 zeigt eine anschauliche Darstellung für das Beispiel eines Teilbereichs der kindlichen Entwicklung. Und zwar stehen ein positiv getönter Verhaltensbereich und der Bereich der Alarm- und Stressreaktionen im weitesten Sinn nebeneinander. Die linke Verhaltenshierarchie stützt sich auf den allgemeinen Bewegungsdrang (ein besonders einfacher Antrieb), dieser Bewegungsdrang wiederum ist verbunden mit Erkunden, Bewegungsspielen usw., also aktiven, lustbetonten Verhaltensweisen aus dem Bereich kindlichen Spielens. Auf der nächst höheren Ebene finden wir Verhaltensweisen des älteren Kindes, die wiederum in das Erwachsenenverhalten einmünden. Die rechte Hierarchie stellt in ähnlicher Weise den Bereich des Alarmverhaltens (Dystress-Verhalten im Gegensatz zum Eustress) dar. Vegetative Stressreaktionen stehen an der Basis der Hierarchie, hierauf folgen einfache, teilweise angeborene Verhaltensweisen wie unmittelbare Aggressivität oder Apathie. Auf der nächst höheren Ebene folgen verbale und soziale Alarmreaktionen, wie sie einem älteren Kind zukommen könnten, und diese münden wiederum in das Dystress-Verhalten des Erwachsenen ein. Jedes Element der höheren Ebene setzt sich aus den Funktionen der unteren Ebene und neuen Anteilen zusammen, die beide zu komplexeren Verhaltensweisen integriert werden. Diese Hierarchie von immer komplexeren Verhaltensweisen kann nun verschieden interpretiert werden, und zwar einerseits als Abfolge einer Entwicklung (in diesem Fall stellt die Ordinate eine Zeitachse dar) und andererseits als Beschreibung der Verhaltenssteuerung des Erwachsenen mit allen ihren Elementen, die zu verschiedenen Zeiten entstanden und auf verschiedenen Ebenen liegen. Im letzteren Fall gibt die Ordinate den Grad der Komplexität oder die «Höhe» im Zentralnervensystem an, die jeder Ebene zukommt.

Die erste Interpretation ist nahezu trivial. Mir ist keine Richtung der Anthropologie bekannt, die nicht annimmt, daß sich die Verhaltensentwicklung des Menschen in einem stufenweisen Aufbau vollzieht, durch den immer neue, komplexere Verhaltensweisen aus einfacheren hervorgehen. Auch die zweite Interpretation, daß noch in der Verhaltenssteuerung des Erwachsenen ein solcher Aufbau besteht, dürfte wenig bestritten werden. Wenn ich dies einmal voraussetze, so macht es das obige Schema möglich, die von der Tiefenpsychologie angenommene Wirkung früherer Traumata verhaltensbiologisch zu beschreiben. Hierzu muß dieses Schema lediglich in einer ganz bestimmten Weise interpretiert werden:

Es wird angenommen, daß sich auf jeder Ebene der verhaltenssteuernden Hierarchie Verknüpfungen zwischen den neutralen (oder primär lustbetonten) Reizen und Verhaltenselementen und zwischen den Stressreaktionen bilden können. Führt ein neutraler Reiz oder ein primär angenehmes Verhalten zu schweren Angst- und Schmerzerfahrungen, so verknüpfen sich die entsprechenden Elemente der Verhaltenssteuerung miteinander, und zwar in starker und persistierender Weise, wie es vorher besprochen wurde. Und natürlich wird diese Verknüpfung, betrachtet man die kindliche Entwicklung, häuptsächlich die Ebene betreffen, die gerade das Verhalten bestimmt. Ein kleiner Säugling kann einen ängstigenden Reiz nahezu nur mit vegetativen und ganz einfachen motorischen Reaktionen beantworten, während ein sechsjähriges Kind bereits höchst komplizierte soziale Strategien einsetzen kann. Abb. 3 zeigt einen Ausschnitt aus einer solchen hierarchisch geordneten Verknüpfung von primär unbelasteten Verhaltensbereichen mit Angst und Stressreaktionen. Man kann sich vorstellen, wie sich dieses Bild dadurch von Abb. 2 ableitet, daß die dort unverbunden nebeneinander

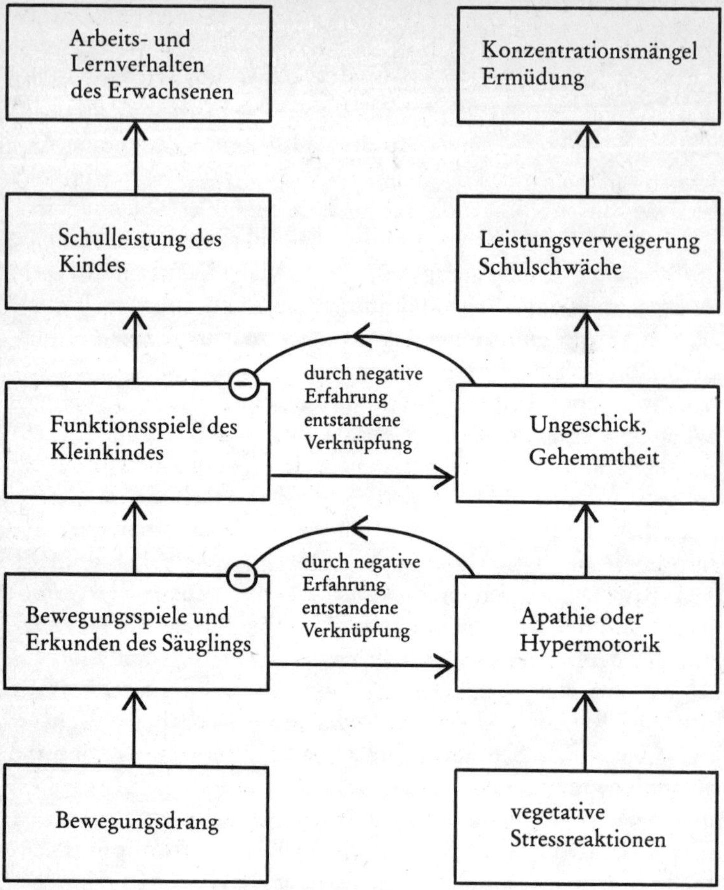


Abb. 3 zeigt eine Vorstellungshilfe dazu, daß verschiedene Ebenen einer Verhaltenssteuerung mit Alarm- und Stressreaktionen verknüpft werden können. Hier wird die einfache angeborene Motorik des Säuglings und die Funktionsspiele des Kleinkindes als mit erworbenen Konfliktreaktionen verknüpft dargestellt. Werden die so belasteten Verhaltenselemente aktiviert, aktivieren sie ihrerseits die zugehörigen Konfliktreaktionen, welche wiederum die normale, unbeeinflußte Form des Bewegungs- und Spielver-

stehenden Hierarchien durch Lernen verknüpft wurden und daß aus dem entstandenen System ein Ausschnitt gezeigt wird.

Eine pathologische Entwicklung läßt sich innerhalb eines solchen Schemas folgendermaßen beschreiben: Wird ein Kind zum Beispiel im ersten Lebensjahr in seinem Bewegungs- und Aktionsdrang übermäßig behindert oder sogar dafür bestraft, dann verknüpfen sich dieser Antrieb und die damit verbundenen Aktivitäten mit Unbehagen, Angst und Alarmstimmung. Dies führt zu Verhaltensänderungen (motorische Unruhe, motorische Hemmungen) und möglicherweise auch zu körperlichen Symptomen (Verdauungsbeschwerden). Beide Ergebnisse belasten naturgemäß die Entwicklung des Kindes. Wenn der Säugling also später beginnt, Funktionsspiele zu entwickeln, so sind in diesen Spielen die einfacheren motorischen Elemente der früheren Stufe mit enthalten, und auch der allgemeine Aktivitätstrieb wird aktiviert. Die bedingte Aversion oder Hemmung, die mit diesen einfacheren Elementen verbunden ist, belastet nun auch die nächste Stufe der Verhaltenssteuerung. Dies ist selbst dann der Fall, wenn dort keine neuen traumatischen Erfahrungen gemacht werden, da eine gewisse Tendenz zu Angst und Alarm mit den verknüpften Verhaltenselementen automatisch ebenfalls aktiviert wird. Anschaulich gesprochen bedeutet dies, daß ein bereits auf der Ebene einfacher motorischer Aktivität traumatisiertes Kind auch bei späteren Funktionsspielen mindestens zuerst ängstlicher und gehemmter agieren wird als ein vergleichbarer, nicht belasteter Altersgenosse. Dies bedeutet zwar nicht, daß die adäquaten Symptome der höheren Ebene entstehen müssen (etwa Ungeschick), es bedeutet aber, daß eine Ten-

haltens verändern oder hemmen. Es wird in der Abbildung weiter dargestellt, daß die nächste Stufe des Verhaltens (Schulleistung ) nicht von neuem traumatisiert wird, da sie als positiv erlebt wird. Es stellt sich dann die im Text näher diskutierte Frage, ob dadurch die Belastung der früheren, einfacheren Verhaltenselemente abgebaut oder lediglich auf höherer Ebene kompensiert wird.

denz hierzu besteht, die dem unbelasteten Kind fehlt. Diese Tendenz wirkt sich dann um so eher aus, wenn auf der höheren Ebene erneut traumatische Einflüsse wirken, die die Verknüpfung von Spiel- und Aktivitätsverhalten mit Angst und Stressreaktionen noch enger machen. In diesem Fall werden auch die Stressreaktionen der höheren Ebene erscheinen. Die entsprechende Belastung für die nächsten Entwicklungsschritte ist dann um so schwerwiegender.

Wie verläuft nun aber die Entwicklung, wenn auf der nächst höheren Ebene der Entwicklung keine neuen schweren Traumatisierungen vorkommen? In Abb. 3 ist zum Beispiel auf der Ebene des Schulkindes keine neue traumatische Belastung eingezeichnet. In diesem Fall wird die ältere aversive Verknüpfung nicht von neuem bestätigt, sondern durch die neuen Erfahrungen relativiert und widerlegt. Und für die hier geführte Diskussion ist es ganz entscheidend, wie man sich die Wirkung einer solchen Erfahrung auf die Verhaltenssteuerung des Kindes vorstellt. Ich werde die zwei alternativen Vorstellungen (die natürlich idealtypische Extreme darstellen) hier nacheinander besprechen:

Nach Ansicht der Tiefenpsychologie bleibt im Fall günstiger Bedingungen die frühere traumatische Belastung bestehen, sie muß auf der nun erreichten Ebene aber nicht zu neuen Symptomen führen. Das heißt, die früheren Verknüpfungen nehmen an der weiteren Entwicklung nicht mehr direkt teil, sie werden lediglich durch die neu entstehenden Funktionen überdeckt und überformt. Es ist nach dieser Auffassung sehr wohl möglich, daß das ältere Schulkind mit einem guten Lehrer und mit inzwischen reifer gewordenen Eltern normale Leistungsfähigkeit zeigt, während es zuvor unter Motivationsstörungen litt. Zwar bleiben die in der traumatischen Zeit entstandenen Einzelelemente des Verhaltensbereichs «Schulleistung» durch ihre aversiven Verknüpfungen belastet, diese Belastung ist in der Gegenwart aber überdeckt und wird auch nicht bewußt erlebt. Es wird also, und dieser Unterschied ist der wesentliche, anders als bei der normalen «Usur» nicht die traumatische Struktur selbst abgebaut, sondern es wird auf höherer Ebene eine Strategie entwickelt, die das frühere Trauma kompensiert.

Das Kind bringt die im belasteten Verhaltensbereich aktivierten negativen Affekte und die entsprechenden Reaktionen (Leistungsunlust) unter Kontrolle, ohne sie jedoch aufzulösen. Man kann davon sprechen, daß die «Abwehr» gegen diese Affekte (nach der ursprünglichen Reaktion) nun weiter verstärkt und komplizierter wird. Man kann auch davon sprechen, daß das Kind immer bessere Methoden der Konfliktkontrolle entwikkelt.

Sollten zu einem späteren Zeitpunkt in dem unbewußt immer noch belasteten Verhaltensbereich Probleme auftreten, wird sich nach Ansicht der Tiefenpsychologie aber die alte Belastung wieder bemerkbar machen. Es werden, scheinbar unerklärlicherweise, wieder starke Stressreaktionen auftreten, die andere, in diesem Bereich unbelastete Menschen nicht zeigen. Zum Beispiel läßt sich gut vorstellen, daß frühere Leistungsstörungen in der schwierigen Lage eines Studienanfangs wieder aktiviert werden, und damit wäre tatsächlich das frühere Trauma – in seiner Form als bedingte Aversion, bedingte Hemmung und körperliche Stressreaktion – Ursache der sehr viel später auftretenden Symptome.

Die pathogenetische Traumatheorie läßt sich im Rahmen einer solchen Auffassung also folgendermaßen formulieren:

Ein psychisches Trauma besteht in einer früh in der Entwicklung vollzogenen Verknüpfung von Verhaltenselementen des Kindes mit negativen Affekten und mit Stressreaktionen. Diese Verknüpfungen sind um so allgemeiner wirksam, je jünger das traumatisierte Kind ist, da die belasteten Verhaltenselemente einfacher sind und folglich in vielen späteren Verhaltensweisen eine Rolle spielen. Außerdem sind diese Verknüpfungen um so fester, je stärker der Angst- und Alarmzustand der traumatischen Erfahrung war. Die traumatischen Verknüpfungen bleiben auch dann erhalten, wenn spätere günstige Lebensumstände oder die bloße Tatsache einer größeren Belastbarkeit mit zunehmendem Alter es dem Kind erlauben, die Probleme früherer Stufen mit einer erfolgreichen Strategie der Konfliktbewältigung zu kompensieren. Diese Strategien können flexibel oder rigide, gesellschaftlich akzeptiert oder anstößig sein, und je nachdem kann sich das Kind erfolgreich an seine Umgebung anpassen oder nicht. Als krankhaft empfundene Verhaltensweisen entstehen dann, wenn die Belastung so groß ist, daß die benutzten Konfliktstrategien zwanghaft werden und damit die Lebensmöglichkeiten einschränken oder wenn sie so extrem werden, daß sie gesellschaftlich nicht geduldet sind.

Eine Formulierung der pathogenetischen Traumatheorie, wie ich sie hier gegeben habe, ist mit der modernen Verhaltenswissenschaft vereinbar und läßt sich auch neurologisch gut deuten. Allerdings wird mit dem Problem der annehmbaren Formulierung noch nicht das Problem der sachlichen Richtigkeit gelöst. Es bleibt die Frage, ob eine solche Traumatheorie als Beschreibung der Realität zutrifft oder nicht. Die sachliche Evidenz hierfür werde ich in den folgenden Kapiteln zu prüfen versuchen. Zuvor muß aber die wesentliche Alternative zur Traumatheorie genannt werden, die vor allem eine andere Vorstellung von der Wirkung neutraler oder günstiger Erfahrungen enthält. Nach dieser alternativen Auffassung bleiben die einfacheren, früher entstandenen Verhaltensstrukturen eben nicht abgeschirmt erhalten, wenn sich eine höhere Steuerebene entwikkelt. Vielmehr wird das ganze verhaltenssteuernde System auf jeder Stufe der Entwicklung durch die jeweils aktuelle Erfahrung mit verändert. Es trifft danach lediglich für eine Übergangszeit zu, daß die erfolgreiche Konfliktkontrolle der höheren Ebenen die tiefer gelegenen Verknüpfungen nur kompensiert. Je mehr positive Erfahrungen gemacht werden, desto mehr werden sich auch die Assoziationen auf anderer Ebene ändern. Wenn also zum Beispiel im Säuglingsalter der Aktivitätstrieb mit Angst verknüpft wurde, aber später die Spielaktivität zu positiven Erfahrungen führt, so wird auch diese frühe Verknüpfung unwirksam werden. Nach dieser Vorstellung wird die früher geformte Verhaltenssteuerung also nicht nur überlagert, sondern mit umgeformt, wenn sich neue Verhaltensweisen bilden, die auf neue Erfahrungen reagieren. Man könnte diese Ansicht, im Gegensatz zu der Tiefenpsychologie, also eine ganzheitliche Theorie der Organismus-Umweltinteraktion bezeichnen. Man kann auch das bereits eingeführte Begriffspaar benutzen und die tiefenpsychologische Auffassung eine mechanische, die alternative Auffassung eine organische Entwicklungsvorstellung nennen.

Die verhaltenswissenschaftliche Analyse der Traumatheorie führt also zu einem in mancher Hinsicht überraschenden Ergebnis: Es zeigt sich, daß die Traumatheorie, die im Zentrum der Tiefenpsychologie steht, in modernen Begriffen formuliert werden kann. Es zeigt sich weiterhin, daß die mit der Traumatheorie verbundene tiefenpsychologische Entwicklungspsychologie ebenfalls in moderner Form dargestellt werden kann. Weder die Umwandlung der energieanalogen Begriffe FREUDS in die Terminologie der Systemanalyse noch die Stufenvorstellung der Entwicklung bilden ein ernstes Hindernis für die heutige Verhaltenswissenschaft. Das entscheidende Kriterium für Wahrheit oder Irrtum des traumatheoretischen Denkens ist vielmehr die Frage, ob die «mechanische», am Bild eines aus unveränderlichen Einzelheiten aufgebauten Apparats ortientierte Entwicklungsvorstellung zutrifft oder ob diese Entwicklungsvorstellung nicht zutrifft. Die Entscheidung über den Grad der Anwendbarkeit der Traumatheorie fällt mit der Entscheidung, ob ein «mechanisches» oder ein «organisches» Bild die menschliche Verhaltensentwicklung besser wiedergibt.

Selbstverständlich sind beide genannten Vorstellungen in ihrer reinen, abstrakten Form sehr vereinfachte, durch ihre Gegensätzlichkeit ausgezeichnete Formulierungen. In Wirklichkeit wird niemand erwarten, diese reinen Gesetzmäßigkeiten klar und deutlich überall vorzufinden. Es wird nicht so sein, daß entweder alle früheren aversiven Verknüpfungen von späteren Erfahrungen unbeeinflußt bleiben oder aber alle immer an jedem einschlägigen Lernprozeß teilnehmen müssen. Es geht vielmehr darum, welche Vorstellung generell die richtige ist, welche unser praktisches Handeln und unser Menschenbild bestimmen soll und welche den größeren Erklärungswert hat. Die Verhältnisse in jedem Einzelfall sind selbstverständlich auch in jedem Einzelfall zu untersuchen. Im Moment beherrscht die mechanische tiefenpsychologische Auffassung vom psychischen Trauma die Diskussion und die öffentliche Meinung. Ob dies begründet und berechtigt ist, entscheidet sich durch die wissenschaftliche Erfahrung und durch methodische Überlegungen. Beide werden im weiteren Text dieses Buches benutzt werden, um zu einer Lösung zu gelangen.

# III Neuere Entwicklungen in der Tiefenpsychologie

All dies geht auf eine falsche Suche nach Einfachheit zurück, auf das Streben danach, natürlicher zu sein, als es zu sein natürlich ist, wenn man es so ausdrücken darf. Es wäre nicht nur menschlicher, es wäre sogar bescheidener von uns, wenn wir uns damit zufriedengeben würden, komplex zu sein.

Aus: ‹*The Common Man*› von G. K. CHESTERTON

In den ersten zwei Kapiteln habe ich die tiefenpsychologische Traumatheorie in ihrer klassischen Form behandelt, und ich habe dargelegt, wie diese Theorie heute von seiten der Verhaltenswissenschaft interpretiert werden kann. Seit der Zeit FREUDS haben sich im Bereich Tiefenpsychologie jedoch Änderungen ergeben, die bei der Untersuchung des Begriffs der seelischen Verletzung nicht vernachlässigt werden können. Eine Auseinandersetzung mit den modernen Schulen ist um so wichtiger, als gerade in ihnen ein Wiederaufleben traumatheoretischen Denkens zu beobachten ist, wobei aber zum Teil andere Begriffe benutzt werden als diejenigen FREUDS. Ich will daher zur Einführung zwei Beispiele traumatheoretischer Formulierungen von modernen Autoren zitieren, um Unterschiede und Gemeinsamkeiten zur FREUDschen Theorie deutlich zu machen. Zuerst sei ein Lehrbuch von HEISS zitiert, dessen Thesen, nicht aber dessen Begriffe, sich noch recht nahe bei FREUD befinden [16]. HEISS beschreibt seine Auffassung von dem Vorgang, durch den frühe Erfahrungen den menschlichen Charakter determinieren, wie folgt: «So müssen wir annehmen, daß das Kind, lange ehe es bewußter Einsicht fähig ist, auf affektivem Wege entscheidende Triebprägungen erhält. Vor dem bewußten Lernen steht ein affektives Lernen. Dieses aber ist von nachhaltiger Bedeutung, weil alles, was auf diesem Wege gelernt wird, in der tiefenseelischen Dynamik, das heißt im Felde des triebhaft-affektiven Geschehens verankert wird.»

Diese Vorstellung benutzt, wie im letzten Kapitel besprochen, den ethologischen Begriff der Prägung, um die Traumatheorie zu formulieren. Danach wirkt das frühe Trauma über einen Lernprozeß im affektiven Bereich der Verhaltenssteuerung, und die dabei entstehenden Verknüpfungen bleiben unverändert von den späteren Erfahrungen auf einer «tiefen» Stufe erhalten. Implizit benutzt HEISS also dasselbe Stufenmodell, wie es im letzten Kapitel explizit vorgestellt wurde. Dabei ist allerdings zu beachten, das er unter «Triebprägung» einen zu festen Verknüpfungen führenden Lernprozeß ganz allgemein versteht. Der ethologische Begriff der Prägung wird dadurch (ohne empirische Stütze) stark ausgeweitet, er wäre für die Vorstellungen von HEISS sonst viel zu eng gefaßt. Insgesamt ist das Zitat trotzdem ein gutes Beispiel dafür, wie tiefenpsychologische Autoren moderne Begriffe der Lerntheorie und der Ethologie aufnehmen, um ihre eigenen Theorien zeitgemäßer formulieren zu können. Solche Formulierungsversuche gehen stets in eine lernpsychologische, neurologische oder ethologische Richtung. Dies gilt auch für das nächste Zitat. In ihm findet sich wiederum eine andere Terminologie, die eher auf die Bedeutung sozialer Interaktionen abhebt, während die Traumatheorie von HEISS noch weitgehend individualistisch formuliert war. Die abgedruckte Stelle stammt aus einem Artikel von HAU [9]: «... die psychodynamische Entwicklung des Individuums ist weitestgehend mit der Internalisierung familiärer Interaktionen gleichzusetzen. Die unbewußten Regulative des Erlebens und Verhaltens des Individuums sind also durch die internalisierten, familiären Interaktionen funktionierte Antriebe; ihre individuelle Organisation ist die funktionierende Persönlichkeits- oder Charakterstruktur des Individuums.»

Dieses Zitat behauptet, daß die sozialen Erfahrungen des Kindes die wesentliche Ursache der in der Entwicklung entstehenden emotionalen Wesenszüge seien. Die Grundaussage der FREUDschen Traumatheorie bleibt dabei erhalten, es wird jedoch weniger Gewicht auf die individuellen Angst- und Schmerzerlebnisse des Kindes, dagegen mehr Gewicht auf seine sozialen Erfahrungsstrukturen gelegt. Allerdings werden dem Kind auch nach Ansicht HAUS die sozialen Verhaltensnormen vermittels Angst und Schmerz als verbindlich auferlegt. Es geht also wiederum um Lernprozesse, nur werden diese jetzt als Internalisierung von Verhaltensnormen und als «Funktionalisierung» von Antrieben bezeichnet. Das Ergebnis des so beschriebenen komplizierten Lernvorgangs determiniert, so HAU, auf unbewußte Weise das emotionale Erleben und Verhalten eines jeden Menschen. Dies gilt, wie aus dem übrigen Text der Arbeit hervorgeht, nach seiner Ansicht nicht nur für Verhaltensprobleme, sondern für das menschliche Fühlen und Erleben schlechthin. Das heißt, die von ihm formulierte sozialpsychologisch ausgerichtete Traumatheorie muß als regelrechte frühe Milieutheorie verstanden werden, eine Theorie also, die den menschlichen Charakter als solchen mit der Art der Kindheitserfahrungen erklärt. Diese Ausweitung der Traumatheorie, wie sie zum Beispiel HEISS nicht ausdrücklich vertritt, findet sich nach meinem Wissen gerade bei denjenigen Tiefenpsychologen häufig, die den sozialen oder den Gruppenaspekt der kindlichen Angst- und Schmerzerlebnisse am meisten betonen. Der zitierte Autor ist keineswegs der einzige Vertreter einer solchen Denkweise, ganz im Gegenteil beherrscht diese Art des Denkens im Moment weite Teile der Psychoanalyse. Höchstwahrscheinlich folgt die Tiefenpsychologie mit dieser sozialen und gesellschaftlichen Orientierung ihrer Begriffe einer Entwicklung, die im Moment auch andere Bereiche des geistigen Lebens beherrscht. Die soziale Einbettung der menschlichen Existenz wird heute, mit einem gewissen Recht, überall betont und wird in vielen Wissenschaften, die vorher zu individualistisch dachten, mit in das Denken einbezogen. Auch FREUD hatte seine Begriffe – entsprechend seiner Zeit – weitgehend individualistisch angelegt, und er wird heute, sicherlich zum Vorteil seiner Theorien, sozialpsychologisch interpretiert und ergänzt. Im Rahmen dieser Entwicklung wurde nun natürlicherweise, wie im obigen Zitat von HAU gezeigt, auch das psychische Trauma anders gesehen. Immer weniger wurde eine frühe Einzelerfahrung als Erklärung späterer Störungen herangezogen, und immer mehr wurde auf langdauernde traumatische Einflüsse und traumatische Sozialbeziehungen hingewiesen. Daher steht bei den meisten Autoren heute nicht mehr das einzelne Trauma, sondern die traumatische Konstellation im Mittelpunkt ihrer Theorien. Die Bedeutung von Einzelerfahrungen wird zwar nicht grundsätzlich bestritten, aber doch im Vergleich zum Einfluß sozialer Konstellationen für eher gering gehalten. Nun hat diese Art des Denkens in der Praxis weitgehende Konsequenzen gehabt, die viele Bereiche der Pädagogik, der Schul- und Sozialpolitik betrafen. Denn wenn es richtig wäre, daß der menschliche Charakter durch die sozialen Grunderfahrungen der frühen Kindheit so weitgehend geprägt wird, wie viele Tiefenpsychologen meinen, so müßte diesen Erfahrungen natürlich eine überragende politische Wichtigkeit zukommen (weit mehr noch als die sowieso hohe Wichtigkeit, die ihnen immer zugemessen wurde). Und da die prägende soziale Konstellation in der Kindheit in der Regel durch eine Familie aufgebaut wird, muß sich der Familie zwangsläufig die größte (und kritischste) Aufmerksamkeit der Theoretiker und Praktiker zuwenden. In der Bundesrepublik Deutschland wurde die familienanalytisch orientierte Tiefenpsychologie vor allem durch die Bücher von Richter bekannt [17]. In diesen Büchern tritt das psychische Trauma im Freudschen Sinn eher in den Hintergrund, und es wird im Sinn von Hau [9] vor allem die Übernahme sozialer Verhaltensweisen der Familie analysiert. Der Kern der Traumatheorie bleibt hierbei jedoch trotzdem erhalten: Verhaltensmuster, die das Kind frustrieren, ängstigen oder herabsetzen, übernimmt es unter dem Druck von Angst und Schmerz von der Familie. Und diese negativen Affekte führen wiederum zu psychischen Abwehrmaßnahmen des Kindes, die entweder erfolgreich sind und zu vorübergehender oder dauernder Anpassung fähig machen oder die scheitern und pathologische Verhaltensweisen hervorbringen. Die Erklärung von Verhaltensproblemen im Erwachsenenalter durch die Wirkung von unterdrückenden, vernachlässigenden oder verletzenden Familienverhältnissen gehört also auch in dieser modernen Form durchaus in den Rahmen der klassischen Traumatheorie. Sie läßt sich durch die Vorstellung einer hierarchisch organisierten Verhaltenssteuerung, innerhalb derer traumatische Belastungen einer niederen Stufe auf höherer Ebene kompensiert werden können, ebenso leicht darstellen wie die frühere individualistische Interpretation derselben Theorie.

Aus der sozialpsychologischen Traumatheorie ergibt sich bei vielen Autoren eine mehr oder weniger starke Ablehnung der Kleinfamilie als Umwelt für die ersten Lebensjahre des Kindes. Wer die Ursache fast aller charakterlichen Probleme, vielleicht sogar die Ursache für Untertanengeist und mangelnde Selbstbestimmungsfähigkeit, in der Familie sieht, kann kaum anderes tun als versuchen, diese Familie zu ändern oder abzuschaffen. Wie weit die Familienfeindlichkeit sich in der Praxis unserer Sozialpolitik oder in der Praxis der Psychotherapie und Erziehungsberatung auswirkt, vermag ich nicht zu beurteilen. Eine Reihe von einzelnen Autoren und Publizisten vertreten jedoch eindeutig ein solches Gedankengut in der Öffentlichkeit.

Doch zurück zur eigentlichen Tiefenpsychologie:

Gerade bei den sogenannten progressiven Vertretern einer sozialpsychologisch orientierten Tiefenpsychologie findet sich seltsamerweise auch eine Sonderentwicklung, die ich erwähnen muß. Es gibt nämlich einen Bereich der kindlichen Erfahrung, in dem die Traumatheorie auch von den fortschrittlichsten Vertretern der Tiefenpsychologie in ihrer klassischen Form benutzt wird, und zwar im Bereich des sogenannten Geburtserlebnisses und der intrauterinen, vorgeburtlichen Traumata. Es gibt meines Wissens eine wachsende Zahl von Psychotherapeuten, die den Verlauf von Schwangerschaft und Geburt (zum Teil sogar die Umstände der Zeugung) für ganz entscheidend für die menschliche Psyche und für die Ursache vieler späterer Störungen halten. Anhänger solcher Theorien führen zum Beispiel Depressionen des Erwachsenen darauf zurück, daß die Mutter ihre Schwangerschaft innerlich ablehnte, oder sie halten eine Angstneurose des Erwachsenen für die Folge einer schweren Geburt [18]. Noch umfangreicher ist die Liste von psychosomatischen Symptomen, die entsprechend erklärt werden: Zum Beispiel werden Asthma und Migräne auf eine schwere Geburt, Übergewicht und Eßsucht auf intrauterine Mangelernährung zurückgeführt und vieles mehr. Auch hierbei spielt eine quasi-soziale Komponente im Erklärungsschema eine Rolle. Man nimmt nämlich an, daß sich die Haltung der Mutter dem Kind gegenüber auch körperlich ausdrückt und daß in der Körperlichkeit des Kindes dadurch Folgen entstehen, die später das neurotische Symptom hervorbringen. Solche Anschauungen lassen sich natürlich leicht in die klassische Theorie FREUDS einordnen, wobei die einwirkenden Kräfte lediglich in eine frühere Entwicklungsstufe verlegt werden. Wie es mit Evidenz für diese Anschauungen bestellt ist, bleibt allerdings eine ganz andere Frage (s. Kapitel IV). Interessanterweise gibt es in der Geschichte der Tiefenpsychologie eine allgemeine Tendenz, die Ursachen von neurotischen Symptomen des Erwachsenen in immer früherem Alter zu suchen. Während FREUD ganz zu Anfang seiner Arbeit noch nicht einmal auf kindliche Traumata als Ursache der behandelten Symptome festgelegt war (wie die Fallgeschichte der Anna O. zeigt), rückte er später das sogenannte ödipale Alter von vier bis fünf Jahren in den Mittelpunkt seiner Pathologie. Die früheren Altersstufen wurden erst später stärker beachtet, und besonders die Säuglingszeit rückte erst nach FREUD in den Mittelpunkt des diagnostischen Interesses. Dies führte dazu, daß vor etwa zwanzig Jahren die Ursache fast jeder «Neurose» in der Säuglingszeit gesucht (und gefunden) wurde. Heute klingt auch diese Phase wieder ab, und das Interesse konzentriert sich, wie gesagt, auf die Umstände der Geburt und auf pränatale Einflüsse. Einige Vorreiter der Entwicklung diskutieren bereits ernsthaft die Umstände der Zeugung als mögliche Quelle späterer Neurosen [19]. Dabei müssen sie allerdings den Bereich der empirischen Wissenschaft verlassen, denn es ist ein eindeutig metaphysisches Problem, ob die Psyche eines Kindes durch das psychische Befinden seiner Eltern im Moment der Zeugung belastet werden kann. Wie dieses metaphysische Problem von den einzelnen Anhängern des «Zeugungstraumas» gelöst wird, ist eher von psychologischem als von wissenschaftlichem Interesse. Ich kann die weitverzweigten Pfade dieser Spekulationen hier nicht näher beschreiben.

Dem Nichtfachmann gegenüber muß betont werden, daß auch die Anhänger einer pränatalen Traumatheorie, des Zeugungstraumas und der Geburtspsychologie (um von den Vertretern einer Traumatheorie der Seelenwanderung, der Übertragung von Schmerz aus der Psyche der Vorfahren und so weiter gar nicht zu reden), sich in Amt und Würden befinden und für ihre praktische Arbeit von Krankenkassen bezahlt werden. Ärzte und Psychologen mit solchen Ansichten (und dem entsprechenden praktischen Vorgehen) werden durchaus nicht als Spintisierer und berufliche Außenseiter betrachtet, sondern sie sind geachtete Mitglieder des psychotherapeutischen Berufsstandes, die eine zwar extreme, aber keineswegs geächtete Position vertreten. Dies mag vielleicht einen nicht psychologisch gebildeten Leser schockieren (und der Schock wäre sogar heilsam, wenn er zum Abbröckeln des unkritischen Wissenschaftsglaubens beitrüge). Die (relative) Toleranz des tiefenpsychologischen Standes hat aber seine guten Gründe: Psychotherapeuten einer extremen Ausrichtung können darauf verweisen, daß ihre abweichenden Ansichten ebenso wie die klassischen, lehrbuchreifen Theorien durch die Aussagen ihrer Patienten und durch den Verlauf des therapeutischen Prozesses gestützt werden. Während FREUDS Patienten lange Zeit an ihrer Elternbeziehung im vierten Lebensjahr arbeiteten und ihre Symptome aus ihr heraus erklärten, arbeiten die Patienten eines «progressiven» Therapeuten lange an ihren intrauterinen Gefühlen und erklären mit ihnen ihre Symptome. Ich weiß aus eigener Erfahrung, daß dieses Argument von der Sache her voll und ganz berechtigt ist [20]. Die tiefenpsychologischen Methoden der Erkenntnisgewinnung führen mit derselben Zuverlässigkeit (oder Unzuverlässigkeit) zu Geburts- und Zeugungserlebnissen bei dem Patienten, wie sie zum Ödipus-Komplex und zum Penisneid führen. Es ist methodisch also nicht berechtigt, wenn eher konservative Vertreter der Tiefenpsychologie an den klassischen Formen der Traumatheorie festhalten, die neueren Entwicklungen hin zu Geburtstraumata und Zeugungstraumata und Schlimmerem aber verwerfen. Ein solches ablehnendes Urteil mag für ihren gesunden Menschenverstand sprechen, es spricht nicht für wissenschaftliches Methodenbewußtsein und für allgemeine Kritikfähigkeit. Es müßte, wäre eine Ablehnung berechtigt, ja ein Kriterium angegeben werden, inwiefern die Aussage des Patienten und der Verlauf der Therapie im «klassischen» Fall als Evidenz benutzt werden kann, im «progressiven» Fall aber nicht. Ein solches Kriterium läßt sich innerhalb der Theorie und Praxis der Tiefenpsychologie jedoch nicht auffinden.

In bezug auf die Tiefenpsychologie kann folglich nicht diese oder jene besondere Ausprägung der Traumatheorie für sich betrachtet werden. Vielmehr ist die tiefenpsychologische Art der Theorienbildung als solche und im Gesamten zu prüfen. Diese Aufgabe wird im Kapitel V in Angriff genommen werden. Vorgreifend will ich im Zusammenhang dieses Kapitel jedoch erwähnen, daß ich die geschilderte Entwicklung der tiefenpsychologischen Theorien hin zu immer früher angesiedelten Störungsursachen nicht für einen wissenschaftlich, sondern für einen ideologisch begründeten Prozeß halte. Vielleicht ist es im halben Ernst erlaubt, die Tiefenpsychologie tiefenpsychologisch zu deuten und zu behaupten, daß sie sich auf Grund ihrer theoretischen und praktischen Schwierigkeiten in einem ständigen Regressionsprozeß befindet. Die durch praktische Mißerfolge und theoretische Erklärungsnot erzeugte Konfliktspannung zwingt das System des tiefenpsychologischen Denkens dazu, auf immer primitivere und unkontrollierbarere Stadien der Kindheitsentwicklung auszuweichen. Zu dieser Analyse paßt die Tatsache, daß einige Vertreter der Tiefenpsychologie bereits bei magischen Vorstellungen angelangt sind, um ihre Erklärungsprobleme zu bewältigen. Dazu zähle ich zum Beispiel die Theorie des Zeugungstraumas, aber auch andere Gedankengänge durchaus etablierter Tiefenpsychologen. Wem diese Kritik übertrieben vorkommt, der möge folgendes Beispiel bedenken:

Ein anerkannter und in den Fachbibliotheken reichlich vertretener Tiefenpsychologe trug auf einer internationalen Tagung folgende Theorie vor: Er war der Ansicht, daß auf der Ohrmuschel des Erwachsenen die Organe des Fetus neuronal repräsentiert seien. Dies sei, so meinte er, bereits aus der Ähnlichkeit zwischen dem (in normaler Lage zu denkenden) menschlichen Fetus und der Ohrmuschel zu ersehen. Aus diesen (von böswilligen Empirikern als etwas mager empfundenen) Hinweisen schloß er, man könne die Folgen von intrauterinen Traumata beim Erwachsenen durch Ohrakupunktur günstig beeinflussen.

Er schlug folglich Ohrakupunkturen als begleitendes Instrument in Psychotherapien vor. Und ein Publikum aus Fachleuten spendete diesen Ausführungen (wie ich hoffe, zum Teil aus Rücksichtnahme auf den Sprecher) großen Beifall. In der darauf folgenden Diskussion erhob sich keine Stimme des Zweifels oder der Kritik. Ich dagegen nahm mir die Freiheit, die Ansicht jenes Redners als Aberglauben zu bezeichnen. Sollte ein Leser bezweifeln, daß mein Bericht den Tatsachen entspricht, so bin ich gerne bereit, die hier aus begreiflichen Gründen ausgesparten Einzelheiten des Ereignisses genauer zu belegen.

Die große Mehrheit der praktizierenden Psychotherapeuten baut ihre Arbeit sicherlich nicht auf ganz so abergläubischen Vorstellungen auf. Es sollte jedoch auch sie, wie ich meine, nachdenklich stimmen, daß die scheinbar völlig rationalen Methoden tiefenpsychologischer Erkenntnisgewinnung sich mit solcher Leichtigkeit in den Dienst der Irrationalität nehmen lassen.

Alle genannten «progressiven» Erscheinungsformen der Traumatheorie, einschließlich der Auswüchse und des offensichtlichen Unsinns, gehören demjenigen geistigen Phänomen unserer Tage an, das in jüngerer Zeit als Psychowelle bekannt wurde. Und in der Tat spielt in der Psychowelle die tiefenpsychologische Traumatheorie eine beherrschende Rolle, sie findet sich dort in nahezu jeder denkbaren Form. Es wäre überspitzt, aber keineswegs falsch zu sagen, die sogenannte Psychowelle sei in Wirklichkeit eine Welle von Traumatheorien. Große Bereiche der Psychologie, zum Beispiel die kognitive oder die experimentelle Psychologie, wurden durch den Psychorummel kaum oder gar nicht bekannter, und selbst die anderen Teile der Tiefenpsychologie (zum Beispiel die Persönlichkeitstheorien) treten gegenüber den Traumatheorien eindeutig in den Hintergrund. Diese Entwicklung ist um so bemerkenswerter, als sich an Freud anschließend vor dem Zweiten Weltkrieg und bald danach eine eher umgekehrte Tendenz durchzusetzen schien. Eine ganze Reihe von prominenten Tiefenpsychologen legte ein immer stärkeres Gewicht auf die aktuellen Lebensumstände ihrer Patienten und warnte vor einer zu unkritischen Rückführung aller Probleme auf frühkindliche Traumata. Unter anderem vertraten Schultz-Hencke, K. Horney und A. Dührssen eine solche Richtung. Außerdem wiesen die genannten Autoren (wie schon Freud selbst) nicht allein auf die Folgen von Angst- und Schmerzerlebnissen in der Kindheit hin, sondern auch auf die Gefahren von Unterforderung und Verwöhnung. A. Dührssen betont in ihrem Lehrbuch der Kinderpsychotherapie ausdrücklich, wie wichtig es sei, daß ein Kind auch negative Erfahrungen kraftvoll zu verarbeiten lerne und warnt vor Verzärtelung und «Affenliebe» [10].

Gerade solche Ansichten werden den genannten und anderen Autoren aber heute von seiten scheinbar modernerer Tiefenpsychologien zum Vorwurf gemacht. In Verbindung mit der antiautoritären Pädagogik und mit einer allgemeinen Zivilisationskritik wurde jede Begrenzung, jedes schmerzliche Erlebnis des Kindes bereits als «Trauma» und damit als krank machend bewertet. Man warf den mehr am aktuellen Leben orientierten Autoren vor, sie strebten ausschließlich die Anpassung des Patienten an die gesellschaftliche Kollektivneurose an und befähigten ihn nicht dazu, sich tatsächlich von der Wirkung seiner Kindheitserfahrungen zu befreien. Schmidbauer, dessen Ansichten (wenn auch in gemäßigter Form) ebenfalls in eine solche Richtung neigen, spricht daher sehr richtig von einer «Wiederentdekkung der Traumatheorie» in der Tiefenpsychologie [21], die er begrüßt und zu fördern versucht. Noch klarer tritt die Renaissance der Traumatheorie in der sogenannten humanistischen Psychologie in Erscheinung, am schärfsten in der Transaktionsanalyse nach Berne und Harris [22] und in der bereits erwähnten Primärtherapie nach Janov [23]. Letzterer vertritt die konsequenteste, aber auch die einseitigste Form der Traumatheorie seit den frühen Arbeiten Freuds, darum sei seine Auffassung kurz vorgestellt:

Janov nimmt an, daß jedes Trauma, körperlich wie psychisch, eine Art Schmerzenergie im Organismus zurückläßt. Dieser Primärschmerz oder «Urschmerz» muß ähnlich wie eine elektrische Ladung abgeführt werden, wenn er nicht ständig im System verbleiben soll; das heißt, das Kind muß frei und ungehindert schreien oder weinen können. Da in unserer Gesellschaft nach

Janovs Meinung fast jedes Kind schwer traumatisiert wird und keines diesen Schmerz wirklich abreagieren kann, muß jedes Kind Abwehrmechanismen in seinem Zentralnervensystem aufbauen, die seine wirklichen Empfindungen und Affekte unbewußt machen. Dadurch werden seine Gefühle und sein Körpererleben irreal und symbolisch, und die in den Körper verdrängte Schmerzenergie verursacht Muskelspannungen und andere somatische Schäden. Die einzige Methode, diesen Urschmerz und mit ihm die neurotischen Symptome zu beseitigen, besteht nach Janov in den Gefühlsausbrüchen der sogenannten «Urerlebnisse» oder Primärerlebnisse, in denen der Patient seine echten Gefühle zurückgewinnt. Diese Art von Psychotherapie, die den Vorstellungen des frühen Freud sehr nahe kommt, wird mit einem Begriff Freuds als die kathartische Methode bezeichnet.

Janovs Auffassung (der andere Autoren wie A. Miller in wenig veränderter Form gefolgt sind [24]) ist nichts anderes als die stark verallgemeinerte Traumatheorie der aquirierten Hysterie von Breuer und Freud. Was Janov auszeichnet, ist daher nicht eine originelle Theorie, sondern eine originelle Praxis. Anders als jede andere Schule der Psychotherapie baut die Primärtherapie auch ihre praktische Behandlung konsequent auf der Traumatheorie auf und verzichtet zumindest in ihrer reinen, von Janov vertretenen Form auf jede konstruktive Arbeit am gegenwärtigen Verhalten des Patienten. Sogar die Betrachtung des sozialen Verhaltens in den therapeutischen Zweier- oder Gruppenbeziehungen wird für überflüssig erachtet, solange es nur gelingt, die traumatischen Schmerzenergien abzureagieren und die neurotische Abwehr dadurch zu zerstören.

Janovs Bücher waren und sind Verkaufsschlager, und obwohl nur einige wenige andere Psychotherapeuten seine Lehre voll und ganz übernehmen, geht von ihr doch ein erheblicher Einfluß aus. Die erwähnte Renaissance der Traumatheorie in der etablierten Psychoanalyse ist nicht zuletzt als Reaktion auf den Außenseiter Janov und andere, ähnlich argumentierende Autoren zu verstehen. Oft verbindet sich die Traumatheorie dieser Ausrichtung auch mit allgemeinen Vorstellungen von der Emanzipation des Individuums, mit der antiautoritären Pädagogik und anderem mehr. Letztere Auffassung ist eine durchaus logische Folgerung aus einer frühen Milieutheorie, die jede Einschränkung und jede Schwierigkeit im Kleinkindalter langfristig für schädlich hält. Und eine solche Theorie wiederum ist nichts anderes als die extreme Interpretation der tiefenpsychologischen Traumatheorie. Nun sollte eine Theorie fairerweise nicht an Hand ihrer extremen Vertreter beurteilt werden. Im weiteren Text dieses Buches wird von den Extremen daher kaum mehr die Rede sein, ich werde mich im großen und ganzen an den Lehrbuchinhalten der Traumatheorie orientieren. Die nun folgende Zusammenfassung gibt diese Lehrbuchinhalte, wie ich hoffe, in etwa richtig wieder.

## Zusammenfassung des ersten Teils:

1. Die Tiefenpsychologie versteht unter einem psychischen Trauma die Wirkung eines Umwelteinflusses, der körperlichen Schmerz verursacht, Bedürfnisbefriedigung verhindert oder das Selbstgefühl kränkt und dessen Folgen nicht abreagiert und durch die weitere Lebenserfahrung verarbeitet werden können. Das Trauma besteht in einem mehr oder weniger unbewußten Engramm, durch das bestimmte Lebensumstände, Reize oder Handlungen mit negativen Affekten behaftet werden.

2. Die Tiefenpsychologie nimmt an, daß die traumatischen Engramme vor allem in den ersten Lebensjahren charakter- und verhaltensformend wirken. Sie bleiben als Ursache von Störungen des Verhaltens und Erlebens dauernd bestehen und führen über verschiedene unbewußte Konfliktstrategien der Verhaltenssteuerung (Abwehr) zu einer Vielzahl von körperlichen und psychischen Symptomen.

3. Es wird angenommen, daß die späteren Erfahrungen des Menschen das psychische Trauma in vielfältiger Weise überlagern und seine Wirkung modifizieren, daß sie seine Verankerung in der Verhaltenssteuerung jedoch nicht beseitigen. Vielmehr dient das aktuelle Verhalten zu einem Teil dazu, die Wirkung von psychischen Traumata ständig zu beherrschen und auszugleichen. Eine grundlegende Beseitigung der Traumawirkung kann nur in einem psychotherapeutischen Prozeß erreicht werden, der auf das Bewußtmachen und Wiedererleben, Abreagieren und Neuverarbeiten des traumatischen Engramms zielt.

4. Die verhaltenswissenschaftliche Analyse zeigt, daß der ursprüngliche energieanaloge Triebbegriff der Traumatheorie durch einen modernen, lerntheoretisch und neurologisch sinnvollen Begriff ersetzt werden kann. Auch die Vorstellung einer stufenweisen psychosozialen Entwicklung des Kindes läßt sich in eine moderne Formulierung übernehmen. Dabei

entsteht das Bild einer hierarchisch geordneten Verhaltenssteuerung, in der einfache und früh entstandene Elemente von komplizierten und später entstandenen Elementen teils aufgenommen, teils überlagert werden. Die Traumatheorie nimmt an, daß früh entstandene traumatische Engramme zwar unbewußt werden, durch spätere Erfahrungen aber nicht mehr verändert oder gelöscht werden können. Man kann diese Auffassung als eine «mechanische» Entwicklungsvorstellung bezeichnen. Dagegen nimmt eine «organische» Entwicklungsvorstellung an, daß sich die menschliche Verhaltenssteuerung auf allen Ebenen mit der jeweils aktuellen Erfahrung verändern kann.

# 2. Teil: Die wissenschaftliche Prüfung

Was sagen also HIPPOKRATES und die Vernunft über die Natur? Müssen wir nach beiden nicht zuerst zu erkennen versuchen, ob der Gegenstand, den unsere Kunst meistern soll und dessen Meisterung wir auch die anderen lehren wollen, einfach oder vielfach sei, und müssen wir nicht weiter, falls der Gegenstand einfach ist, sowohl nach seiner Wirkung auf andere als auch nach der Rückwirkung der anderen suchen und zweitens, falls der Gegenstand vielfach ist, seine vielen Gestalten zählen und scheiden und wie beim Ganzen so auch bei den Teilen Wirkung und Rückwirkung erfahren, die Wirkung worauf und die Rückwirkung wovon?

Aus: ‹*Phaidros*› von PLATON

# IV Die Ergebnisse der empirischen Anthropologie

Es ist ein gewaltiger Fehler, zu theoretisieren, bevor man Daten hat. Ohne es zu merken, verdreht man die Tatsachen, bis sie zu den Theorien passen, anstatt die Theorien nach den Tatsachen zu richten.
Aus: ‹*The Adventures of Sherlock Holmes*› von ARTHUR CONAN DOYLE

In scharfem Widerspruch zu den Anschauungen der Tiefenpsychologie, die bisher geschildert wurden, befinden sich die Theorien zur Kindesentwicklung, die von empirisch ausgerichteten Psychologen vorgetragen werden. Dieser Gegensatz wird besonders deutlich bei den Anhängern einer amerikanischen Schule der Entwicklungspsychologie, die unter dem fast unübersetzbaren Namen *elastic mind movement* [25] bekannt wurde. Zu dieser Schule zählen sich so bekannte Psychologen wie KAGAN (Harvard) und MUSSEN (Berkeley).

In Nordamerika bestimmen die Vertreter der empirischen Psychologie weit mehr als in Europa, was an Hochschulen gelehrt und in die Praxis umgesetzt wird. Die Tiefenpsychologie, die in Nordamerika ebenfalls eine starke Stellung hat, wird eher außerhalb der Hochschulen und zum Teil auch außerhalb des medizinischen Establishments praktiziert.

Das *elastic mind movement* wendet sich mit besonderer Schärfe gerade gegen die tiefenpsychologische Traumatheorie, die in diesem Buch untersucht werden soll. Die Argumente dieser Seite sind daher bei ihrer Beurteilung von besonderem Gewicht. Ich will die wesentlichen Aussagen des *elastic mind movements* hier vortragen, wobei ich mich besonders auf die Arbeiten von JEROME KAGAN stütze. KAGAN begründet seine Sicht der kindlichen Entwicklung vor allem mit den Ergebnissen empirischer Untersuchungen, die nach zwei ganz verschiedenen Methoden erfolgten: Zum einen wurden Langzeituntersuchungen durchgeführt, in denen beobachtet wurde, wie spätere Charaktereigenschaften der Testpersonen mit früheren Umweltbedingungen zusammenhingen. Zum anderen wurden kulturvergleichende Methoden herangezogen, das heißt, der Einfluß kulturell verschiedener Betreuungspraktiken auf den Charakter wurde geprüft [26]. Diese letzteren Befunde sind allerdings nur sehr schwer und sehr unsicher zu deuten, so daß ich sie für meinen Text nicht weiter heranziehen will. Einige der wichtigsten Langzeituntersuchungen sollen dagegen kurz genannt werden:

Eine großangelegte Untersuchung wurde über etwa dreißig Jahre von MacFarlane durchgeführt, die sogenannte *guidance study*. In ihr wurde die Entwicklung von 166 Personen vom Säuglingsalter bis zum dreißigsten Lebensjahr mit medizinischen und psychologischen Methoden verfolgt. In einem Übersichtsartikel [27] stellt die Autorin ihre Ergebnisse zusammengefaßt vor. Folgende Befunde erscheinen ihr besonders bedeutsam: Persönlichkeitsmerkmale und grundlegende Verhaltenseigenschaften der beobachteten Personen änderten sich während der Entwicklung sehr stark. Besonders im Kleinkindalter, aber auch in üblicherweise als «ruhig» betrachteten Phasen wie im zehnten Lebensjahr, waren die persönlichkeitspsychologischen Testergebnisse zu verschiedenen Zeiten nur sehr schwach miteinander korreliert. In einem eindrucksvollen Gegensatz hierzu blieben körperliche und intellektuelle Merkmale über alle Entwicklungsstufen hinweg gut erhalten. Die Autorin spricht von einer um Größenordnungen besseren Korrelation zwischen den Altersstufen für diese zweite Merkmalsgruppe.

Anschaulich ausgedrückt bedeutet dieses Ergebnis das folgende: Die Wahrscheinlichkeit, daß aus einem überdurchschnittlich ängstlichen Kind von acht Jahren ein überdurchschnittlich ängstlicher Jugendlicher von vierzehn Jahren wird, ist nur wenig größer, als durch Zufall zu erwarten wäre. Ebenso kann man für ein selbstbewußtes, extrovertiertes Kleinkind statistisch gesehen nur eine sehr unsichere Voraussage treffen, ob diese Eigenschaften nach weiteren vier oder fünf Jahren noch vorhanden sein werden oder nicht. Eine solche Kontinuität kommt zwar selbstverständlich immer wieder vor, läßt sich aber für den Durchschnitt vieler Kinder nicht sicher und auch nur regelhaft erwarten. Dieser Befund gibt um so mehr zu denken, als sich die mangelnde Kontinuität der Entwicklung auch in ausgesprochenen Extremfällen zeigt. MacFarlane berichtet, daß mit erstaunlicher Häufigkeit fähige, ausgeglichene und einfühlsame Erwachsene aus traumatischen Familienverhältnissen hervorgingen. Umgekehrt, und dieser Befund ist für die Praxis noch weit bedeutsamer, wurden begabte, problemlose und glückliche Kinder zu unzufriedenen, «neurotischen» Erwachsenen, die sich und ihrer Umgebung zur Last fielen. Selbstverständlich wird auch von durchgängig positiven und durchgängig negativen Lebensschicksalen berichtet. Es wird jedoch gerade die für die Wissenschaftler überraschend große Fähigkeit betont, schwierige Erfahrungen der Kindheit zu überwinden und von diesem Lernprozeß für die Zukunft zu profitieren.

Die Bewertung des Gewichts, das jeder Phase der Kindheit für die Gestaltung der erwachsenen Persönlichkeit zukommt, fällt ebenfalls anders aus, als in der Tiefenpsychologie üblich. MacFarlane weist darauf hin, daß die frühen Familienbeziehungen in der Tat den wichtigsten aktuellen Einfluß bilden, der das kindliche Verhalten formt, und daß sie also das soziale Handeln wesentlich bestimmen. Sie weist jedoch weiter darauf hin, daß die so erworbenen Grundmuster des Sozialverhaltens auf jeder Stufe der Entwicklung wesentlich verändert werden können, so daß – mag dies auch paradox klingen – jedes Alter das entscheidende Alter für das Charakterbild der Erwachsenen sein kann. Welche Erfahrungen schließlich das Handeln des Erwachsenen am meisten prägen werden ist im einzelnen unvorhersehbar. Als ein ausgesprochener Risikofaktor wird lediglich der Verlust von geliebten Bezugspersonen im frühen Kindesalter genannt. Eine solche Erfahrung kann so belastend sein, daß die Folgen noch lange Zeit erkennbar bleiben, doch selbst hier ist eine Prognose keineswegs sicher. Dieser letzte Befund stimmt mit einigen Ergebnissen der Verhaltensbiologie überein, die noch zu besprechen sein werden. Von den weiteren Resultaten der *guidance study* sind noch folgende für den Zweck dieses Buches bedeutsam:

Die Korrelation der Persönlichkeitsmerkmale zwischen den verschiedenen Entwicklungsphasen ist nach MacFarlane zwar nicht hoch, aber auch nicht völlig zu vernachlässigen. Es könnte somit auf einen gewissen, wenn auch nicht stets durchschlagenden Einfluß von Kindheitserfahrungen auf den Charakter im Sinn der Traumatheorie geschlossen werden. Es muß jedoch beachtet werden, daß auch die Lebensumstände der beobachteten Personen wahrscheinlich bis zu einem gewissen Grad gleich blieben. Ein Kind, das sich mit fünf Jahren in einer problematischen Familie befand, lebte mit einer größeren Wahrscheinlichkeit als ein fünfjähriges Kind in einer sehr guten familiären Umgebung auch noch mit zehn Jahren in schwierigen Familienverhältnissen. Eine gewisse Korrelation der Persönlichkeitstests wäre also selbst dann noch zu erwarten, wenn die Ergebnisse nur und ausschließlich von der gegenwärtigen Situation und gar nicht von der Vergangenheit abhingen. Eine Korrelation Null zwischen den Altersstufen spräche nicht für eine hohe Flexibilität der kindlichen Entwicklung, sondern für ungeeignete Meßmethoden. Außerdem könnte jede gefundene Korrelation auf erblichen Dispositionen beruhen. Keine dieser Möglichkeiten läßt sich durch eine solche Untersuchung ausschließen.

Eine der *guidance study* im Prinzip ähnliche, aber direkt auf die frühkindliche Entwicklung zielende Längsschnittuntersuchung wird von Kagan [28] angeführt. Im Lauf der zitierten Untersuchung wurden eine Reihe von erstgeborenen Kindern, die alle aus bürgerlichen Familien stammten, im Alter von vier Monaten, acht Monaten, zwei Jahren, zweieinhalb Jahren und zehn Jahren untersucht. Dabei ergab sich selbst innerhalb der frühen Kleinkinderzeit keine Kontinuität von so einfachen Verhaltensmerkmalen wie Störbarkeit (*irritability*), Aktivitätsgrad (*activity*) und Aufmerksamkeit (*attentiveness*). Nach einer gewissen Zeitspanne verschwanden in einigen Fällen sogar auffällige Verhaltensdefekte wie Stereotypien ohne erkennbare äußere Ursache. Der Autor berichtet, daß sich eine gewisse, aber immer noch kleine Vorhersagbarkeit von einer Altersstufe auf die nächste erst etwa ab dem zehnten Lebensjahr zeigt. Diese Befunde (von denen nur ein Ausschnitt erwähnt wurde) stimmen in ihrer

Essenz mit den Ergebnissen von MacFarlane gut überein. Allerdings muß beachtet werden, daß Kagan Merkmale untersucht, die wahrscheinlich in hohem Maß von der augenblicklichen Situation abhängen. Es könnte gut sein, daß andere Merkmale über die Altersstufen stabiler gewesen wären. Auch in diesem hypothetischen Fall wäre es jedoch unbekannt, ob Milieueinflüsse oder genetische Faktoren diese Stabilität hervorbrächten. Bedeutsamer sind wahrscheinlich einige weitere Arbeiten von Kagan und Moss [29], in denen untersucht wurde, ob ein Zusammenhang zwischen bestimmten sozialen Erfahrungen der frühen Kindheit und späteren Charaktereigenschaften des Erwachsenen nachweisbar ist. Dabei ergab sich in allen untersuchten Verhaltensbereichen keine nachweisbare Korrelation. So war nach Kagans Bericht eine ablehnende Haltung der Mutter in der frühen Kindheit nicht signifikant mit einer späteren Neigung zu Aggressivität verbunden. Ebenso ergab sich kein Zusammenhang zwischen mütterlicher Überbehütung im Kindesalter und späteren Tendenzen zur Unselbständigkeit. Kagan schließt daraus, daß die Verhaltenssteuerung des Kindes zwar unter Belastung verformt wird, unter günstigen Bedingungen aber wieder in ihren Normalzustand zurückkehrt. Er stellt sich diese Verhaltenssteuerung als ein in sich vorgegebenes und Umwelteinflüssen gegenüber elastisches System vor, das durch negative Einwirkungen zwar vorübergehend in seinen Reaktionen modifiziert, aber nicht für dauernd verändert wird. Wenn überhaupt, so hält er einen gewissen formativen Einfluß der Umwelt eher in der späteren Kindheit, Pubertät und Adoleszenz für möglich, während die Elastizität in der frühen Kindheit besonders groß sei. Mit dieser Auffassung befindet sich Kagan in direktem und unauflöslichem Widerspruch zur Traumatheorie der Tiefenpsychologie.

Weitere Befunde der empirischen Psychologie, die direkt die tiefenpsychologische Traumatheorie betreffen, lassen sich aus dem bekannten Buch von Eysenck und Wilson *‹Experimentelle Studien zur Psychoanalyse›* entnehmen [30]. In diesem Buch werden empirische Untersuchungen referiert, die es unternahmen, verschiedene tiefenpsychologische Hypothesen objektiv zu prüfen. Unter diesen Untersuchungen befinden sich einige, die einen (nach psychoanalytischer Praxis zu erwartenden) Zusammenhang zwischen bestimmten frühkindlichen Erfahrungen mit der Persönlichkeit des Erwachsenen zu beweisen versuchen. So wird unter anderem überprüft, ob ein Zusammenhang zwischen dem Entwöhnungstermin des Säuglings und «oralen» Charaktermerkmalen beim Erwachsenen besteht. Eine weitere Studie versucht den Zusammenhang zwischen Homosexualität beim Erwachsenen und einer im Unbewußten vorhandenen erhöhten Kastrationsangst zu beweisen. (Dieser Zusammenhang folgt aus der Erklärung der offenen [nicht latenten] Homosexualität durch ungelöste ödipale Probleme.)

EYSENCK und WILSON kommen zu dem Ergebnis, daß in keinem Fall die tiefenpsychologisch vorhergesagte Beziehung zwischen frühen Umwelteinflüssen und dem späteren Charakter bewiesen werden konnte. In einigen Fällen war das Ergebnis sogar klar negativ. Ich schließe mich, nachdem ich die betreffenden Arbeiten gelesen habe, der Auffassung von EYSENCK und WILSON an. Von seiten solcher Laborstudien ist also im Moment nicht einmal ein Beweis für eine einzelne tiefenpsychologische Hypothese zu erwarten, viel weniger für die Traumatheorie im ganzen.

Eine andere Art der Langzeituntersuchung findet sich in einem Artikel von VAILLANT [31]. Dieser Autor benutzte den günstigen Umstand, daß eine große Gruppe von Hochschulabsolventen in den vierziger Jahren gründlich medizinisch untersucht und psychologisch befragt worden war. Fast alle dieser Personen konnten im Alter von 47 Jahren wiedergefunden und erneut untersucht werden. Bei den nun folgenden Befunden muß allerdings einschränkend beachtet werden, daß in die ursprüngliche Untersuchung überhaupt nur erfolgreiche männliche Hochschulstudenten aufgenommen wurden. Frauen, Randgruppenangehörige und Personen, die bei Leistungsanforderungen versagen, waren also von vornherein nicht vertreten. Die Autoren geben an, daß die Kindheitserfahrungen der getesteten Personen, statistisch gesehen, keinen Einfluß auf den Erfolg der Karriere, auf den körperlichen Gesundheitszustand und auf die alltägliche Stresserfahrungen des Lebens hatten. Männer aus ungünstigen familiären Bedingungen waren mit 47 nicht weniger erfolgreich im Beruf und nicht kränker als solche mit günstigem familiärem Hintergrund. Dieser Befund muß besonders die Autoren überraschen, die die Traumatheorie stark psychosomatisch deuten. Solche Autoren nehmen ja gerade an, daß Männer mit ungünstigem sozialem Hintergrund, die beruflich erfolgreich sind und daher vermutlich ein ungünstiges Triebschicksal durch erfolgreiche Abwehrmaßnahmen ausgeglichen haben, statt der fehlenden neurotischen Symptome körperliche Erkrankungen erleiden müßten. Diese Vorhersage wird von VAILLANT klar widerlegt. Selbst die klassischen Fälle psychischer Traumata, nämlich eine schwere Geburt, eine frühe und strenge Sauberkeitserziehung sowie eine schlechte Beziehung zur Mutter hatten keinen Einfluß auf den beruflichen Erfolg und die Gesundheit des Erwachsenen.

Im Gegensatz dazu stand das psychische Wohlbefinden als solches, nämlich der Grad an Lebensfreude und an sozialer Umgänglichkeit, mit dem familiären Hintergrund in einer gewissen Beziehung. Allerdings bestand diese Beziehung nur mit der Qualität der Kindheit insgesamt, nicht aber mit einzelnen Einflüssen. So hatte selbst die Tatsache einer sehr guten oder sehr schlechten Mutter–Kind-Beziehung, für sich allein genommen, keine signifikante Korrelation zum psychischen Wohlbefinden des Erwachsenen. Die Autoren drücken diesen Befund so aus:

«Eine lang andauernde Belastung schien weit wichtiger für das Ergebnis zu sein als isolierte traumatische Ereignisse ... die Qualität der gesamten Kindheitserfahrung und weniger die Qualität der Beziehung zu irgendeiner Einzelperson hatte die deutlichste Verbindung mit psychopathologischen Merkmalen, wenn diese im Alter von 47 Jahren gemessen wurden» (eigene Übersetzung). Wiederum findet sich also in der Langzeituntersuchung keine Stütze für die Traumatheorie. Kein traumatischer Einzeleinfluß läßt sich mit irgendwelchen medizinischen oder psychologischen Merkmalen korrelieren, und der gefundene generelle Einfluß kann, wie gehabt, entweder als ganzheitliche Umweltwirkung im Sinn einer soziologischen Milieutheorie oder als genetischer Zusammenhang gedeutet werden. Die Befunde von VAILLANT et al. werden noch gestützt, wenn man die Arbeit von MYERS [32] heranzieht. Dieser Autor fand, daß die psychische Gesundheit der untersuchten Personen viel stärker von ihrer aktuellen Lage und ihrer jüngsten Lebensgeschichte als von ihrer Kindheit abhing. Auch MYERS erkennt selbstverständlich den Einfluß einer allgemeinen Disposition seiner Testpersonen an: Auf die gleiche schwierige Lebenslage reagieren verschiedene Menschen sehr unterschiedlich, und was den einen psychisch zerbricht, erträgt der andere vielleicht sogar mit langfristigem Gewinn. Es gibt in der Arbeit jedoch keinen Hinweis darauf, daß diese Disposition direkt durch Kindheitserfahrungen entstanden sein könnten. Wiederum ist es offen, ob genetische, organpathologische oder generelle Einflüsse des gesamten bisherigen Lebens die Hauptrolle spielen. Dieser Stand der Erkenntnis, der sich auch durch die Arbeiten von MACFARLANE, KAGAN und VAILLANT herausformte, kehrt in der psychologischen Literatur mit einer fast monotonen Regelmäßigkeit wieder.

Es stellt sich nun die Frage, wie die bisher genannten Befunde der empirischen Psychologie von seiten der Verhaltenswissenschaft zu interpretieren sind. Ist die Vorstellung KAGANS richtig, nach der man von einer hohen Elastizität der kindlichen Psyche auszugehen habe, oder kann auch die Tiefenpsychologie die genannten Ergebnisse deuten? Und was hat schließlich die biologische Anthropologie zu diesem Problem beizutragen? Eine Schlußfolgerung läßt sich vor allem anderen auf Grund der empirischen Befunde mit Sicherheit ziehen: Die frühe Milieutheorie der Tiefenpsychologie, die annimmt, daß das kindliche Milieu den erwachsenen Charakter wesentlich determiniert, wird durch die Beobachtung widerlegt. Es ist eindeutig nicht so, wie im letzten Kapitel zitiert, daß die Erlebens- und Gefühlswelt des erwachsenen Menschen in der Regel in den ersten Lebensjahren auf lange Sicht geformt wird. Es ist auch nicht so, daß jede Belastung und jede schmerzliche Erfahrung die Lebenschancen des Menschen mindern. Damit muß auch die modernistische Fassung der Traumatheorie, daß jede solche traumatische Erfahrung automatisch zu einer psychischen Dauerbelastung wird, als widerlegt gelten. Dieser Schluß hätte weder FREUD noch viele der älteren Tiefenpsychologen überrascht, führt aber die im letzten Kapitel geschilderten Strömungen in der humanistischen Psychologie, der Primärtherapie, der antiautoritären Pädagogik und so weiter ad absurdum.

In dem Streit zwischen einer mechanischen Auffassung und einer organischen Auffassung der Entwicklung, der im Kapitel II geschildert wurde, sprechen die empirischen Befunde viel eher für die organische Vorstellung. Sie erklärt alle Beobachtungen recht zwanglos, während die Traumatheorie der Tiefenpsychologie (auch in ihren gemäßigten Formen) mit diesen Befunden ihre Schwierigkeiten hat. Trotzdem wäre es voreilig, von einem Widerspruch zur Traumatheorie schlechthin zu sprechen. Es muß bedacht werden, daß die notwendigerweise wenig ausführlichen Methoden einer psychologischen Langzeituntersuchung die Traumawirkungen beim einzelnen Kind vielleicht nicht genügend erfassen können. Die Merkmale, die zur Beurteilung von Zufriedenheit, Stressfreiheit und so weiter benutzt werden, könnten schlichtweg zu oberflächlich gewesen sein. Die Flexibilität der Entwicklung bestünde dann nur an der Oberfläche des Verhaltens, während die von den traumatischen Einflüssen geschaffenen psychodynamischen Strukturen auf einer verborgeneren Ebene zu suchen wären. Man könnte annehmen, daß sich diese Tiefenstrukturen meist erst dann in Symptomen äußern, wenn der betreffende Mensch unter besonders belastende Bedingungen gerät. Dies wäre aber selbst in einer Untersuchung, die über hundert Personen umfaßt, einfach zu selten der Fall, um eine gute statistische Signifikanz zu ergeben. Nach dieser Argumentation wäre also zwar die allgemeine frühe Milieutheorie widerlegt, nicht aber die speziellere pathogenetische Traumatheorie. Ob dies zutrifft, könnte durch Untersuchungen geklärt werden, die sich nicht auf mehr oder weniger zufällig ausgewählte Kinder, sondern auf Problemfälle richten. Hier könnte sehr wohl eine Beziehung zwischen der Schwere der frühkindlichen Traumatisierung und der Schwere der späteren Probleme nachweisbar sein, und folglich werden im zweiten Teil dieses Kapitels Befunde referiert werden, die an jugendlichen Kriminellen, Kindern von Prostituierten, Heimkindern sowie Adoptiv- und Pflegekindern erhoben wurden.

Um der Diskussion von vornherein den richtigen Rahmen zuzuweisen, muß sofort betont werden, daß selbst unter äußerst traumatischen Verhältnissen, die zudem mit einer genetischen Belastung verbunden sein können, noch immer nicht mit einem sicheren Auftreten von Verhaltensproblemen gerechnet werden kann. Dies wird durch die Arbeiten von ANTHONY und GARMEZY [33] bewiesen, die nicht nur die Fachwelt überrascht haben. Sie konnten zeigen, daß zum Beispiel in Familien, in denen ein oder zwei Elternteile manifest psychisch krank und die kleinen Kinder dadurch einer äußersten Belastung ausgesetzt waren, noch immer etwa 30 % der Kinder ohne jede feststellbare Verhaltensauffälligkeit blieben. Ähnliches traf auch für Familien zu, in denen die Kinder brutal geschlagen worden waren. Man findet hier also das erschütternde, jedoch erwartete Ergebnis, daß zwei Drittel der Kinder in solchen Familien unter Verhaltensproblemen leiden, findet aber auch das überraschende Ergebnis, daß immer noch ein Drittel der Kinder selbst unter diesen Umständen sich normal oder besser als normal entwickelt. Dies wird um so erstaunlicher, als zumindest im Fall der psychisch erkrankten Eltern im Durchschnitt auch eine größere genetische Belastung der Kinder zu erwarten ist.

Dieses Ergebnis wird von einer Untersuchung in Alkoholikerfamilien bestätigt, von der LIPTOW [34] berichtet: Unter über 5000 Kindern aus solchen Familien fanden sich 28 % ohne seelische oder körperliche Schäden, während die übrigen Kinder alle Arten von Entwicklungsstörungen und gesundheitlichen Schäden aufwiesen. Ich möchte hier nicht mißverstanden werden: Jeder denkende und fühlende Mensch kann die Ergebnisse solcher Untersuchungen nur mit Schrecken und Entsetzen zur Kenntnis nehmen. Es geht mir auch nicht im geringsten darum, die Leiden von Kindern zu verharmlosen, die mit psychisch kranken Eltern und in Alkoholikerfamilien aufwachsen müssen. Aber es kommt, auch im Interesse einer praktischen Hilfe für die von solchen Schicksalen Betroffenen, auf die richtige Beschreibung dessen an, was mit diesen Kindern langfristig geschieht. Alle Appelle und Warnungen, die sich nicht auf gut überlegte und klar bewiesene Theorien stützen, müssen letztlich weniger und nicht stärker wirksam bleiben als nüchterne wissenschaftliche Darlegungen, auch wenn letztere im ersten Moment der Verharmlosung Vorschub zu leisten scheinen.

Die geschilderten Ergebnisse können sicherlich nicht dazu dienen, Anstrengungen in Richtung praktischer Hilfen für unnötig zu erklären. Sie sollen hier lediglich dazu dienen, die Frage nach der Wirkung psychischer Traumata klarer zu formulieren. Angesichts eines runden Drittels von Kindern, die auf unerklärliche und bewundernswerte Weise selbst extrem belastende Lebensumstände ohne sichtbare Schäden auszuhalten vermögen, zeigt sich von vornherein, daß statistische Durchschnittsuntersuchungen einerseits und Einzelfallstudien andererseits mit Vorsicht zu betrachten sind. Weder kann der Einzelfall verallgemeinert werden noch wird durch große Stichproben eine sichere, allgemeingültige Kausalbeziehung auffindbar sein. Es bleibt lediglich die Möglichkeit, über die Betrachtung von eindeutig problematischen Entwicklungsvorgängen Hinweise auf die durchschnittliche Wirkung traumatischer Einflüsse zu gewinnen. Von Einzeluntersuchungen ist, so sehr diese an unser Mitgefühl appellieren, für die Prüfung der pathogenetischen Traumatheorie wenig zu erwarten. Oder anders formuliert, die pathogenetische Traumatheorie kann im besten Fall eine statistisch wirksame Gefährdung, ein Entwicklungsrisiko, beschreiben. Eine Vorhersagbarkeit im einzelnen ist bereits durch die bisher genannten Befunde ausgeschlossen worden.

Es gibt nun eine Reihe von Untersuchungen, mit denen der familiäre Hintergrund von verhaltensauffälligen Kindern und Jugendlichen aufgehellt wurde. Im deutschen Sprachraum werden die Untersuchungen von Gareis und Wiesnet am häufigsten genannt [35]. Sie befassen sich mit dem familiären Hintergrund von jugendlichen Kriminellen. Die Autoren versuchten mit Fragebogen, die an die Mütter verschickt wurden, die Art der früheren Lebensumstände dieser Personen in Erfahrung zu bringen. Dann verglichen sie die Ergebnisse mit denen einer

Gruppe nicht kriminell gewordener Jugendlicher. Leider weist die Erhebung erhebliche methodische Mängel auf; so war zum Beispiel die Rücklaufquote der Fragebogen in der Kontrollgruppe viel niedriger als in der Testgruppe. Der Verdacht liegt nahe, daß in der zufällig ausgewählten Vergleichsgruppe bevorzugt diejenigen Mütter, denen ungünstige Umstände aus der Entwicklung ihrer Kinder bekannt waren, gar nicht antworteten. Auch ist selbst bei den beantworteten Fragebogen zu erwarten, daß die Mütter von gut angepaßten, nicht kriminell gewordenen Kindern eher dazu neigen, frühere ungünstige Umstände zu verschweigen, während die Mütter kriminell gewordener Kinder erfahrungsgemäß häufig solche Umstände betonen, da sie dadurch eine Erklärung und zum Teil auch eine Entschuldigung für das Verhalten ihrer Kinder gewinnen. Diese Schwierigkeit möchte ich an Hand eines Beispiels belegen:

Gareis und Wiesnet geben an, daß 33 % der Mütter später kriminell gewordener Jugendlicher ihre Schwangerschaft ablehnten, während dies in der Kontrollgruppe nur 18 % der Mütter taten. Nun fand der DFG-Bericht zur Schwangerschaft und Kindesentwicklung von 1977 [36], daß etwa 30 % der Mütter einer sehr großen Stichprobe ihre Schwangerschaft ablehnten. Vergleicht man diese Zahlen direkt mit denen von Gareis und Wiesnet, so lag die Ablehnung bei der Testgruppe kaum über dem vom DFG-Bericht gemessenen allgemeinen Durchschnitt, während die Kontrollgruppe viel weniger Ablehnung berichtete. Man muß nicht böswillig sein, um zu vermuten, daß die Kontrolldaten ein zu günstiges Bild zeigten.

Es ist also nicht zu erwarten, daß eine solche Kontrollmethode die frühen Erfahrungen der untersuchten Kinder wirklich richtig wiedergibt, vielmehr muß mit einem systematischen Fehler in der Richtung einer Beschönigung der Kontrolldaten gerechnet werden. Mit diesem Vorbehalt will ich nun die Befunde von Gareis und Wiesnet wiedergeben:

Es ergab sich zum Beispiel, daß 7 % der kriminell gewordenen Kinder als Säuglinge in einem Säuglingsheim waren, während bei den nicht kriminell gewordenen Kindern 2 % diese Erfahrung hinter sich hatten. Für 24 % der Kinder gaben die Mütter an, die Geburt sei unerwünscht gewesen, während dies in der Kontrollgruppe nur bei 13% angegeben wurde. 35% der Mütter hatten sich zur Zeit der Geburt seelisch stark belastet gefühlt, während in der Kontrollgruppe 25% diese Angabe machten. In der Arbeit werden eine ganze Reihe ähnlicher Zahlen genannt, die alle mehr oder weniger in dieselbe Richtung weisen und quantitativ ähnlich aussehen. Zu nennen ist allerdings noch der Befund, daß bei 27% der später kriminell gewordenen Kinder eine vorübergehende oder lang andauernde Fremdbetreuung angegeben wird, während dies in der Kontrollgruppe nur bei 4% der Kinder der Fall war. Leider wird die Art und Weise dieser Fremdbetreuung nicht näher aufgeschlüsselt. Betreuung durch die Großeltern (die keineswegs traumatisch sein muß) ist hier ebenso enthalten wie wechselnde Pflegestellen und anderes mehr.

Ebenso fehlt in der Arbeit auch eine genaue Untersuchung des Zusammenhangs zwischen den einzelnen belastenden Faktoren. Es wäre zum Beispiel wichtig zu wissen, ob die traumatisierenden Einflüsse sich bei einzelnen Personen häufen, während andere nicht vom Durchschnitt der Kontrollgruppe abweichen, oder ob die erhöhte Rate traumatischer Bedingungen sich einigermaßen gleichmäßig über die untersuchten Lebenswege der kriminellen Jugendlichen verteilt. Ohne eine Untersuchung bleibt nur der Schluß, daß bei weitem nicht alle kriminell gewordenen Jugendlichen einen Hintergrund frühkindlicher Deprivation aufweisen und daß andererseits ein nicht unerheblicher Teil einer unauffälligen Vergleichsgruppe traumatisch belastet ist. Allerdings konnten die Autoren zeigen, daß der Grad der Kriminalität bei denjenigen Jugendlichen höher war (mehr Rückfälle etc.), die viele Deprivationserlebnisse hinter sich hatten. Es ergaben sich also folgende Kernaussagen:

1. Frühkindliche Deprivationen sind in der Lebensgeschichte kriminell gewordener Jugendlicher möglicherweise häufiger als in der nicht kriminell auffallender Jugendlicher.

2. Innerhalb der Gruppe kriminell gewordener Jugendlicher besteht eine Beziehung zwischen dem Grad der frühkindlichen Deprivation und der Schwere des kriminellen Verhaltens.

Der Leser wird bemerken, daß angesichts der genannten Vorbehalte gegen das Kontrollverfahren der letztere Punkt weit mehr aussagt als der erste. Trotzdem ist es falsch, aus solchen Befunden allein auf eine Kausalbeziehung zwischen frühkindlicher Deprivation und Kriminalität zu schließen. Es kann kaum oft genug wiederholt werden, daß eine statistische Korrelation erst dann als Kausalbeziehung gedeutet werden darf, wenn alle alternativen Hypothesen, die den Zusammenhang ebenso erklären würden, geprüft und verworfen sind. Sehr oft beruhen scheinbare Kausalbeziehungen zwischen zwei Messungen auf gemeinsamen Hintergrundsvariablen, an die man nicht von vornherein denkt. Ein sehr schönes Beispiel hierfür kann man wieder dem oben genannten DFG-Bericht entnehmen. Die Autoren dieses Berichts stellten fest, daß schwangere Frauen, die viel Cola trinken, signifikant weniger Schwangerschafts- und Geburtskomplikationen erleiden als ihre Cola-abstinenten Schicksalsgenossinnen. Woraus – zumindest im Stile einiger Autoren – zu schließen wäre, daß Cola gut für schwangere Frauen ist. In Wirklichkeit beruht die statistische Beziehung zwischen Colagenuß und geringem Risiko darauf, daß nur junge Schwangere häufig Cola trinken. Und da fast alle Risiken einer Schwangerschaft mit dem Alter größer werden, besteht zwangsweise eine Verbindung zwischen Colagenuß und gut verlaufenden Schwangerschaften. Wird das Altersgefälle des Colatrinkens berücksichtigt, so zeigt sich, daß Cola überhaupt keine Wirkung auf die Schwangerschaft hat.

Ich habe dieses Problem ausführlich dargestellt, weil man ihm in statistischen Untersuchungen immer wieder begegnet. Und selbstverständlich gibt es auch im Fall von Gareis und Wiesnet mindestens zwei alternative Hypothesen, die die gefundene statistische Korrelation ebensogut erklären würden wie der Schluß, den die Autoren ziehen, nämlich wiederum eine soziologische Mileutheorie oder eine genetische Theorie. Gareis und Wiesnet selbst deuten ihre Ergebnisse folgendermaßen:

«Die seelisch verwahrlosenden Säuglinge und Kleinkinder von heute sind in Gefahr, die Rechtsbrecher und Süchtigen von morgen zu werden.»

Und weiter schreiben sie:

«Solche Entwicklungen sind jedoch keine unabwendbaren Naturkatastrophen, sondern vorhersagbare, vorprogrammierte Fehlentwicklungen.»

Aus den Ergebnissen der Autoren ist nun überdeutlich abzulesen, daß allenfalls der erste Satz richtig sein kann, ganz sicher jedoch nicht der zweite. Traumatische Einflüsse im frühen Säuglingsalter sind vielleicht bis zu einem gewissen Grad mit späterer Kriminalität korreliert, und daraus läßt sich unter Hintansetzung von alternativen Hypothesen die Vermutung ableiten, daß solche traumatischen Einflüsse ein langfristiges Risiko für die Verhaltensentwicklung bilden könnten. Auf keinen Fall ist die Beziehung zwischen frühkindlicher Traumatisierung und späteren Problemen jedoch deterministisch, denn sonst dürfte kein so großer Anteil jugendlicher Krimineller ohne überdurchschnittliche traumatische Belastung in ihrer Vorgeschichte auftreten und es dürften nicht so viele gut sozialisierte Jugendliche in der Kontrollgruppe auftreten, die ebenfalls ähnlich belastet waren. Selbst diese minimale Deutung wird jedoch unsicher, wenn man bedenkt, daß in der kriminellen Gruppe wahrscheinlich auch spätere und sogar aktuelle Belastungen häufiger waren als in der Vergleichsgruppe. Ich vermute, daß man ebenso weit mehr unvollständige Familien, weit mehr Alkoholmißbrauch, weit mehr große Kinderzahlen und anderes mehr im sozialen Umfeld der Testgruppe finden würde, als in dem der Vergleichsgruppe (s. die unten erwähnte Arbeit von Roff [37]). Es ist selbst innerhalb einer Traumatheorie ein durch nichts gestütztes Vorurteil, die kriminelle Entwicklung auf die frühkindlichen Erfahrungen und nicht auf spätere Umstände oder auf die aktuelle Lage der Jugendlichen zurückzuführen. Damit will ich die Arbeit von Gareis und Wiesnet verlassen.

Viele andere Befunde zeigen den Zusammenhang zwischen dem allgemeinen Milieu der Entwicklung und kindlicher Dyssozialität, und an diesem Zusammenhang braucht nicht gezweifelt werden. Eine gründliche Übersicht über dieses Thema geben die Arbeiten von Glueck und Glueck [38]. Was bewiesen wird, ist jedoch stets eine Korrelation zwischen der Verhaltensentwicklung des Kindes und seinem gesamten sozialen Milieu, keineswegs wird ein Zusammenhang zwischen späteren Störungen und frühkindlichen Traumata bewiesen. Der relative Einfluß der frühen Entwicklungsphasen bleibt dabei unbekannt, und die Existenz einer unbewußt wirksamen psychodynamischen Struktur braucht in keinem Fall angenommen zu werden. Gerade zu dem letzten Punkt sind die Ergebnisse von M. Roff von Interesse [37]. Er verglich den familiären Hintergrund von delinquenten Jugendlichen, von als «neurotisch» geltenden Jugendlichen und von einer durchschnittlichen Kontrollgruppe miteinander. Dabei stellte sich, wiederum ganz im Gegensatz zu den Vorhersagen der Traumatheorie, heraus, daß das familiäre Milieu der «neurotischen» Personen kaum von dem der Kontrollgruppe abwich, während sich in dem der Delinquenten familiäre Störungen häuften. Die Eltern «neurotischer» Kinder waren möglicherweise im Durchschnitt etwas nervöser als normal, es gab jedoch nicht mehr Scheidungen, mehr ernste Konflikte und mehr negative Beziehungen als in der Kontrollgruppe. Also weist einiges darauf hin, daß soziale Einflüsse oder, wenn man will, Einflüsse der «Familienkultur» eine wichtige Rolle als Entwicklungsrisiko spielen; aber die Ursache der «Neurotizität» läßt sich – allerhöchstens – in ganz allgemeinen Merkmalen der Familie finden, die auch genetisch bedingt sein könnten.

Es wäre darum ohne weiteres denkbar, daß zum Beispiel kriminelles Verhalten zusammen mit anderen subkulturellen Merkmalen schichtspezifisch auftritt und daß in derselben Schicht auch Scheidungen und traumatische Praktiken der Säuglings- und Kinderbehandlung häufiger sind. Die Korrelation dieser Merkmale wäre dann dadurch erklärt, daß beide Teile einer bestimmten Subkultur sind, ohne daß ein kausaler Zusammenhang zwischen traumatischen Kindheitserfahrungen und Dyssozialität bestünde. Danach müßten solche Zusammenhänge auf allgemeinen Lernprozessen und nicht auf unbewußten, psychodynamischen Vorgängen beruhen. Gedankengänge dieser Art lassen sich, will man ein Etikett benutzen, als soziale und lerntheoretische Milieutheorien bezeichnen. Solche Theorien erklären alle genannten Befunde sehr viel besser als die tiefenpsychologische Traumatheorie. Darüber hinaus lassen sich viele der Befunde auch genetisch deuten: Man kann zum Beispiel annehmen, es gebe eine genetische Disposition zur «Neurotizität» oder zu emotionaler Instabilität, die sowohl zu vielen Scheidungen, vielen Betreuungsfehlern den Kindern gegenüber führt und so weiter, als auch Kriminalität begünstigt. Eine solche genetische Theorie entspräche ganz grob etwa den Anschauungen von EYSENCK [39]. Auch danach wäre zu erwarten, daß sich kriminelles Verhalten und kindliche Deprivationserlebnisse in derselben Stichprobe häufen, ohne daß ein Kausalzusammenhang beider angenommen werden muß.

Ich habe nun nicht die Absicht, auch diese beiden Ansichten gegeneinander abzuwägen und damit den alten Streit zwischen Umwelt- und Erbguttheoretikern aufzugreifen. Es genügt der Schluß, daß beide Auffassungen alle Beobachtungen einigermaßen erklären können, während sich für die Traumatheorie kein Beleg finden läßt. Es spricht nichts in den Befunden für die fortdauernde Existenz frühkindlicher Angst- und Schmerzengramme, nichts spricht für irgendeinen Grad der Vorhersehbarkeit bestimmter Traumafolgen, und daher muß selbst die pathologische, enggefaßte Traumatheorie im besten Fall als unbewiesen gelten. Dagegen spricht vieles für einen allgemeinen, lerntheoretisch zu erfassenden Einfluß des kindlichen Milieus, und auch auf genetische Einflüsse gibt es gewisse Hinweise. Im Vorgriff auf die nächsten Kapitel will ich erwähnen, daß diese Auffassungen in einer organischen Entwicklungsvorstellung beide ihren Platz haben, während keine ausschließliche Gültigkeit beanspruchen darf. Diese synthetische Vorstellung von der menschlichen Entwicklung näher auszuführen wird Aufgabe des VI. und VII. Kapitels sein.

Mancher Leser wird sich nun fragen, wie es denn mit den häufigen Warnungen gerade von seiten der Verhaltensbiologie steht, daß die ersten Jahre des Kindes besonders wichtig seien und daß Störungen der sozialen Beziehungen des Kindes in diesem Alter höchst gefährlich seien? Diese Warnungen lassen sich, wie ich glaube, auch angesichts der hier vorgetragenen Befunde durchaus aufrechterhalten, sie dürfen lediglich nicht, was häufig geschieht, automatisch in den gedanklichen Gleisen der Traumatheorie interpretiert werden. In der Verhaltensbiologie, sofern sie wissenschaftlich sauber formuliert wird, können nur die unmittelbaren, aktuellen Folgen eines traumatischen Geschehens mit einer gewissen Zuverlässigkeit vorausgesagt werden. Kein verantwortungsbewußter Verhaltensforscher sollte jedoch im Einzelfall Voraussagen über die Langzeitwirkung eines solchen Geschehens machen. Es wird darum in der Verhaltensbiologie stets von einer Gefahr gesprochen, die in gewissen Deprivationserfahrungen im Kindesalter läge, es wird auf ein Risiko hingewiesen. HASSENSTEIN hat überzeugend ausgeführt, daß die Existenz eines solchen Risikos ausreicht, um alle erdenklichen Maßnahmen der Vorbeugung und Hilfe zu rechtfertigen [13]. Im menschlichen Leben wird niemals erst dann gehandelt, wenn eine ungünstige Entwicklung sicher vorhersagbar ist, stets wird dann bereits geholfen, wenn ungünstige Folgen drohen könnten. Wie das Risiko, das bestimmte Erfahrungen für das Kind bilden, wissenschaftlich genauer beschrieben werden kann und wie sich diese Auffassung von der Traumatheorie der Tiefenpsychologie unterscheidet, wird ebenfalls noch näher auszuführen sein.

Es gibt nun eine bisher nicht genannte Möglichkeit, weiteren Einblick in die hier behandelte Problematik zu gewinnen. Diese Möglichkeit wird von unserer Rechts- und Gesellschaftsordnung ganz ungewollt geschaffen. In unserer Gesellschaft ist es nämlich – im Gegensatz zu vielen anderen Kulturen – üblich, daß Kinder durch staatliche Eingriffe aus ihrer leiblichen Familie in eine ihnen fremde Familie verpflanzt werden, sofern sie von ihren leiblichen Eltern nicht angemessen versorgt werden oder versorgt werden können. Dies geschieht im Rahmen unseres Adoptiv- und Pflegekinderwesens, wobei im Fall der Adoption die Adoptiveltern nicht nur meist einer anderen Gesellschaftsschicht angehören als die leiblichen Eltern, sondern ihnen sogar auf Dauer unbekannt bleiben. Es kommt im Rahmen von Adoptionen und Pflegefällen ständig vor, daß ein Kind aus sehr ungünstigen sozialen Verhältnissen, aus einer Problemfamilie oder aus einem schlecht geführten Heim, in eine durchschnittliche oder sogar in eine überdurchschnittlich fürsorgliche Familie verbracht wird. In solchen Fällen sollte es sich besonders gut beobachten lassen, welche Langzeitwirkungen die früher erlebten Deprivationen entfalten und wie oder in welcher Weise sich bereits entstandene Verhaltensauffälligkeiten wieder zurückbilden. Ich will hier einige der Befunde zitieren, die bei der Beobachtung des weiteren Lebenswegs von erfolgreich vermittelten Adoptiv- und Pflegekindern erhoben wurden.

In neuester Zeit ist eine schwedische Studie auf deutsch erschienen, in der über hundert Adoptionsfälle sorgfältig untersucht wurden [40]. Bohman, der Autor dieser Arbeit, prüfte die schulische Entwicklung und die allgemeine soziale Anpassung der Adoptivkinder, nachdem diese zehn Jahre in der Adoptivfamilie verbracht hatten. Alle waren bis zu ihrem ersten Geburtstag adoptiert worden und hatten vorher in verschieden gut oder schlecht geführten Säuglingsheimen gelebt. Außerdem wurden eine ganze Reihe von Daten sowohl über Adoptiveltern als auch über die leiblichen Eltern ausgewertet, um festzustellen, ob die beobachteten Verhaltensprobleme mit irgendeiner Eigenschaft von Adoptiv- oder genetischen Eltern korreliert waren. Vor allem aber wurde der Entwicklungsstand dieser Kinder mit dem einer Vergleichsgruppe von Familienkindern verglichen, um über die durchschnittliche soziale Anpassung eine Aussage zu treffen.

Die Arbeit von Bohman, die methodisch sehr sorgfältig durchgeführt wurde, berichtet über eine geradezu verblüffende Anzahl von negativen Befunden. Die soziale Anpassung und die schulischen Erfolge der Adoptivkinder waren weder mit Schwangerschaftskomplikationen vor ihrer Geburt noch mit Komplikationen bei der Entbindung, noch mit der Dauer ihres Heimaufenthalts irgendwie korreliert. Auch die soziale Anpassungsfähigkeit der leiblichen Eltern hatte keinen Einfluß auf die der Kinder, und selbst der Bildungsstand der Adoptiveltern erlaubte keine Vorhersage über die Schulleistung und das Sozialverhalten der Adoptivkinder. Weder der Zustand der Ehe noch die psychische und physische Gesundheit der Adoptiveltern beeinflußte das Verhalten der Adoptivkinder so vorhersagbar, daß sich ein meßbarer Effekt zeigen ließ. Lediglich im Vergleich zu der Kontrollgruppe ließ sich zeigen, daß bei den männlichen Adoptivkindern etwas mehr Verhaltensprobleme auftraten. Bei den weiblichen Kindern war auch dieser Unterschied nicht nachzuweisen. Jedoch selbst bei den Buben betrug der Unterschied nur 22% Kinder mit problematischen Verhalten gegenüber 12% unter den Familienkindern, eine mit etwas gutem Willen gerade noch schwach aussagekräftige Differenz. Bei den Schulleistungen ergab sich insgesamt kein Unterschied, lediglich im Fach Mathematik schnitten die Familienkinder etwas besser ab als die Adoptivkinder. In der gesamten Stichprobe fand sich kein Fall schwerer Verwahrlosung, keine kindliche Kriminalität und keine schwere klinische Störung. Es handelte sich bei dem registrierten problematischen Verhalten ausschließlich um sogenannte emotionale Probleme, um hohe Aggressivität, Konzentrationsmängel in der Schule und anderes mehr. Der Autor weist mit Recht darauf hin, daß seine Ergebnisse auch insofern überraschend sind, als man hätte vermuten sollen, daß die Adoptivkinder auch von seiten ihrer genetischen Ausstattung wahrscheinlich eine negative Auswahl bildeten. Daß sich diese vermutliche Selektion belastender genetischer Einflüsse so wenig auswirkt, ist für die Erbguttheoretiker fast ebenso schwer zu erklären wie das Fehlen neurotischer Symptome für den tiefenpsychologischen Traumatheoretiker. Bohman schreibt:

«Abschließend läßt sich sagen, daß die Anpassung der Kinder von den untersuchten Hintergrundvariablen relativ unabhängig zu sein schien. Weder Faktoren in der Umgebung noch des biologischen Hintergrundes standen in auffallendem Zusammenhang mit der Anpassung oder mit den Leistungen der Kinder in der Schule.»

Die etwas häufigeren Verhaltensprobleme bei männlichen Adoptivkindern erklärt Bohman damit, daß sich viel mehr Adoptiveltern ein Mädchen als einen Jungen wünschen. Eine gewisse Anzahl von Adoptiveltern muß daher, eigentlich gegen ihren Wunsch, ein männliches Kind adoptieren. Die Folgen dieser Frustration macht BOHMAN, zumindest in Art einer Arbeitshypothese, für den beobachteten Unterschied verantwortlich.

In derselben Arbeit wird eine Reihe von älteren Untersuchungen zitiert, deren Ergebnisse, soweit sie überhaupt vergleichbar sind, alle in eine ähnliche Richtung weisen. In keinem Fall gelang es, die vermuteten psychischen Folgen der frühen Deprivationen bei Adoptivkindern nachzuweisen, wenn diese nach Jahren (zum Teil bereits als Erwachsene) untersucht wurden.

Außerordentlich interessant sind auch die Ergebnisse, die in Großbritannien im Rahmen der sogenannten «National Child Development Study» erhoben wurden [41]. In dieser umfangreichen Langzeitstudie wurden insgesamt 16000 Kinder, darunter 180 adoptierte Kinder, bis zum elften Lebensjahr untersucht und beobachtet. Unter anderem wurde dabei die Entwicklung der adoptierten Kinder mit der von leiblichen Kindern verglichen, die bei ihren Eltern in ähnlichen Verhältnissen lebten. Dabei zeigte sich, daß die adoptierten Kinder im großen und ganzen ebenso entwickelt waren wie die leiblichen Kinder. Diese Milieuwirkung erstreckte sich zum Teil auf fast kuriose Einzelheiten: So waren adoptierte Kinder im Durchschnitt größer als das Mittel aller englischer Kinder. Berücksichtigte man jedoch nur die Kinder, die in ähnlich guten äußeren Umständen lebten wie die adoptierten Kinder (durch das Auswahlverfahren der Adoption sind die äußeren Verhältnisse adoptierter Kinder überdurchschnittlich gut), verglich man also mit der nach äußeren Umständen angeglichenen Kontrollgruppe, so verschwand der Unterschied. Dieser Befund liefert ein gutes Beispiel für ein ausschließlich milieuabhängiges Merkmal, betrachtet man den Durchschnitt einer Population wie derjenigen Großbritanniens: Offenbar gibt es zwischen schlecht verdienenden Gruppen, aus denen die meisten Adoptivkinder genetisch stammen, und den gut verdienenden Gruppen, in denen sie meist aufgezogen werden, keinen erblich bedingten Größenunterschied. Die Adoptivkinder entwickeln sich in dieser Hinsicht ganz genauso wie die Kontrollgruppe.

Ein Verhaltensmerkmal, oder besser ein Bündel von Verhaltensmerkmalen, erwies sich ebenfalls als außerordentlich milieuabhängig, nämlich die schulische Leistung. Auch hier zeigte sich zwischen den Adoptivkindern und der Kontrollgruppe praktisch kein Unterschied. Zwar schnitten die männlichen Adoptivkinder im Rechnen etwas schlechter ab als die leiblichen Kinder, doch dies wurde (anders als bei BOHMAN) von den überdurchschnittlichen Leistungen der weiblichen Adoptivkinder ausgeglichen. Im Lesen gab es keinerlei feststellbare Unterschiede.

Der einzige nachweisbare Nachteil in der Entwicklung der Adoptivkinder betraf, ähnlich wie bei BOHMAN, den Bereich der Verhaltensprobleme. Mit elf Jahren wurden die Adoptivkinder im Durchschnitt als etwas schlechter angepaßt beschrieben als die leiblichen Kinder und es wurden von ihnen mehr Verhaltensprobleme berichtet. Bezeichnenderweise war dieser Unterschied mit sieben Jahren noch kaum oder gar nicht sichtbar gewesen, er hatte sich also erst zwischen dem siebten und dem elften Lebensjahr entwickelt. Die Autoren vermuten, daß in diesem Alter die meisten Kinder um die Umstände ihrer Adoption wissen, daß viele auch von ihrer unehelichen Geburt wissen und daß daher in der Zeit der Vorpubertät stärkere Identitätsprobleme als bei leiblichen Kindern auftreten. Der Anpassungsunterschied wäre also eine Folge des Wissens von Adoptivkind und Adoptiveltern um die Adoption, nicht eine Folge der Adoption als solcher und schon gar nicht eine Spätfolge der vor der Adoption liegenden Entwicklungsnachteile. Die Autoren vermuten an Hand anderer Untersuchungen, daß sich die größere Zahl von Verhaltensproblemen in der Vorpubertät im Laufe der Jahre wieder ausgleichen werde, mit sechzehn Jahren könnten sich die Adoptivkinder ihrer Ansicht nach der Kontrollgruppe wieder angeglichen haben.

Insgesamt urteilen die Autoren an Hand ihres umfangreichen Materials, daß die Probleme von Adoptivkindern im ganzen den Problemen aller Familien entsprechen, die in vergleichbaren Umständen leben. Sie geben an, daß der Einfluß einer Reihe von sozialen, ökonomischen und familiären Faktoren auf das Schicksal des Kindes viel größer sei als der der Adoption oder Nichtadoption. Wiederum kann man ein solches Ergebnis nur als erstaunlich bezeichnen, wenn man bedenkt, welche Nachteile sich in der frühen Kindheit adoptierter Kinder häufen und mit was für einer Belastung dysfunktionellen Erbguts sie nach Ansicht der Vererbungstheoretiker eigentlich hätten fertig werden müssen. Die große Unvorhersagbarkeit menschlicher Entwicklungsgänge, die relative Freiheit des Verhaltens von einer Reihe scheinbar schwerwiegender Einflüsse wirken immer aufs neue überraschend.

Auch Kagan weist in seinen zu Anfang zitierten Arbeiten darauf hin, daß seine Vorstellung von der Elastizität der kindlichen Verhaltenssteuerung durch die Erfahrungen mit Pflege- und Adoptivkindern gestützt wird. Selbst Kinder aus Heimen, die zwei oder mehr Jahre ihres Lebens keine persönliche Bindung aufbauen konnten und die damit schwerer traumatisiert waren als die Kinder in Bohmans Studie, gleichen ihre Verhaltensdefekte oft in erstaunlich kurzer Zeit noch aus. Diese Erfahrung hat sich auch in der Arbeit unserer Forschungsgruppe immer wieder bestätigt, es muß andererseits aber darauf verwiesen werden, daß sich dabei stets eine Übergangsphase ergibt, die an die neuen Eltern große Anforderungen stellt. Ein bereits hospitalisiertes oder sehr bindungsschwaches Kind zu einem normalen Sozialverhalten zu führen, erfordert viel Liebe und ein großes Maß an Geduld. In krassen Fällen kann ohne eine heilpädagogische Zusatzbehandlung auch kaum ausgekommen werden. Trotzdem, und hier muß man Kagan zustimmen, läßt sich das Verhalten eines Pflege- oder Adoptivkindes nach der erfolgreich durchgestandenen Übergangszeit oft kaum oder gar nicht mehr von dem eines normalen Familienkindes unterscheiden, und auch Spätschäden bleiben dann aus. Ein persönlicher Bericht über eine Adoption, der sehr viele typische Umstände beschreibt, findet sich bei Westphal [42]. Hochinteressant erscheint in diesem Zusammenhang auch die bekannte Untersuchung von Dührssen [43], in der die Entwicklung von Heimkindern mit der von Pflege- und Familienkindern verglichen wird. Die Einzelheiten dieser Studie sollen nicht im Detail hier vorgestellt werden, es sei lediglich erwähnt, daß auch A. Dührs-

SEN (trotz ihrer psychoanalytischen Ausrichtung) frühe Deprivationen und ihre Folgen für ausgleichbar hält. Etwas Ähnliches gilt für die Studie von PONGRATZ [44], die sich mit dem Lebensschicksal von Prostituiertenkindern befaßt. Beide Arbeiten werden hier lediglich genannt, um die Reihe derjenigen empirischen Studien zu vervollständigen, auf denen dieses Kapitel beruht [45].

Ein Tiefenpsychologe wird nun, um die Traumatheorie zu verteidigen, in der Regel nicht behaupten, daß die hier vorgestellten Forschungsergebnisse grundsätzlich unzuverlässig seien. Er wird vielmehr die Ansicht vertreten, daß mit den besonderen Methoden der Tiefenpsychologie Erkenntnisse gewonnen werden können, die empirischen Untersuchungen der geschilderten Art entgehen müssen. Danach wäre es so, daß die Tiefenpsychologie auch diejenigen traumatischen Engramme aufdekken kann, die sich in Reihenuntersuchungen oder oberflächlicheren Verhaltensbeobachtungen nicht nachweisen lassen. Das verbleibende Argument der Traumatheorie steht und fällt also mit der Zuverlässigkeit oder Unzuverlässigkeit der tiefenpsychologischen Methoden, und daher wird es in diesem Buch notwendig sein, die Methodik der Tiefenpsychologie näher zu behandeln. Dies soll im folgenden Kapitel geschehen.

# V Die Methode der Tiefenpsychologie

«Jede Geschichte ist eine Erfindung ...
Jedes Ich, das sich ausspricht, ist eine Rolle –».
Aus: ‹*Mein Name sei Gantenbein*› von
Max Frisch

Im letzten Kapitel habe ich eine Reihe von Ergebnissen der empirischen Psychologie vorgestellt, die insgesamt beweisen, daß eine radikale Formulierung der tiefenpsychologischen Traumatheorie als eine allgemeine frühe Milieutheorie nicht haltbar ist. Es ist nicht möglich, den Charakter des Erwachsenen in irgendeinem seiner wichtigen Teile direkt mit frühen Kindheitserfahrungen zu erklären. Ob trotz dieser Einschränkung eine speziellere, pathogenetische Form der Traumatheorie beibehalten werden kann, erscheint noch nicht als entschieden, obwohl die Ergebnisse der empirischen Psychologie die meisten der Behauptungen der pathogenetischen Traumatheorie sicherlich nicht stützen. Es ließ sich (mit der noch zu besprechenden Ausnahme des frühen Bindungsabbruchs und der frühen Bindungslosigkeit) kein Hinweis darauf finden, daß Störungen des erwachsenen Verhaltens direkt mit frühkindlichen Traumata erklärt werden können. Die Hinweise, die tatsächlich bestehen, stammen alle aus dem engeren Bereich der Tiefenpsychologie selbst, und deshalb wird es nötig, die Methoden der Tiefenpsychologie näher zu untersuchen.

Bei dieser Untersuchung kann ich mich auf eigene Erfahrungen berufen, die ich während meiner praktischen psychotherapeutischen Arbeit gesammelt habe. Diese Erfahrungen wurden von mir bereits in Buchform beschrieben [11], und einige Aussagen dieses Buches werden in dem vorliegenden Kapitel wiederaufgegriffen werden. Diejenigen Leser, die auch meine frühere Arbeit kennen, bitte ich der Wiederholungen wegen um Entschuldigung.

Will man die Methoden der Tiefenpsychologie beurteilen, so sind praktische Erfahrungen mit ihr fast unersetzlich. In den Artikeln und Büchern, die von Tiefenpsychologen verfaßt werden, wird der tatsächliche Erkenntnisprozeß selten so beschrieben, daß er wirklich nachvollziehbar wäre. Meist sind es bereits Interpretationen oder Interpretationen von Interpretationen, die schließlich in Druck gelangen. Gewisse Ausnahmen sind unter anderem die Bücher von JANOV und MOSER [46], die zum Studium des tatsächlichen Geschehens «auf der Couch» oder «beim Urerlebnis» daher auch gut geeignet sind. Am besten urteilen kann jedoch der, der selbst Objekt solcher Techniken gewesen ist und sie selbst als Psychotherapeut benutzt hat (ich wähle die Begriffe «Objekt» und «Technik» durchaus mit Vorbedacht). Allerdings kann ich im Rahmen dieser Arbeit eine ausführliche Schilderung des Geschehens im tiefenpsychologischen Therapieprozeß nicht liefern. Ich muß zu einigen allgemeinen Kennzeichnungen Zuflucht nehmen, die notwendigerweise abstrakt und wenig bildhaft ausfallen werden:

Ein wichtiger und auch häufig kritisierter Zug der tiefenpsychologischen Methode besteht darin, daß die wesentlichen entwicklungsgeschichtlichen Informationen, seien sie persönlicher oder allgemeiner Art, nur im Rückblick gewonnen werden. Die Verhaltensauffälligkeiten eines älteren Kindes oder eines Erwachsenen werden untersucht oder sogar diagnostiziert, indem retrospektiv nach möglichen früheren Ursachen gesucht wird. Dies ist allen Formen der Tiefenpsychologie gemeinsam. Recht verschieden sind dagegen die Werkzeuge, die von den verschiedenen Schulen für diese Suche benutzt werden. Die herkömmliche Psychoanalyse zum Beispiel stützt sich vor allem auf die freie Assoziation, also auf diejenigen Gedanken und Erinnerungen, die sich dem Patienten in einer möglichst entspannten Situation in loser Folge aufdrängen. Hinzu kommt, je nach den Ansichten des Therapeuten, die Traumanalyse und die Widerstandsanalyse mit sämtlichen in sie verwickelten Interaktionen zwischen Patient und Therapeut, die unter den Begriff der Übertragung gefaßt werden. Besonders die Widerstandsanalyse ist dabei verhaltensbiologisch von Interesse. Sie geht von der Annahme aus, daß der Patient dem Aufdecken (dem bewußten Erkennen und Erleben) von hypothetischen frühen Engrammen dort besonderen Widerstand entgegensetzt, wo es durch traumatische Einflüsse zu einer Abwehrbildung kam. In der Sprache der Verhaltensbiologie heißt dies, daß der Patient diejenigen Erinnerungen, Verhaltensweisen oder Gefühle unterdrückt, die mit starken bedingten Aversionen oder Hemmungen verbunden sind. Sollten solche Verknüpfungen tatsächlich noch beim Erwachsenen unbewußt vorliegen (wie es im zweiten Kapitel an Hand einer stufenförmig aufgebauten Verhaltenshierarchie dargestellt wurde), so wäre der «Widerstand» ein gut erklärbares Verhalten. Der Patient vermeidet damit alle Reaktionen und Aktivitäten, die das traumatische Engramm aktivieren könnten und deshalb Angst und Stress hervorrufen würden. Je stärker die Traumatisierung, desto mehr müßte danach der Patient darauf bestehen, seine später erworbenen und seither erfolgreichen Strategien der Konfliktbewältigung einzusetzen. Er verliert damit zwar um seiner momentanen Ausgeglichenheit willen seine langfristigen Heilungsmöglichkeiten (zumindest ist dies die Folgerung aus der Ansicht der Tiefenpsychologie), er muß aber trotzdem von außen zur Aufgabe seiner eingeschliffenen Kontrollreaktionen veranlaßt werden. Daß ein Therapeut, der an traumatische Engramme als wesentliche Störfaktoren in seinem Patienten glaubt, sich auf die «Widerstände» konzentriert, ist daher auch verhaltensbiologisch nur folgerichtig und wäre mit der in diesem Buch gegebenen Formulierung der Traumatheorie gut begründbar. Doch nun zurück zur Methodik als solcher:

Die tiefenpsychologische Methode beruht stets auf zwei verschiedenen Informationsquellen, die getrennt betrachtet werden müssen. Einmal bedient sie sich der unmittelbaren Aussagen der Patienten über ihr Leben, wie sie in freier Assoziation, im Primärerlebnis, in Hypnose, in der Gruppe und anderswo gemacht werden. Zum zweiten beruht die Tiefenpsychologie auf der lebensgeschichtlichen Deutung von aktuellen Verhaltensweisen des Patienten durch den Therapeuten oder den Patienten selbst. Beide Erkenntnisquellen sind in der Wissenschaft so einmalig und ungewöhnlich, daß ich sie näher beschreiben muß. Zuerst zu den unmittelbaren Aussagen:

In der Psychoanalyse, in Primärtherapie usw. geben die Patienten sehr oft selbst Erklärungen ab, in denen sie eine bestimmte frühkindliche Erfahrung als Ursache ihrer späteren Probleme bezeichnen. Ihre Aussage umfaßt in der Regel also eine Erinnerung an die Kindheit, und sie umfaßt weiterhin eine Deutung dieser Erinnerung. In der Deutung wird eine bestimmte Art von Kausalbeziehung zwischen der erinnerten Kindheitserfahrung und der Gegenwart behauptet. Es ist wichtig, die beiden Gesichtspunkte einer Aussage zu trennen, denn beide können unabhängig voneinander richtig oder falsch sein. Es ist durchaus möglich, daß die Erinnerung als solche zwar zutrifft, daß ihre Deutung aber reine Phantasie ist. Es ist ebenso möglich, daß die Erinnerung auf Einbildung beruht und dazuhin noch unzutreffend gedeutet wird. Es ist sogar denkbar, daß eine Erinnerung, wörtlich gewonnen, nicht stimmt, daß die Deutung aber nichtsdestoweniger einen lebensgeschichtlich richtigen Zusammenhang wiedergibt. Diese verschiedenen Irrtumsmöglichkeiten werden während der folgenden Überlegungen dieses Kapitels eine wichtige Rolle spielen.

Die zweite Erkenntnisquelle der Tiefenpsychologie besteht in der Auswertung gegenwärtigen Verhaltens. Dieser Bereich umfaßt ein ganzes Sammelsurium von verschiedenen Methoden. Ich betrachte unter diesem Punkt sowohl die Widerstandsanalyse mit der Analyse von Übertragung und Gegenübertragung als auch die Traumdeutung, die Hypnose und das Primärerlebnis. In all diesen Fällen, so verschieden sie sind, werden dem aktuellen Verhalten des Patienten, das entweder spontan auftritt oder vom Therapeuten hervorgerufen wird, Hinweise auf seine Lebensgeschichte entnommen.

Es ist nun wichtig, sich von vornherein klarzumachen, daß diese zweite Informationsquelle in aller Regel die Richtigkeit der tiefenpsychologischen Theorien bereits voraussetzt. Es ist zum Beispiel nicht möglich, Übertragungsvorgänge zu deuten oder Widerstandsanalyse zu betreiben, wenn man nicht bereits voraussetzt, daß die Interaktionen zwischen Patient und Therapeut auf ganz bestimmte Weise mit frühkindlichen Erfahrungen zusammenhängen. Niemand kann zum Beispiel aus der Weigerung eines Patienten, über ein sexuelles Thema zu sprechen, den Schluß ziehen, Sexualität sei in dessen Kindheit tabuisiert gewesen, wenn er nicht davon ausgeht, daß solche Weigerungen in der Regel auch so zustande kommen. Oder die Beobachtung, daß sich eine weibliche Analysandin fast unweigerlich in ihren männlichen Analytiker verliebt, läßt per se noch keinen Schluß auf eine Regression zu Kindheitserfahrungen hin zu. Der Analytiker geht zwar in einem solchen Fall davon aus, daß die Patientin Gefühle aus ihrer ödipalen Entwicklung auf den Therapeuten überträgt. Es könnte aber ebensogut sein, daß die Analysandin einfach große Hoffnungen auf den Analytiker setzt, ihn durch die Situation als sehr machtvoll erlebt und fast notwendigerweise die Vorstellung entwickelt, eine dauernde Bindung an eine solche Person wäre ein Weg zu Glück und Geborgenheit. Mit anderen Worten, es ist nicht notwendig, aus dem aktuellen Geschehen in der Therapie auf dadurch sichtbar gewordene traumatische Engramme der Kindheit zu schließen. Im Gegenteil, die Analogie zur Kindheit könnte ebensogut ganz oberflächlicher Art sein und nur durch die Asymetrie der Beziehung zwischen Patientin und Therapeut zustande kommen, so daß unter der scheinbaren Kindlichkeit handfeste, wenn auch nicht klar durchdachte Motive der Erwachsenen stehen. Welche Deutung richtig ist, läßt sich durch den Vorgang als solchen gar nicht entscheiden. Der Psychotherapeut glaubt nur darum an seine analytische Deutung, weil er eine entsprechende Theorie vertritt, und natürlich auch, weil die Analysandin seine Deutungen wahrscheinlich akzeptiert. Wir kommen also wiederum auf die Tatsache zurück, daß sich die tiefenpsychologischen Theorien letztlich nur auf die unmittelbare Aussage oder Zustimmung der Patienten stützen können. Es ist von diesem Befund her und im Blick auf das Fehlen jedes allgemeinpsychologischen Beweises (siehe das vorige Kapitel) durchaus berechtigt, den retrospektiven Kausalschluß vom erwachsenen auf das kindliche Verhalten als das «methodische Axiom» der Tiefenpsychologie zu bezeichnen. Die einzige Quelle von nicht oder zumindest nicht ganz direkt theorieabhängiger Information sind und bleiben die Aussagen der Patienten selbst. Diese Informationsquelle wird daher näher zu betrachten sein.

Für den Laien muß ausdrücklich betont werden, daß die bisherigen Schlußfolgerungen für alle Richtungen der Tiefenpsychologie gelten, auch für diejenigen, die sich weniger am gesprochenen Wort orientieren als die Psychoanalyse. Denn auch die Primärtherapie, die Gestalttherapie, die Transaktionsanalyse und alle Formen der tiefenpsychologischen Gruppentherapie können sich bei der Verifikation ihrer theoretischen Grundlagen (die nicht mit der subjektiven Überzeugung des «Insiders» verwechselt werden darf) nur auf die persönlichen Aussagen ihrer Patienten stützen. Die ganze große Vielzahl nichtverbaler Vorgänge in der Tiefenpsychologie, wie die Primärerlebnisse in Primärtherapie, wie die emotionalen Interaktionen in einer Gruppe und wie vieles andere, wird genau wie die «Übertragung» von einer bereits feststehenden Theorie aus gedeutet und dient daher nicht ohne weiteres der Bestätigung dieser Theorie. Jeder Fachmann weiß, daß ein und derselbe Vorgang, zum Beispiel ein Vorfall in einer Gruppe, von der Transaktionsanalyse ganz anders gedeutet wird als von der Psychoanalyse und so weiter. Zwar nehmen alle Richtungen, ganz im Sinn der Traumatheorie, einen Zusammenhang zwischen der frühen Kindheit des Patienten und seinem aktuellen Verhalten an, ob es sich dabei um einen Streit in der Therapiegruppe, um ein in der Therapiesitzung gemaltes Bild, um ein Primärerlebnis oder um einen Traum handelt. Die Art und Weise dieses Zusammenhangs jedoch wird ganz verschieden gesehen, und als Beleg für die jeweilige Deutung steht jeder Richtung nur die direkte Aussage des Patienten zur Verfügung, der sein Verhalten selbst deutet, eigene Erinnerungen berichtet oder die Deutungen des Therapeuten bestätigt. Diese Aussagen in all ihren Formen müssen als authentisch betrachtet werden oder es muß ein klar umrissenes Verfahren geben, die authentischen Aussagen zu erkennen, wenn der Anspruch der Tiefenpsychologie gelten soll, sich auf Erfahrung zu stützen. Worauf beruft sich nun die Tiefenpsychologie, um die Authentizität der Informationen zu belegen, die sie von dem Patienten erhält?

Eine wichtige Stütze für die Zuverlässigkeit der tiefenpsychologischen Theorien wird bereits darin erblickt, daß in ähnlichen therapeutischen Situationen immer ähnliche Befunde zustande kommen. Die Urschmerztheorie der Primärtherapie wird von Hunderten und Tausenden von Aussagen vieler Patienten immer wieder von neuem bestätigt. Ähnliches gilt für die analytische Theorie vom Ödipus-Komplex und für jede andere Theorie, die von einer ernst zu nehmenden tiefenpsychologischen Schule aufgestellt wurde, und ganz besonders für die Traumatheorie selbst. Sowohl in der primärtherapeutischen Regression als auch in der freien Assoziation der Psychoanalyse, in Hypnose ebenso wie in Therapiegruppen bezeichnen die Patienten irgendeine frühkindliche Erfahrung als die wesentliche Ursache ihrer gegenwärtigen Probleme. Immer wieder beginnt ein Patient in der Psychoanalyse eine Therapiestunde mit dem Erzählen eines sexuellen Erlebnisses und endet schließlich mit der Erinnerung an seine Mutter. Immer wieder berichtet ein Patient in einer Primärtherapie von sexuellen Wünschen, um schließlich in wilde Sehnsucht nach seiner Mutter auszubrechen. Und ebenso fühlt sich regelmäßig der Teilnehmer einer Therapiegruppe von einer Teilnehmerin sexuell angezogen und kommt dadurch zu der Erkenntnis, daß er unbewußt immer nach der zu wenig erhaltenen Mutterliebe sucht. Wäre also Reproduzierbarkeit allein ein Beleg für die Richtigkeit des «methodischen Axioms» der Tiefenpsychologie, es könnte nicht an ihm gezweifelt werden. Nach meiner Ansicht gibt es jedoch stichhaltige Gründe dafür, die Häufigkeit solcher Aussagen anders als mit ihrer Richtigkeit zu erklären.

Der erste Grund ist so schlichter Natur, daß er von den direkt Beteiligten fast nie erkannt wird. Er beruht darauf, daß die Patienten das «methodische Axiom» der Tiefenpsychologie ebenfalls kennen und fest an es glauben. Ihr Bemühen, sich ihre Probleme zu erklären und einen therapeutischen Erfolg zu erzielen, orientiert sich selbstverständlich an dem, was sie theoretisch für richtig und für wissenschaftlich gesichert halten. Damit sind der Selbsttäuschung und der Einbildung Tür und Tor geöffnet. Und da der Patient gerade von dem Auffinden früher «Ursachen» seiner Probleme sehr viel erwartet – wird ihm doch versprochen, dies wäre der Weg zur Heilung –, so hat er ein großes Bedürfnis, solche Ursachen auch nennen zu können. Dadurch entsteht dann das starke Gefühl der Plausibilität, das wohl jedem Fachmann bekannt ist, der mit der Tiefenpsychologie in praktische Berührung kam. Der Patient, der eine für ihn wichtige Deutung selbst gefunden oder vom Therapeuten erhalten hat, wird oft von einer Welle unmittelbaren Überzeugtseins und tiefer Befriedigung geradezu überrollt, und ein Gefühl des Erfolgs und des Vorwärtskommens erfüllt ihn. Dieses unmittelbare Erlebnis der Plausibilität wird oft als Beleg für die Richtigkeit der Deutung genannt, und auch ich selbst habe dieses Argument einige Zeit für mindestens vertretbar gehalten. Erst durch die Erfahrung als Therapeut wurde mir deutlich, daß diese Art von Plausibilitätsgefühlen ihre Ursache in den hohen Erwartungen der Patienten und ihrer Befriedigung über einen vermeintlichen Erfolg haben und keineswegs auf Zuverlässigkeit der Aussagen hinweisen. Mehrmals habe ich es erlebt, daß nach einem halben oder einem ganzen Jahr eine völlig andere, sogar entgegengesetzte Erklärung eines Problems beim Patienten dieselbe spontane Zustimmung hervorrief wie zuvor.

Sich auf das Gefühl der Plausibilität zu berufen, erinnert etwas an die Erkenntnistheorie der Stoiker, die einer philosophischen Wahrheit ebenfalls die Eigenschaft der unmittelbaren und überzeugenden Plausibilität zusprachen. In der Erkenntnistheorie habe ich dieses Argument nie für zutreffend gehalten, und heute glaube ich, daß Plausibilität nirgends mehr täuschen kann als dann, wenn es um menschliches Verhalten geht. Denn leider hängt dieses Gefühl sowohl in der Philosophie als auch in der Wissenschaft von vielen Faktoren ab, die alle mit Wahrheit wenig zu tun haben. Vor allem hängt es davon ab, was dem einzelnen alles bereits zuvor pausibel ist und was er bereits erwartet. Einem durchschnittlichen Analysanden, der Freuds gesammelte Werke in Taschenbuchform liest und eine Illustrierte der Psychowelle abonniert hat, mag es als strahlend plausibel erscheinen, daß seine Kontaktschwierigkeiten mit Frauen darauf beruhen, daß er im vierten Lebensjahr von seiner Mutter nur wenig

Zärtlichkeit erhielt. Einem Aktualpsychologen erschiene dieselbe Aussage vielleicht als absurd, er würde die Ursache der Kontaktprobleme in übertriebenen Ansprüchen an sich und die Partnerin oder in schlechten Denkgewohnheiten suchen. Dem «Wolfsmann» SIGMUND FREUDS erschien es plausibel, als FREUD seine zwanghaften Angstträume darauf zurückführte, daß er den Geschlechtsverkehr seiner Eltern beobachtet habe. Später bezeichnete derselbe Mann diese Deutung als an den Haaren herbeigezogen [47]. Plausibilitätserlebnisse hängen immer vom Denkhintergrund ab, und daher kann mit Plausibilitätsgefühlen in der Wissenschaft nichts begründet werden. Man kann nicht genug darauf hinweisen, daß alle wissenschaftlichen Irrtümer einmal plausibel waren. Fortschritte wurden immer dadurch erreicht, daß sich einzelne Forscher von dem gängigen Plausiblen lösen konnten, um das Unwahrscheinliche zu Ende zu denken.

In der Tat ist es in der Psychologie schon lange bekannt, daß die Erinnerungen und die lebensgeschichtlichen Deutungen von Patienten in einer Psychotherapie stark davon bestimmt werden, welche Theorie der Psychotherapeut vertritt. «Patienten FREUDscher Analytiker träumen FREUDsche Träume, und Patienten JUNGscherAnalytiker träumen JUNGsche Träume», so lautet eine gängige Formel. Auch während meiner persönlichen Arbeit in der Primärtherapie habe ich immer wieder gefunden, daß die Patienten die Ansichten der jeweiligen Klinik reproduzierten, in der sie behandelt wurden. Diese Ansichten reichten in meinem Erfahrungsbereich von einer eher nüchternen, abwägenden Haltung bis hin zum Glauben an die Seelenwanderung. Prompt gaben auch die Patienten dieser Kliniken eine eher nüchterne oder eine eher metaphysische Deutung ihrer Probleme. Bereits FREUD war es sehr wohl bekannt, daß der Analytiker oft das erhält, was er erwartet. Was allerdings leicht vergessen wird, ist, daß auch der Patient von sich das erhält, was er bereits erwartet. In der Psychoanalyse ist man der Ansicht, diese Probleme seien für den geübten Psychotherapeuten erkennbar und beherrschbar. Ich bin dagegen der Ansicht, daß die Theorien und persönlichen Erwartungen von Patient und Therapeut den ganzen tiefenpsychologischen Prozeß so stark bestimmen, daß es keine von diesen Theorien und Erwartungen unabhängige Erkenntnisgewinnung gibt. Ich muß in diesem Zusammenhang nochmals ausdrücklich darauf hinweisen, daß auch allgemein als absurd oder zumindest als extrem unwahrscheinlich betrachtete Ansichten durch die Aussagen von Patienten ebenso bestätigt werden wie die altbekannten Lehrbuchinhalte der Psychoanalyse: Ein Therapeut, der an das Zeugungstrauma glaubt, erhält Träume und «Gefühle» von seinen Patienten berichtet, die die Wichtigkeit des Zeugungstraumas überzeugend belegen. Ein Therapeut, der glaubt, er könne seine Patienten mit Hilfe der Hypnose in frühere Existenzen zurückversetzen, wird von dem Ergebnis seiner Arbeit ebenso bestätigt. Seine Patienten erleben sich in Hypnose als Kammerdiener von Richelieu oder als Matrose auf dem Schiff von Kolumbus, und sie erklären ihre Charaktereigenschaften mit solchen «Erfahrungen». Wer diese Art von Beweisen verwirft, kann mit wissenschaftlicher Ehrlichkeit nicht an die Aussagen der Analysanden orthodoxerer Psychotherapeuten glauben, falls er nicht doch ein unabhängiges, klares Kriterium nennt, wonach zuverlässige von unzuverlässigen Aussagen zu trennen wären. Ein solches Kriterium wurde jedoch nie genannt und kann nach meiner Ansicht auch nicht genannt werden. Wenn also einem Psychotherapeuten manche tiefenpsychologischen Hypothesen vernünftig und andere ganz unvernünftig vorkommen, so urteilt er nach seinem gesunden Menschenverstand, nicht aber nach wissenschaftlichen Erkenntnissen. Mit Wissenschaft im Sinn von Naturwissenschaft oder Erfahrungswissenschaft haben alle Patientenaussagen, die in Psychotherapien erhoben werden, wenig oder nichts zu tun.

Trotzdem, so wird man einwenden, befinden sich doch unter den Kindheitserinnerungen der Patienten viele, die zutreffen und einer Überprüfung standhalten. Dies ist richtig, und es muß gefragt werden, ob daraus eine Rechtfertigung der tiefenpsychologischen Methode als Erfahrungswissenschaft gefolgert werden kann. Während des bisherigen Gedankengangs habe ich keinen Unterschied zwischen demjenigen Fall gemacht, daß sowohl die Erinnerung als auch ihre Deutung falsch ist, und dem anderen, jetzt zu prüfenden Fall, daß die Erinnerung nachweislich zutrifft, ob die Deutung, die diese Erinnerung erfährt, nun richtig ist oder nicht. Der erstere Vorgang, daß der Patient auf Selbsttäuschung oder auf Einbildung beruhende Erinnerungen liefert, braucht nicht mehr weiter besprochen zu werden. Er kommt, wie ich gezeigt habe, häufig genug vor und entwertet allein dadurch (in Abwesenheit eines vernünftigen Unterscheidungskriteriums) die gesamte Methodik der Tiefenpsychologie. Wie steht es aber mit dem immerhin gelegentlich vorkommenden Fall, daß eine Erinnerung erwiesenermaßen zumindest im großen und ganzen authentisch ist? Folgt aus dieser Tatsache, und aus der zweiten Tatsache, daß der Patient seine Einnerung mit einem aktuellen Symptom in Verbindung bringt, daß diese Verbindung tatsächlich besteht und daß sie so wichtig ist, wie der Patient meint? Es geht also nicht mehr darum, ob die Deutung als solche richtig ist, sondern nur darum, daß der Patient irgendeine Art von Beziehung zwischen seiner Erinnerung und irgendeinem aktuellen Symptom zu spüren meint. Wenn wenigstens diese Beziehung authentisch wäre, so wäre zumindest die Traumatheorie wahrscheinlicher geworden, während für andere tiefenpsychologische Theorien natürlich klarere Informationen erforderlich wären. Wie kann also die Beziehung von Erinnerung und Gegenwartsproblem zustande kommen? Dazu läßt sich folgendes sagen:

Es ist in gewisser Weise selbstverständlich, daß eine assoziative Verbindung von früheren Erinnerungsmustern und aktuellen Geschehnissen entsteht, sofern diese sich nur irgendwie ähnlich sind. Die Gesetzmäßigkeiten assoziativer Verknüpfung sorgen dafür, daß eine Erfahrung des Erwachsenen, wie etwa die Frustration sexueller Kontaktwünsche, auch die Erinnerung an die Frustration kindlicher Kontaktwünsche wieder aktiviert, falls ein solches Engramm besteht und falls dessen Reaktivierung ausdrücklich versucht wird.

Hierfür reicht bereits die relative Ähnlichkeit der beiden Erinnerungsmuster aus, eine weiterreichende Beziehung muß gar nicht angenommen werden. Aus der Tatsache, daß die intensive Reflexion gegenwärtiger Frustrationen auch frühere Frustrationen ins Gedächtnis zurückruft, kann also (im besten Fall) nichts anderes geschlossen werden, als daß eine solche Erinnerung noch existiert. Die bloße Existenz eines solchen Gedächtnisengramms bildet aber keinen Beleg für einen dauernden oder auch nur für einen wesentlichen Einfluß des erinnerten Geschehens auf die Persönlichkeitsentwicklung des Menschen und schon gar nicht dafür, daß dieses Geschehen in der Verhaltenssteuerung Strukturen hinterließ, die irgendwo verborgen noch immer weiterwirken. Dieser Punkt kann nicht genug betont werden: Das Gedächtnis ist etwas ganz anderes als die Verhaltenssteuerung, und wir alle tragen in unserem Langzeitgedächtnis eine Fülle von Informationen, von der nur der kleinste Teil regelmäßig oder auch nur öfters unser Verhalten beeinflußt. Aus der Tatsache, daß ein aufregendes oder schmerzliches Ereignis erinnert wird, kann noch nicht einmal gefolgert werden, daß sich mit dieser Erinnerung noch immer starke Affekte verknüpfen. Die Erinnerung als solche gehört zum Langzeitgedächtnis, die Affektverknüpfung gehört in den Bereich der ständig mit der Umwelt interagierenden Verhaltenssteuerung. Beides sind völlig verschiedene Funktionen unseres Zentralnervensystems.

In der Praxis der Tiefenpsychologie wird die Tatsache, daß eine Erinnerung im therapeutischen Prozeß aktiviert wurde, meist ohne weiteres als Beweis für die Wichtigkeit dieser Erinnerung betrachtet. Im Rahmen allgemeinpsychologischer oder verhaltensbiologischer Kenntnisse läßt sich ein solcher Schluß aber auf keine Weise rechtfertigen: Ob eine Erfahrung ein Engramm im Langzeitgedächtnis hinterläßt, hängt nicht von ihrer entwicklungsgeschichtlichen Bedeutung, sondern von ganz anderen Faktoren ab. Der wichtigste Faktor ist die Stärke der begleitenden Motivation, das heißt, Erfahrungen werden um so sicherer gespeichert, je höher die affektive Erregung war, mit der sie einhergingen. Es kann also sehr wohl geschehen, daß man sich ein Leben lang an ein Straßenbild erinnert, weil man dort knapp einem Unfall entging. Dieses Ereignis spielte für die Charakterentwicklung und für die Verhaltenssteuerung vielleicht kaum eine Rolle. Trotzdem wird es nicht vergessen, und eine neue, ähnliche Erfahrung plötzlicher Gefahr hat die Tendenz, die Erinnerung an jenes Straßenbild wieder zu erwecken.

Andererseits können sehr wesentliche Einflüsse auf die Lebensgeschichte dem Gedächtnis ganz entfallen (oder sich erst im nachhinein, im reflektierenden Rückblick, zu erkennen geben), weil sie im großen und ganzen mit wenig Affekten einhergingen. Im Gegensatz zur Tiefenpsychologie bin ich sogar der Ansicht, daß ein Mensch mit ruhiger, stabiler und behüteter Kindheit später weniger genaue Erinnerungen an diese Kindheit haben wird als ein anderer mit stark wechselnden, schwierigen Eltern- und Familienbeziehungen. An solide Geborgenheit ohne große Wechselfälle erinnert man sich nicht leicht, wohl aber an das Auf und Ab unsteter innerer und äußerer Verhältnisse.

In allgemeiner Form läßt sich die Antwort auf die obige Frage also so formulieren:

Der für die Traumatheorie entscheidende Punkt der tiefenpsychologischen Methode ist nicht, ob die Erinnerungen oder das Wiedererleben von Kindheitserfahrungen in einer Psychotherapie authentisch sind. Sie sind es zwar nach meiner Ansicht sehr häufig nicht. Aber auch wo es sich um authentische Erinnerungen handelt und wo authentische Kindheitserfahrungen nacherlebt werden, läßt sich deren Aktivierung und Verknüpfung mit der Gegenwart aus den allgemeinen Funktionen von Gedächtnis und Assoziation heraus verstehen. Die wirklich entscheidende Frage lautet, ob die Dynamik des gegenwärtigen Verhaltens und Erlebens tatsächlich von den therapeutisch reaktivierten frühen Engrammen bestimmt wird. Anders ausgedrückt, fragt es sich, ob das Gedächtnisengramm wirklich auch für die aktuelle Verhaltenssteuerung irgendeine Rolle spielt. Diese entscheidende Frage läßt sich durch die bloße Möglichkeit, authentische frühe Engramme zu aktivieren, sicher nicht beantworten. Auch wenn die Echtheit einer Erinnerung belegt ist, ist die verhaltenssteuernde Wirkung der erinnerten Ereignisse völlig ungewiß. Es gibt keinen Grund, eine aktuelle Wirkung solcher Art anzunehmen, außerhalb dessen, daß die Patienten diese Wirkung behaupten und die tiefenpsychologische Theorie sie verlangt. Selbst die einfache Aussage, daß zwischen ihren gegenwärtigen Problemen und ihren Erinnerungen irgendein kausaler Zusammenhang besteht, stützt sich also nur auf die Meinung der Patienten. Und wie sehr diese Meinung wiederum von der Theorie abhängt, wurde zur Genüge besprochen. Der Kausalschluß von der frühen Erfahrung auf das gegenwärtige Verhalten ist und bleibt eine axiomatische Setzung, die nur eine unabhängige Forschung bestätigen könnte. Eben diese Art von Bestätigung findet sich aber weder in der allgemeinpsychologischen Literatur noch in den Werken der Tiefenpsychologie selbst. Beschränkt auf ihre eigene Methodik bestätigt jede Schule der Tiefenpsychologie nur das, was sie bereits theoretisch voraussetzt. Diese Erkenntnis muß festgehalten werden, da von seiten der Tiefenpsychologie oft der Anspruch erhoben wird, sich auf Erfahrung stützen zu können. Im wissenschaftlichen Sinn halte ich diesen Anspruch für falsch.

Der obige Gedankengang läßt sich übrigens auch auf eine andere Form des «Erinnerns» anwenden. Gelegentlich wird von seiten der Tiefenpsychologie das berühmte Exeriment PENFIELDS angeführt [48], bei dem durch elektrische Reizung von bestimmten Gehirngebieten bei einigen Patienten sehr detaillierte Erinnerungen hervorgerufen wurden. Dieses Experiment war und ist von großer wissenschaftlicher Bedeutung, aber man kann es nicht zur Stützung der tiefenpsychologischen Theorien verwenden. Weder geht aus den Berichten PENFIELDS hervor, daß die aktivierten Erinnerungen besonders wichtig waren, noch gibt es einen Hinweis darauf, daß heftige Affekte eine besondere Rolle spielten (in beiden Fällen hat man eher den Eindruck des Gegenteils). Wiederum gilt, daß die bloße Tatsache, daß ein Ereignis im Gedächtnis gespeichert wird und reaktiviert werden kann, nichts über die Richtigkeit der Traumatheorie aussagt. Ganz sicherlich kann aus den Ergebnissen PENFIELDS nicht geschlossen werden (wie dies HARRIS [22] tut), daß das Gedächtnis wie eine Art Bandaufzeichnung funktioniert, die jeden Moment der Lebenserfahrung gleichermaßen registriert. Bereits die ungeheuerliche Menge an Informationen, die dabei gespeichert werden müßte, macht dies sehr unwahrscheinlich, und es liegen auch keinerlei Beweise für eine solche Auffassung vor. Die

«Tonband-Theorie» des Langzeitgedächtnisses kommt verständlicherweise der Traumatheorie und noch viel mehr einer allgemeinen frühen Milieutheorie sehr entgegen. Ich glaube aber nicht, daß diese Theorie auf Grund heutiger Erkenntnisse wirklich vertreten werden kann.

Nun gibt es durchaus Tiefenpsychologen, die zugeben, daß sich die Grundannahmen ihrer Lehre einem strengen empirischen Nachweis entziehen. FREUD gehörte wohl nicht zu diesen Pragmatikern, aber in der Gegenwart kann man unter dem Eindruck der zunehmenden Angriffe der empirischen Wissenschaft auf die Tiefenpsychologie einen solchen Standpunkt des öfteren antreffen. Wenn damit gemeint ist, daß die Lehre der Tiefenpsychologie grundsätzlich über die Erfahrungswissenschaft hinausreicht, so habe ich zu einem solchen Anspruch im Rahmen dieses Buches nichts zu sagen. Existentieller und metaphysischer Fragen wegen wende ich mich weder an FREUD noch an irgendeinen anderen Wissenschaftler, sondern an Autoritäten anderer Art, und ich würde dies auch jedem Leser raten. Wenn damit aber lediglich gemeint ist, daß die Erfahrung der Tiefenpsychologie sich auf Bereiche erstreckt, die anders nicht zugänglich sind, so braucht eine solche Behauptung gar nicht direkt geprüft zu werden. Es genügt zu untersuchen, wie richtig oder wie nützlich die der allgemeinen Erfahrung zugänglichen Folgerungen aus den Lehren der Tiefenpsychologie sind. Auch wenn man zugesteht, daß man möglicherweise zu der Theorie vom Ödipus-Komplex nur mit den Methoden der Psychoanalyse gelangen kann, so folgen aus dieser Theorie doch eine ganze Anzahl von allgemein nachprüfbaren Vorhersagen. Dasselbe gilt natürlich für die Traumatheorie: Wie immer man zu ihr gelangen und sie aufstellen mag, sie hat der allgemeinen und der naturwissenschaftlichen Erfahrung zugängliche Konsequenzen, die geprüft werden können. Und diese Prüfung fällt nach meiner Ansicht nicht zum besten aus.

Es gibt jedoch einen weiteren Bereich allgemeiner Erfahrung, auf den von seiten der Tiefenpsychologie häufig verwiesen wird, nämlich den des praktischen Erfolgs. Einige tiefenpsychologische Autoren geben den Mangel an medizinischer und wissenschaftlicher Absicherung durchaus zu, berufen sich aber auf die nicht unvernünftige Folgerung, daß eine erfolgreiche therapeutische Praxis auf wenigstens im Grunde richtigen Theorien beruhen müsse. Dieses pragmatische Argument ist natürlich nicht schlüssig, aber es hätte in der Tat ein gewisses Gewicht, gäbe es die erfolgreiche therapeutische Praxis, die es voraussetzt. Gerade darüber tobt aber innerhalb der Psychologie ein heftiger Streit, der alles andere als entschieden ist. In der Praxis trifft man zwar eine Reihe von Ärzten und Psychologen, die Erfolge der Tiefenpsychologie sehen. Man trifft jedoch ebenso viele andere, die keinerlei solche Erfolge anerkennen. Eine objektive Prüfung ist im Falle tiefenpsychologischer Behandlungen im einzelnen fast unmöglich, da die meisten Veränderungen im Zustand des Patienten ganz verschieden interpretiert werden können. Zum Beispiel kann man die Tatsache, daß eine Frau ihre Familie verläßt, sowohl als Zeichen zunehmender Dyssozialität als auch als Zeichen zunehmender persönlicher Reife interpretieren. Doch auch bei den wenigen Symptomen, die einigermaßen einheitlich bewertet werden, wie bei der Besserung körperlicher Erkrankungen oder bei der Fähigkeit zur Arbeitsaufnahme, gibt es meines Wissens keinerlei Beleg dafür, daß eine tiefenpsychologische Behandlung im Durchschnitt vieler Fälle die Rate spontaner Besserungen steigert. Es gibt sogar die Behauptung, daß eine tiefenpsychologische Behandlung im Durchschnitt die Rate der Spontanheilungen vermindert [49]. In diesem Problemkreis ist jeder, der selbst praktische Erfahrungen hat, auf seine eigenen Eindrücke angewiesen. Eine unbestrittene Autorität gibt es schlechterdings nicht. Ich selbst habe die praktische tiefenpsychologische Arbeit sowohl bei mir selbst als auch bei meinen Kollegen als sehr enttäuschend erlebt. Sie schien mir sowohl von seiten der Therapeuten als auch von seiten der Patienten von Illusionen und Selbsttäuschungen bestimmt zu sein. Es wurden mir von seiten der Kollegen Erfolge bescheinigt (und ich bildete mir einige Zeit selbst Erfolge ein), von denen ich später nichts mehr sehen konnte. Andererseits nahm ich Gefahren wahr, die mir schwer zu wiegen schienen und die andere für vernachlässigbar hielten. Ich will damit nicht sagen, daß in einer tiefenpsychologischen Behandlung nichts für den Patienten Günstiges geschehen kann oder daß es nie faßbare Besserungen gibt. Ich will vielmehr damit meine Überzeugung ausdrücken, daß die günstigen Entwicklungen keinen direkten Zusammenhang mit dem Therapeutikum «Tiefenpsychologie» haben, daß sie unvorhersehbar sind und daß sie trotz aller Erklärungen weder vom Patienten noch vom Therapeuten wirklich verstanden werden. Die Erfolge sind außerdem – selbst wenn ich meine Erfahrungen wohlwollend prüfe – viel zu selten, als daß von einer effektiven Methode des Helfens gesprochen werden könnte. Dies ist, wie gesagt, meine persönliche Überzeugung, die für mich wesentlich ist, auf der ich jedoch keine wissenschaftliche Argumentation aufbauen würde. Doch erscheint es mir auch im Rahmen dessen, was wissenschaftlich vertreten werden kann, als unmöglich, die Richtigkeit des tiefenpsychologischen Lehrgebäudes mit seinen praktischen Erfolgen zu beweisen.

# VI Der Beitrag der biologischen Anthropologie

Die am höchsten entwickelte Stufe der Person ist die Persönlichkeit, das fortdauernde, fest organisierte System von Handlungsgewohnheiten, Gedanken und Gefühlen, an Hand dessen ich beurteilt werden muß, durch das ich stehe oder falle.
Aus: ‹*Space, Time, and Deity*› von Samuel Alexander

In den letzten beiden Kapiteln habe ich dargelegt, welche Standpunkte die Tiefenpsychologie einerseits und die empirische Psychologie andererseits zur Frage der Langzeitwirkung seelischer Verletzungen einnehmen. In den nun folgenden beiden Kapiteln sollen die vorliegenden Ergebnisse mit den Augen des Biologen betrachtet werden, um eine Antwort auf die Frage zu finden, was seelische Verletzungen sind und wie ihre Wirkung beschrieben werden kann.

An Hand der in der empirischen Psychologie erarbeiteten Ergebnisse war eine teilweise Antwort bereits möglich: Eine frühe Milieutheorie, die die emotionalen Charakterzüge und die Grundlagen des sozialen Verhaltens grundsätzlich auf die ersten Lebensjahre zurückführt, kann als widerlegt gelten. Eine nicht so grundsätzlich ausgerichtete, pathogenetische Traumatheorie ist jedoch auch nach Sichtung aller Ergebnisse noch möglich. Es liegen zwar keine empirischen Daten vor, die eine solche Theorie stützen, aber eine überzeugende Widerlegung fehlt ebenfalls. Nun könnte mit Recht eingewandt werden, daß es meist sehr schwer ist, eine Theorie ganz schlüssig zu widerlegen. In der Regel wird eine wissenschaftliche Ansicht bereits dann verworfen, wenn sich auf die Dauer keine überzeugende Bestätigung finden läßt. Es wird also nicht für nötig erachtet, sämtliche denkbaren Rettungsversuche für eine Theorie auch tatsächlich durchzuführen.

Ungeachtet dieses an sich zutreffenden Einwandes kann ein vorsichtiger Wissenschaftler die pathogenetische Traumatheorie, zum Beispiel die Theorie ödipaler oder analer Traumata, im Moment nicht widerlegt nennen. Er kann sie aber als ein ungestütztes spekulatives Gedankengebäude bezeichnen. Und ich glaube, daß es berechtigt ist, diesem Gedankengebäude gegenüber zu Mißtrauen zu raten.

Welche Schlüsse sollten nun aus den Ergebnissen der Psychologie gezogen werden, auch wenn diese Schlüsse natürlich nicht endgültig sein können? Ich meine, daß die folgenden Aussagen möglich sind:

Praktisch alle Langzeitstudien der menschlichen Entwicklung enthalten deutliche Hinweise darauf, daß sich die Charaktereigenschaften des Erwachsenen im Durchschnitt eher aus den Einflüssen erklären lassen, die die spätere Kindheit, die Pubertät und Adoleszenz betreffen, während gerade der kleinkindliche Charakter im Durchschnitt eine hohe Veränderlichkeit zeigt. Dieser Schluß gilt nicht für besondere Schicksale, wie etwa das Erlebnis von frühen Bindungsabbrüchen oder des Zerfalls der eigenen Familie, aber auch hier findet sich keine Stütze für die tiefenpsychologische Traumatheorie. Ganz allgemein läßt sich sagen, daß alle vorliegenden Ergebnisse auf eine ganzheitlich prägende Wirkung der Kindheit und Jugend hinweisen, innerhalb derer die frühesten Jahre keine hervorgehobene Rolle spielen. Wenn besondere Schicksale einwirken, dann tun sie dies über ihre direkten Folgen und über die Kette der dadurch in Gang gesetzten Ereignisse, nicht über unveränderliche affektive Strukturen in der kindlichen Verhaltenssteuerung.

Diese Schlüsse sind alles andere als sensationell. Es war von jeher bekannt, und es wird im alltäglichen Sprachgebrauch auch ausgedrückt, daß das Verhalten von Eltern und Kindern in der Regel ähnlicher ist als das von beliebigen anderen Personen. Je nachdem, welche Vorstellung gerade populär ist, wird diese Ähnlichkeit eher auf erbliche Einflüsse oder eher auf Lernvorgänge zurückgeführt. Ich glaube jedoch, daß stets beide Erklärungsmöglichkeiten im Alltagsbewußtsein wirksam sind. Es gehört zur menschlichen Lebenserfahrung, daß ein Kind in einer liebevollen und hilfreichen Umgebung dazu neigt, freundlich und umgänglich zu sein, und daß es in einer schlechten Umgebung selbst ein schlechtes Benehmen annimmt. Es gehört aber ebenso zur Lebenserfahrung, daß ein Kind manchmal auch dann in gewissen Charakterzügen «nach seinen Eltern schlägt», wenn es in einer ganz anderen Umgebung aufwächst. Wie häufig in der Psychologie, trifft die «allgemeine Lebenserfahrung» wahrscheinlich im großen und ganzen auch wissenschaftlich zu. Es scheint so zu sein, daß sich das Verhalten des Kindes in einem komplizierten Wechselspiel zwischen dem Erbgut und der Umwelt ausbildet, dessen Verlauf weitgehend geschichtlich bestimmt und daher im Einzelfall kaum vorhersagbar ist. Daher können Kinder ihren Eltern in einzelnen Charakterzügen sowohl ähnlich sein, weil sie ein ähnliches Erbgut besitzen, als auch deswegen, weil sie in vielfältiger Weise von ihnen lernen. Insgesamt gesehen ist diese Ähnlichkeit jedoch meist nicht sehr groß, und sie wird durch eindeutig andere, persönlich entwickelte Charakterzüge ausgeglichen.

Eine Schlußfolgerung, die für die Praxis sehr wichtig ist, kann mit Gewißheit gezogen werden: Der Einfluß des familiären Hintergrundes, sei er nun genetischer oder psychologischer Natur oder beides, ist praktisch nie so groß, daß eine menschliche Entwicklung im Einzelfall vorhersagbar wäre. Selbst einzelne Verhaltensmerkmale, wie die Entwicklung einer Neurose, die Fähigkeit zu einer glücklichen Ehe und anderes mehr, lassen sich kaum im Durchschnitt und gar nicht im Einzelfall aus der Kenntnis der familiären Hintergründe vorhersagen. Jeder Versuch, in bezug auf solche Schicksale eine sichere Vorhersage zu erreichen oder sicher wirksame Ursachen zu isolieren, ist bisher gescheitert.

Aus allen diesen Überlegungen ergibt sich, daß die ganzheitliche, organisch ausgerichtete Vorstellung von der Entwicklung des menschlichen Verhaltens viel wahrscheinlicher ist als die mechanisch ausgerichtete Stufenvorstellung. Zwar gehen beide Vorstellungen davon aus, daß die menschliche Verhaltenssteuerung hierarchisch gegliedert ist und daß sich die verschiedenen Ebenen der Hierarchie nacheinander entwickeln. (Hierzu wird im Laufe dieses Kapitels noch mehr zu sagen sein.) Es sieht aber so aus, als ob trotzdem alle Ebenen dieser Hierarchie zu jeder Zeit an neuen Entwicklungsschritten teilnehmen und daß auch frühe Engramme später verändert werden können, wenn neue Information zur Verfügung steht und neue Funktionen sich ausbilden. Daraus folgt, daß die meisten Lernprozesse, die irgendwann die Verhaltenssteuerung veränderten, immer mehr an Gewicht verlieren, je weiter sie zurückliegen und je größer daher die Gelegenheit war, sie ihrerseits wieder zu verändern. Weiterhin sieht es so aus, als seien erlernte affektive Reaktionen keineswegs schwerer zu verändern als kompliziertere erlernte Verhaltensweisen, selbst dann nicht, wenn diese affektiven Reaktionen aus einer frühen Lebenszeit stammen. Im Gegenteil erscheint das menschliche Verhalten eher von dem erlernten äußeren Verhalten (dem Erfahrungsgedächtnis oder den «Gewohnheiten») bestimmt zu sein, dazu auch von dem, was der Mensch über sich selbst und die Umwelt denkt (dem Begriffsgedächtnis oder der inneren Repräsentation der Welt). Beide Strukturen, die «Gewohnheiten» und das Weltbild, sind wahrscheinlich beim Erwachsenen viel schwerer zu verändern als affektive Reaktionen. Dies gilt für durchschnittliche Situationen; in Einzelfällen wie bei Phobien oder Zwangsvorstellungen sind auch die affektiven Reaktionen starr und unbeeinflußbar. Aber eben darum werden solche Verhaltensweisen als vom Normalverhalten verschieden und als persönlichkeitsfremd empfunden.

In diesem Kapitel stellt sich nun die schwierige Aufgabe, einen anthropologischen Standpunkt zu beschreiben, der die Nachteile der gängigen Traumatheorie vermeidet und mit der Erfahrung übereinstimmt. Die Aufgabe ist schwierig, weil die biologische Anthropologie in vieler Hinsicht noch – oder immer noch – in den Anfängen steckt. Zwar hat sie im Bereich des menschlichen Normalverhaltens einige gute Erfolge aufzuweisen, und auf dem Gebiet der Kinderverhaltensforschung gelang ihr zum Teil sogar der Vorstoß in die Pathologie [50]. Aber vielfach sind die Versuche von seiten biologisch orientierter Anthropologen, menschliche Verhaltensprobleme zu erklären, nicht überzeugender gelungen als die Versuche anderer Schulen. Ich will trotzdem den Versuch wagen, die Wirkung belastender Erlebnisse auf das kindliche Verhalten vom Standpunkt der biologischen Anthropologie aus darzustellen.

Einleitend soll die in Kapitel I gegebene Formulierung der Traumatheorie neu interpretiert werden. Diese Formulierung gab an, wie Freud sich den Zusammmenhang von traumatischer Erfahrung, Affektenergie und Verhalten vorstellte. In Kapitel II wurde dann erläutert, wie eine solche Vorstellung in modernen Begriffen dargestellt werden könnte. Nachdem nun die verfügbaren Ergebnisse der empirischen Forschung gesichtet wurden, kann das dort gezeichnete Bild genauer ausgestaltet werden. Abb. 4 stellt in Form eines verhaltensbiologischen Funktionsschaltbildes diejenigen Zusammenhänge dar, die bei der Entstehung traumatischer Engramme im Sinn des Kapitels II wirksam sind und berücksichtigt werden müssen.

In dem Schaltbild wird dargestellt, daß ein traumatischer Reiz die Stärke der Alarmstimmung (der Angst, der Aggressions- und Fluchtbereitschaft) erhöht, also die Stärke der inne-

Die Abb. 4 stellt die Wirkung eines traumatischen Reizes auf die Verhaltenssteuerung dar, wobei die Zusammenhänge stark vereinfacht werden mußten. Die senkrechten Linien symbolisieren die Grenzen des Organismus; folgerichtig bilden auf der linken Seite die Sinnesorgane den Eingang des Systems, während auf der anderen Seite die verschiedenen Reaktionsweisen (Handlungen) den Ausgang bilden. Zusätzlich zu den bereits in der Legende von Abb. 1 genannten Symbolen werden in Abb. 4 weitere Zeichen benutzt:

Konvergenzelement, das das summative Zusammenwirken verschiedener Signale ausdrückt

Signalbahn, die die Bereitschaft absinken läßt oder hemmt

Konvergenzelement, das eine subtraktive Einwirkung der Signale ausdrückt, die am schwarz gezeichneten Quadranten eintreffen (Inhibition einer anderen Signalbahn)

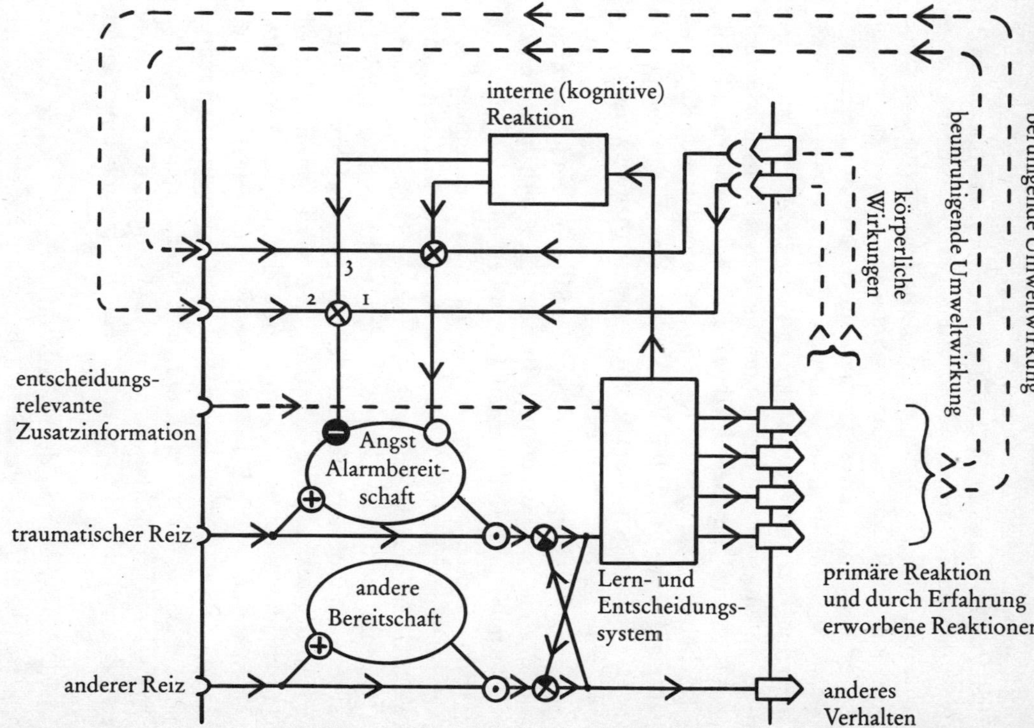

beruhigende Umweltwirkung
beunruhigende Umweltwirkung
körperliche Wirkungen
interne (kognitive) Reaktion
3
2
1
entscheidungs-relevante Zusatzinformation
Angst Alarmbereit-schaft
traumatischer Reiz
andere Bereitschaft
anderer Reiz
Lern- und Entscheidungs-system
primäre Reaktion und durch Erfahrung erworbene Reaktionen
anderes Verhalten

ren Bedingungen, die mit aversiven Verhaltensweisen einhergehen. Außerdem führen traumatische Reize zu einfachen, direkten Reaktionen wie Angriff, Flucht, Hilferufe beim Kind und so weiter. Das Schaltbild ist wie in Abb. 1 so gezeichnet, daß zur Ausführung einer solchen Reaktion sowohl ein Signal von den Sinnesorganen als auch eine Meldung über entsprechende innere Bedingungen nötig ist. Dies dürfte fast immer der Fall sein: Ein Säugling weint dann, wenn er einerseits Angst hat und andererseits wahrnimmt, daß keine Betreuungsperson bei ihm ist. Das Weinen hört sofort auf, wenn entweder eine Betreuungsperson kommt (der belastende Sinnesreiz «Alleinsein» verschwindet) oder die Angst künstlich gesenkt wird, wie es zum Beispiel durch Drogen möglich ist. Es gibt daneben auch reflexartige Reaktionen auf belastende Reize, die ausgeführt werden, ohne daß variable innere Bedingungen im Spiel sind. Doch diese Gruppe von Verhaltensweisen kann hier außer Betracht bleiben.

Nun ist das Kind, auch bereits der Säugling, ein sehr lernfähiges Wesen. Es lernt aus dem Erfolg seines Verhaltens und erwirbt teils durch Reifung, teils durch Lernen, ständig neue Reaktionsmöglichkeiten hinzu. Außerdem lernt es, immer besser zu differenzieren. Es wird fähig zu beurteilen, welche Reaktion zu welcher Situation paßt und welche nicht. Diese komplizierten Vorgänge werden durch ein lernendes und entscheidendes Teilsystem symbolisiert, das nach der bisherigen Erfahrung und an Hand der zusätzlich aus der Umwelt erhältlichen, im Moment entscheidungsrelevanten Information ein mögliches Verhalten als Reaktion auf die Belastung auswählt. (Eine analoge Lernfähigkeit besteht natürlich, wie in Abb. 1 dargestellt, auch auf der Eingangsseite des Systems, das heißt dafür, welche Reize traumatisch wirken und welche nicht. Aus Gründen der Einfachheit werden hier aber alle Reize, ob bedingt oder unbedingt, gleich behandelt.)

Zusätzlich wird in dem Schaltbild unterhalb des traumabedingten Verhaltens eine andere, ebenso organisierte Verhaltensweise dargestellt, die für irgendein Verhalten steht, das an sich situationsgerecht und (subjektiv) wünschenswert wäre, von der

Belastung aber gestört wird. Die Reaktionen des Kindes auf den traumatischen Reiz zielen darauf hin, irgendwie die inneren Bedingungen des Verhaltens so zu verändern (oder die äußere Situation so zu verändern, siehe unten), daß wieder anderes, wünschenswertes Verhalten möglich wird. Die eingezeichnete Schaltung zwischen den beiden Verhaltensweisen bildet einen Höchstwertdurchlaß (auf Grund der lateralen Rückwärtsinhibition), der dafür sorgt, daß diejenige von beiden Verhaltensweisen sich durchsetzt, die das auch nur um ein weniges größere Signal liefert. In Wirklichkeit müßte man sich vorstellen, daß eine ganze Anzahl von verschiedenen Verhaltensweisen in einer solchen Beziehung zueinander stehen, und je nach der Situation setzt sich angstmotiviertes Verhalten, Nahrungssuche, Spielen oder anderes in der Verhaltenssteuerung durch. Auf welche Weise es dem Kind gelingen kann, durch seine Reaktionen auf traumatische Reize seine Angst- und Alarmbereitschaft zu senken, wird nun zu besprechen sein.

Der offensichtliche und wohl auch häufigste Weg einer erfolgreichen Reaktion auf traumatische Belastung besteht in einem Verhalten, das die Umwelt so beeinflußt, daß die Situation ihren alarmierenden Charakter verliert. Dazu gehört zum Beispiel ein Hilferuf, der Eltern oder Kameraden herbeibringt, oder die Flucht, die zum Rückzug aus der ängstigenden Lage führt. Alle anderen Maßnahmen, die die Umwelt in entsprechender Weise verändern, gehören in dieselbe Kategorie der Reaktionsmöglichkeiten.

Im Schaltbild sind diese Möglichkeiten dadurch symbolisiert, daß eine gestrichelte Linie von den Reaktionsweisen zu Sinnesorganen führt, die die beruhigende Änderung registrieren und dadurch hemmend auf die Angst- und Alarmbereitschaft einwirken. Es handelt sich hier also um eine negative Rückkopplung über die Umwelt, ein in der Verhaltensforschung sehr häufiges Phänomen.

Zusätzlich zu diesen Reaktionsweisen (die das menschliche Kind im Prinzip, wenn auch nicht im Grad der Komplexität, mit den Tieren teilt) gibt es zwei weitere Kategorien von Reaktionen, an die meist weniger gedacht wird: Das Kind kann sich so verhalten, daß es seine Emotionen nicht über die Umwelt, sondern direkt manipuliert – und dies entweder über körperliche Eingriffe im weitesten Sinn oder über zentralnervöse kognitive Prozesse. Ein Eingriff in das emotional-vegetative Gleichgewicht des Körpers entsteht zum Beispiel dann, wenn ein Kind Drogen nimmt. Alkohol senkt die innere Alarmstimmung auch dann ab, wenn sich an der äußeren Situation nichts ändert. Diese Möglichkeit wird durch gestrichelte Linien dargestellt, die von den Reaktionsweisen direkt zu im Körper liegenden Sinnesorganen verlaufen («Sinnesorgane» ist ein hier in sehr weitem Sinn zu verstehender Begriff, er umfaßt jedes Element der funktionellen Verhaltenssteuerung, das auf einen äußeren Einfluß mit einer verhaltenswirksamen Zustandsänderung reagiert). Auch die körpereigenen Wirkungen, die durch ein Verhalten wie Alkoholgenuß verursacht werden, hemmen letztlich also die Bereitschaftskomponente des traumabedingten Verhaltens, und zwar wirken sie dabei mit Umwelteinflüssen zusammen.

Die letzte und für den Menschen außerordentlich wichtige Möglichkeit der Reaktion besteht darin, die inneren Bedingungen des Verhaltens direkt, durch kognitive Prozesse übergeordneter Gehirnzentren, in eine gewünschte Richtung zu manipulieren. Dies wird dadurch symbolisiert, daß einer der Pfeile, die für mögliche Reaktionen stehen, innerhalb des Organismus verbleibt und dort über zentralnervöse Abläufe Änderungen hervorruft. Zum Beispiel kann ein angenehmer Tagtraum als Reaktion auf eine äußere Belastung die Angst erheblich senken. Ebenso können innere Bilder die Angriffsbereitschaft steigern und so auf bewußte Weise der Fluchtstimmung entgegenwirken. Die Variabilität und die Komplexität dieser Möglichkeiten ist ungeheuer groß, und sie wird in diesem Kapitel noch näher zu besprechen sein.

Die drei bisher genannten Kategorien von Reaktionsmöglichkeiten (Umweltbeeinflussung, Manipulation des eigenen Vegetativums und kognitive Reaktion) schließen sich natürlich nicht gegenseitig aus. Im Gegenteil, ich bin der Ansicht, daß in der Regel jede traumatische Belastung auf allen drei Ebenen beantwortet wird, soweit die Verhaltensweisen dieser Ebenen bereits entwickelt sind (ein Säugling kann natürlich fast nur vegetativ und durch ganz wenige, einfache Versuche der Umweltbeeinflussung reagieren). Diesen Gedankengang voll zu entwickeln würde im Grunde bedeuten, der tiefenpsychologischen Abwehrtheorie eine Theorie der biologischen Anthropologie an die Seite zu stellen, ein Unterfangen, das im Rahmen dieses Buches nicht zu verwirklichen ist. Die wenigen Dinge, die noch in eine solche Richtung gesagt werden können, werden im weiteren Verlauf dieses Kapitels behandelt werden.

Zurück zu dem Funktionsschaltbild der Abb. 4. (S. 129):

Alle drei Kategorien von Reaktionsmöglichkeiten, die Angst oder Alarmstimmung abbauen können, können analog dazu natürlich auch angst- oder alarmsteigernd wirken. Auch dies ist in dem Schaltbild wiedergegeben, indem jeweils neben den alarmsenkenden Verbindungen alarmsteigernde eingetragen wurden. So kann ein Versuch der Umweltmanipulation auch damit enden, daß die Situation noch bedrohlicher wird, oder ein kognitiver Prozeß kann die Angst verstärken und nicht senken. Selbst körperliche Manipulationen sind denkbar, die die Angst steigern, anstatt sie zu senken. In solchen Fällen entsteht also eine positive und nicht eine negative Rückkopplung. Sobald dies geschieht, muß das Lern- und Entscheidungssystem kurzfristig seine Informationsverarbeitung ändern, wenn es nicht zu einem unkontrollierbaren Aufschaukeln der Alarmstimmung kommen soll. Sonst können Panik, Depression und Hysterie eine allgemeine Hemmung jedes Verhaltens die Folge sein.

Gelingt es der Verhaltenssteuerung nicht, die positive Rückkopplung zu unterbrechen, so ergibt sich also mit Sicherheit ein pathologischer Zustand. Wahrscheinlich spielen solche Rückkopplungsprozesse in der Verhaltenspathologie eine erhebliche Rolle, auf die ich hier jedoch nicht eingehe. Andererseits sind eine Reihe von deutlich pathologischen Verhaltensweisen nicht auf Panik, allgemeine Hemmungen oder ähnliches zurückzuführen. Zwangsverhalten oder Phobien beruhen auf ganz anderen Mechanismen und werden trotzdem als krankhaft betrachtet.

Es stellt sich also die Frage nach der Verhaltenspathologie im engeren Sinn: Das besprochene Schaltbild bezieht sich keineswegs nur auf pathologische Reaktionen, es beschreibt auch die erfolgreiche, funktionelle Bewältigung einer Belastung. Wann kann man von einer pathologischen Reaktionsweise sprechen?

Diese Frage läßt sich beantworten, wenn man bedenkt, welche Funktion die datenverarbeitenden Strukturen der Verhaltenssteuerung erfüllen sollen. Ziel ist es stets, die inneren Bedingungen des Verhaltens so zu verändern, daß nicht eine übergroße Angst oder Alarmbereitschaft alle übrigen Verhaltensweisen stört oder gar hemmt. Subjektiv gesprochen besteht dieses Ziel darin, ein spannungsfreies Feld zu erzeugen, in dem die wechselnden Bedürfnisse des Menschen befriedigt werden können. Als pathologisch läßt sich daher (bei aller Vorsicht) jedes Verhalten bezeichnen, das langfristig die Verhaltensmöglichkeiten und die Entwicklungsmöglichkeiten eines Menschen einschränkt, indem es entweder zu starr festgelegt ist oder indem es zu chronischen Konflikten mit der Umwelt führt. In der Regel wird ein solcher Zustand mit subjektivem Leiden verbunden sein, doch das Leiden als solches ist als Kriterium des Pathologischen nicht geeignet. Denn zum einen gibt es Einengungen und chronische Konflikte, die nicht in der Verhaltensstruktur des Individuums, sondern in seiner Situation begründet sind. In einem solchen Fall leidet der betroffene Mensch zwar, aber nicht sein Verhalten, sondern seine Situation wirkt pathogen. Zum anderen gibt es eindeutig pathologische Verhaltensstrukturen, die nicht mit Leiden verbunden sind. Ein Alkoholiker zu Beginn seiner Erkrankung kann es oft mit Ehrlichkeit verneinen, sich krank oder leidend zu fühlen. Trotzdem haben sich in seinem Verhalten Strukturen entwickelt, die pathologisch und möglicherweise lebensgefährdend sind.

Angesichts der Schwierigkeiten, das «Kranke» von dem «Gesunden» zu trennen, scheint es der einzig gangbare Weg zu sein, von einem funktionellen Kriterium auszugehen und dasjenige Verhalten «krank» zu nennen, das in irgendeiner Weise das Funktionieren der Verhaltenssteuerung einschränkt oder stört. Daß eine solche Definition in Grenzbereichen nicht anwendbar ist, sollte uns nicht beunruhigen. Es geht nicht darum, jedes mögliche Verhalten zu klassifizieren, sondern darum, die eindeutig zu bezeichnenden Fälle zu verstehen. Der Versuch, zwischen Gesundheit und Krankheit eine klare Grenze zu ziehen, kann von vornherein aufgegeben werden.

Einige Verhaltensphänomene, die ohne Zweifel pathologisch sind, werden in diesem und dem nächsten Kapitel noch behandelt werden. Hier soll es um die Frage gehen, ob und wie solche pathologischen Verhaltensweisen durch traumatische Belastungen entstehen können. Wie läßt es sich erklären, daß ein datenverarbeitendes System, das an sich auf eine Verhaltenshomöostase und auf ein spannungsfreies Feld hinzielt, manchmal gerade ein ungleichgewichtiges und leidvolles Verhaltensmuster erzeugt?

Ganz allgemein lautet die Antwort auf diese Frage so, daß jeder Mensch entsprechend seinem Entwicklungsstand und seiner Vorerfahrung nur eine begrenzte Kapazität besitzt, neue Schmerz- und Angsterfahrungen funktionell zu verarbeiten. Nehmen wir an, ein Kind werde mit einer neuen, bisher unbekannten Schwierigkeit konfrontiert. Zum Beispiel trifft es in der Schule zum erstenmal auf ein anderes Kind, das ihm in böser Absicht weh zu tun oder gar es zu verletzen versucht. Seine bisherigen Reaktionen auf soziale Konflikte reichen dann nicht mehr aus; das Kind erfährt sehr schnell, daß seine Beschwichtigungsversuche oder Versuche fairer Auseinandersetzung nur stärkere Angriffe zur Folge haben. In dieser Situation muß, wie bereits erwähnt, das Lern- und Entscheidungssystem des Kindes neue Reaktionsweisen entwickeln, die der Problematik angemessen sind. Das Kind könnte sich etwa Unterstützung bei Freunden suchen (ein bisher als «feig» betrachtetes Verhalten), es könnte sich selbst häßlichere Kampftechniken zulegen, es könnte Schutz bei Erwachsenen suchen und so weiter. Doch die Entwicklung solcher «problemlösender» Reaktionen braucht möglicherweise Zeit. In der Übergangsphase könnte es sehr wohl zu erhöhten Angstreaktionen und damit verbunden zu dysfunktionalen Verhaltensweisen kommen, wie allgemeine Gehemmtheit, blinde Gereiztheit oder ähnliches. Diese Verhaltensweisen haben für das Kind nur den Vorteil, daß sie ganz kurzfristig die Anspannung senken. Das eigentliche Problem wird durch sie nicht gelöst, und eine langfristige Entspannung erfolgt auch nicht. Ich schlage vor, solche Reaktionsweisen als

«Kontrollreaktionen» zu bezeichnen. Sie treten dann auf, wenn ein funktionales, spannungsfreies Verhalten durch eine traumatische Belastung (und durch die damit verbundene Angst und Alarmbereitschaft) nicht möglich ist, und wenn keine oder noch keine Verhaltensweise zur Verfügung steht, die die traumatisierende Situation wirklich bereinigt.

Wie bereits gesagt, treten solche Kontrollreaktionen immer dann auf, wenn die betreffende Person durch ein Schmerz- oder Angsterlebnis überfordert wird. Sie sind meist nicht krankhaft im klinischen Sinn, so unangenehm für den Betroffenen und seine Umgebung das Geschehen gelegentlich auch sein mag. In dem Beispiel eines Kindes, das in der Schule mit Gewalttätigkeit und Bosheit konfrontiert wird, habe ich angenommen, daß das Kind letztlich eine Strategie entwickelt, um die Situation zu bewältigen. Doch das muß nicht der Fall sein. Die Lage kann permanent überfordernd sein, oder sie läßt gar keine Lösung zu, und in einem solchen Fall ändert sich die Natur und die Bewertung der Kontrollreaktionen: In einer Situation, in der keine Homöostase erreichbar ist, kommt es zu chronischem Kontrollverhalten, das genau wie im obigen, aktuellen Fall auf eine kurzfristige Erleichterung der inneren Anspannung hinzielt [51]. Es werden also mehrere Verhaltensweisen dazu benutzt, die Angst und Alarmbereitschaft zu senken, ohne daß das betreffende Problem dadurch gelöst würde. Nur solche chronischen Kontrollreaktionen werden als «pathologisch» angesehen, und nur um diese geht es, wenn man langfristige psychische Schäden betrachtet, die auf traumatischen Erfahrungen beruhen. In Kapitel II wurde das Beispiel eines Kindes benutzt, das Leistungen chronisch verweigert, um die Traumatheorie anschaulich zu machen. In diesem Fall lag ein für das Kind unlösbarer Konflikt vor: Einerseits wurde Leistung von ihm verlangt und andererseits wurde jede Erfüllung dieses Verlangens mit starker Angst und Anspannung verknüpft. Wirklich hilfreiche Strategien, wie eine Bitte um mehr Unterstützung, waren dem Kind nicht möglich, und daher mußte es Kontrollreaktionen entwickeln, die die Situation wenigstens kurzfristig erträglich machten. Je älter ein Kind ist, desto komplizierter und von außen undurchschaubarer können solche chronischen Kontrollreaktionen aussehen. Und gar beim Erwachsenen, bei dem mit einem starken Einfluß kognitiver Vorgänge zu rechnen ist, können die Symptome solcher Verhaltensweisen kaum mehr auf eine auslösende Situation zurückgeführt werden. Es läßt sich also folgende allgemeine Hypothese aufstellen: Verhaltensstörungen entstehen, wenn eine Belastung nicht durch funktionelles Lernen verarbeitet werden kann, aus chronisch gewordenen Kontrollfunktionen, die die Alarmstimmung und Anspannung begrenzen sollen. Ich will das bereits sehr strapazierte Beispiel des leistungsverweigernden Kindes dazu benutzen, die Vielfalt der möglichen chronischen Konfliktreaktionen wenigstens grob zu ordnen. Hierfür wird auch das Funktionsschaltbild von Abb. 4 (S. 129) eine Hilfe sein.

Die Reaktion des Kindes, das auf Überforderung hin jede Leistung verweigert, hat sowohl emotionale als auch gewohnheitsmäßig erlernte, als auch kognitive Anteile. Es wird also wie in Kapitel II wiederum nötig sein, das lernende und entscheidende System der Verhaltenssteuerung als eine mehrschichtige Struktur zu betrachten, die auf verschiedenen Ebenen auf die Umwelt reagieren kann. Diese Betrachtungsweise wird auch in Abb. 4 bereits angedeutet, indem beschrieben wird, daß das System sowohl über relativ einfache Lernprozesse als auch über schwierige kognitive Vorgänge, ja sogar über direkte Manipulationen des eigenen Körpers, auf die Belastung einer traumatischen Situation reagieren kann. Nun muß es darum gehen, den Teilbereich der Verhaltenssteuerung, der in dem Schaltbild als «Lern- und Entscheidungssystem» bezeichnet wurde, näher zu beschreiben.

Die Steuerungsvorgänge, die letztlich die menschliche Reaktion auf einen Umwelteinfluß bestimmen, lassen sich in vier Bereiche gliedern: Zum ersten muß der körperliche, über das vegetative Nervensystem gesteuerte und zentral repräsentierte Zustand des Menschen berücksichtigt werden. Zum zweiten geht der affektive Zustand, der Zustand der inneren Antriebe und Bereitschaften, in den Lern- und Entscheidungsprozeß ein. Die affektiven und vegetativen Zustände stehen dabei in der Regel in einer engen Wechselbeziehung. Zum dritten gibt es die große Masse derjenigen Verhaltenstendenzen, die auf früherer Erfahrung beruhen. Ich meine damit all diejenige Information, die weder direkt von affektiven noch direkt von kognitiven Strukturen abhängt, sondern die aus der geordneten Struktur von Verknüpfungen stammt, die durch alle Arten von Erfahrung im Zentralnervensystem gebildet wurde. Diese assoziative Struktur erlaubt es dem Menschen, mehr oder weniger adäquat auf eine Vielzahl von Situationen zu reagieren, ohne daß er von ihnen affektiv besonders berührt wird und ohne daß er sich gedanklich mit ihnen beschäftigen müßte. Ich will dieses Element der Verhaltenssteuerung als das Element der «Gewohnheiten» bezeichnen, ein etwas mißverständlicher Begriff, aber einen besseren konnte ich nicht finden. Beim Menschen sind Gewohnheiten in diesem Sinn dermaßen zahlreich und allgegenwärtig, daß sie durch die bloße Selbstverständlichkeit ihres Funktionierens unserer Aufmerksamkeit entgehen: Vom Sprechen und Schreiben bis hin zum Autofahren, Kuchenbacken und Konfliktlösen setzen wir eine unüberschaubare Fülle von Verhaltensweisen situationsgerecht ein, ohne daß wir uns diesen Einsatz bewußt machen müßten und ohne daß wir emotional davon sehr berührt werden. Die Fähigkeit, durch Erfahrung solche Gewohnheiten zu bilden, teilt der Mensch mit den höheren, lernfähigen Tieren. Nur die ungeheure Menge an Information, die das menschliche Gehirn in diesen Prozeß miteinbeziehen kann, zeichnet ihn vor diesen Tieren aus.

Im Anschluß an die Gewohnheiten müßten der Vollständigkeit halber auch die angeborenen Verhaltenstendenzen genannt werden. Es gibt situationsgerechte Reaktionen, die nicht auf erfahrungsbedingte Verknüpfungen, sondern auf angeborene Verbindungen zurückgehen. In einigen Bereichen, wie in der mimischen Kommunikation, in der Motorik oder allgemein im Verhalten des Säuglings, spielen solche angeborenen Koordinationen eine bedeutende Rolle. Beim älteren Kind oder beim Erwachsenen werden die angeborenen Verknüpfungen jedoch in die komplexen, durch Erfahrung gebildeten «Gewohnheitsstrukturen» mit eingebaut und oft bis zur Unerkennbarkeit verändert. Für den Zweck dieses Textes halte ich es daher für zulässig, die angeborenen Koordinationen des Verhaltens mit den «Gewohnheiten» zusammen zu behandeln.

Das vierte wesentliche Element des menschlichen Lern- und Entscheidungssystems ist im Gegensatz zu den Gewohnheiten für den Menschen arttypisch und läßt sich selbst bei den lernfähigsten Tieren nur in Anfängen finden, nämlich die kognitiven Lern- und Entscheidungsprozesse. Diese kognitiven Prozesse werde ich ihrer Bedeutung wegen noch näher besprechen. Ganz allgemein besteht ihr Einfluß darin, daß durch sie das individuelle Welt- und Selbstbild des Menschen auf sein Lernen und auf seine Entscheidungen Einfluß nimmt, ein Einfluß, der bereits beim Kleinkind eine sehr große Rolle spielen kann.

Wenn man alle vier Elemente des Lern- und Entscheidungsvorgangs zusammenfaßt, so beruht eine Verhaltensweise also auf dem körperlichen Zustand der Person sowie auf dem, was sie im Moment fühlt, was sie gewohnheitsmäßig tut und was sie denkt. Diese Elemente werden, ganz grob gesprochen, durch vier verschiedene Teilsysteme der Verhaltenssteuerung repräsentiert: durch das vegetative Nervensystem, durch die Struktur der Antriebe und Bereitschaften (die «Emotionalstruktur»), durch das sogenannte Erfahrungsgedächtnis und durch das Begriffsgedächtnis. (Unter Erfahrungsgedächtnis und Begriffsgedächtnis verstehen die Psychologen, die diese Worte prägten, nicht nur die Funktion des Speichers von Erfahrungen und von Begriffen, also des Erinnerns im umgangssprachlichen Sinn. Sie meinen die Gesamtheit der verhaltenssteuernden Strukturen, die einerseits durch Erfahrung entstanden, andererseits in kognitiv gegliederten Begriffssystemen niedergelegt sind.)

Ich habe versucht, das Zusammenwirken der vier Elemente der menschlichen Verhaltenssteuerung, wie sie hier geschildert wurden, in einem graphischen Schema der funktionellen Zusammenhänge darzustellen (Abb. 5). Dieses Bild soll vor allem die allseitige Abhängigkeit dieser Elemente voneinander anschaulich machen. Von jedem Umwelteinfluß (der Systemeingang steht hier für ein ganzes, hochkompliziertes Muster von Informationen) werden die körperlichen, affektiven und «gewohnheitsmäßigen» Steuerelemente direkt beeinflußt. Ihr jeweiliger Zustand wirkt aber auch auf alle anderen Bereiche ein, so wird

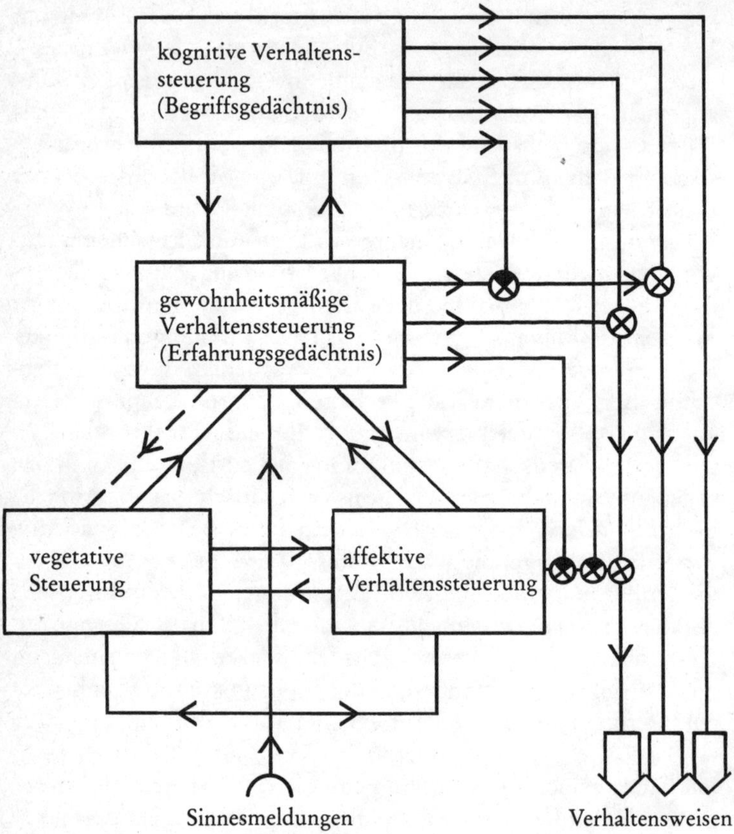


Abb. 5: Darstellung der funktionellen Zusammenhänge des Lern- und Entscheidungssystems in der menschlichen Verhaltenssteuerung. Alle benutzten Symbole werden in den Legenden der Abb. 1 und 4 erklärt. Nähere Erläuterungen im Text.

der affektive Zustand von der Wirkung früherer Erfahrungen (Gewohnheiten) verändert, dieser wiederum beeinflußt den Körperzustand und so weiter. Schließlich stehen die kognitiven Prozesse in einer ständigen Wechselwirkung mit den «Gewohnheiten» des Erfahrungsgedächtnisses, aber (direkt oder indirekt) auch mit den Emotionen und dem körperlichen Zustand. (Ob es auch eine direkte Einflußmöglichkeit vom Erfahrungsgedächtnis oder gar vom Denken her auf das Vegetativum gibt, ist unsicher.) In dieser Weise kann die zu verarbeitende Information vielfach hin und her geleitet werden, bis schließlich eine Entscheidung fällt und bis möglicherweise die bisherige Erfahrungs- und Denkstruktur durch die neue Erfahrung verändert wurde. Das schließlich auftretende Verhalten kann aus der direkten Reaktion auf einen Affekt bestehen, es kann durch Erfahrung erworben sein oder sogar aus komplizierten kognitiven Vorgängen bestehen. Natürlich sind, wie gesagt, auch mehrere Reaktionen gleichzeitig möglich. In dem Diagramm wird ausgedrückt, daß bestimmte Reaktionsweisen eher zu einem Element der Verhaltenssteuerung als zu anderen gehören, so zum Beispiel einfaches Weinen oder Schreien eher zu der Affektstruktur, Tagträumen natürlich vor allem zur Kognition. Dabei lassen sich allerdings die einfacheren Verhaltensweisen auch von höheren Zentren aus einsetzen oder hemmen, nicht jedoch die komplizierteren Verhaltensweisen von den niederen Zentren aus. Zum Beispiel kann nur das Begriffsgedächtnis auf Grund seiner inneren Repräsentation der Welt einen Tagtraum steuern, auch wenn affektive Reaktionen mit ausgelöst werden. (Möglicherweise gibt es Leute, die ein Tagtraum zum Weinen bringen kann.) Unartikuliertes Schreien dagegen kann direkt vom Emotionalsystem ausgelöst werden, wenn es nicht von höheren Zentren aus kontrolliert oder gehemmt wird. Ich will es dem interessierten Leser überlassen, selbst weitere Anwendungen des Diagramms zu untersuchen.

Die verschiedenen Komponenten der Verhaltenssteuerung sind auch in den Kontrollreaktionen des leistungsverweigernden Kindes deutlich zu erkennen und sollen nun zur Veranschaulichung der Theorie herangezogen werden: Auf der affektiven Ebene reagiert das Kind mit Apathie und Abkehr von äußeren

Reizen. Diese Reaktionen sind mit den körperlichen Symptomen eines niederen Muskeltonus, mit Verdauungsstörungen oder anderem verbunden. Auf der Ebene der «Gewohnheiten» hat das Kind gewisse Verhaltenstaktiken entwickelt, die es bei jeder Leistungsanforderung automatisch einsetzt. So lehnt es die Forderung nie ausdrücklich ab, sondern bemüht sich scheinbar. In Wirklichkeit wartet es aber nur so lange, bis es seine Versuche als erfolglos einstellen kann. Auf der Ebene der kognitiven Strukturen setzt das Kind schließlich ein Selbstbild mit irrealen Zügen für seine Kontrollreaktion ein. Es erklärt sich selbst für dumm und unfähig und hält die Aufgabe für zu schwierig für sich. Diese Selbsteinschätzung dient einerseits dazu, die Forderungen der Umwelt abzublocken, aber sie hat daneben auch eine «interne» Funktion: Die irreale Veränderung des Selbstbildes macht den unauflöslichen Konflikt erklärbar und beherrschbar und daher weniger bedrohlich. Die richtige, wirklichkeitsgerechte Einsicht «Ich könnte vieles tun, aber meine Eltern verlangen zu viel, und darum gelingt mir nichts» wäre sehr schmerzlich. Es ist immer noch besser, an die eigene Unfähigkeit zu glauben, was zwar ebenfalls weh tut, aber wenigstens nicht zu ständigen Konfrontationen mit der Umwelt führt. Es handelt sich hier also um die Leistung, innerhalb der Kognition, im Welt- und Selbstbild, eine Umdeutung vorzunehmen, die einen Konflikt erträglicher macht. Diese Leistung ist Teil dessen, was in der Tiefenpsychologie als «Abwehr» bezeichnet wird, und wenn man will, so kann man die (nicht formulierte) realistische Einsicht als «verdrängt» oder «unbewußt» bezeichnen. «Unbewußt» bedeutet in dieser Sicht, daß Erfahrungen gemacht werden, die nicht auf richtige Weise in das Begriffsgedächtnis übersetzt werden, so daß zwischen Erfahrungs- und Begriffsgedächtnis eine Diskrepanz entsteht. Durch diese Diskrepanz kann das Kind an das irreale Selbstbild nicht in derselben stimmigen Weise glauben, wie es an ein reales Selbstbild glauben würde, aber in einem gewissen Sinn glaubt es natürlich trotzdem daran. Diese Leistung des kognitiven Umdeutens von Erfahrungen zum Zweck der Konfliktbewältigung wird noch näher besprochen werden. Es dürfte dem Leser jedoch deutlich sein, wohin der obige Gedankengang führt: Durch die Benutzung einer operationalen Betrachtungsweise und durch die Betrachtung von Verhaltensproblemen als Kontrollreaktionen eines mehrschichtigen Systems der Verhaltenssteuerung wird es möglich, die früher traumatheoretisch erklärten Beobachtungen nun im Rahmen der biologischen Anthropologie zu deuten. Bevor ich diesen Gedankengang fortsetze, will ich jedoch die Elemente der menschlichen Verhaltenssteuerung noch von einem anderen Gesichtspunkt aus beschreiben, nämlich in bezug auf die Zeit ihrer Entstehung und Entwicklung.

Alle vier Ebenen des menschlichen Verhaltens entwickeln sich in einem allmählichen und vielfältig mit dem Gesamtgeschehen verzahnten Prozeß, aber jede Ebene gestaltet sich zu verschiedenen Zeiten und in verschiedener Weise am stärksten aus. Abb. 6 soll graphisch darstellen, welche Altersstufen des Kindes für die verschiedenen Ebenen die größte Bedeutung haben. Die vegetativen Steuerfunktionen, zum Beispiel die Stressreaktionen, sind wahrscheinlich von Geburt an nahezu fertig ausgebildet und ändern sich auch das ganze Leben über kaum mehr. Ihre Struktur muß im wesentlichen als angeboren betrachtet werden. Auch die affektiven Elemente des Verhaltens beruhen grundsätzlich wohl auf angeborenen Strukturen, aber die genauen Reiz–Reaktions-Beziehungen im affektiven Bereich werden durch Lernprozesse wesentlich mitbestimmt. Es ist anzunehmen, daß solche Lernprozesse sich in der Kindheit und Jugend häufen, grundsätzlich jedoch das ganze Leben über weitergehen. Einen Höhepunkt der Emotionalentwicklung bildet wahrscheinlich die Pubertät; sie wird darum im Diagramm mit einem Maximum hervorgehoben.

Der dritte Bereich, die «Gewohnheiten», entwickelt sich während der gesamten Kindheit und Jugend. Ein Schwerpunkt in der Kleinkinderzeit wird durch das Sprechenlernen gekennzeichnet, ein weiterer Schwerpunkt liegt vielleicht im siebten bis zehnten Lebensjahr. Ich habe mich aber nicht entschließen können, in diesem Verhaltensbereich ein ausgesprochenes Maximum anzu-

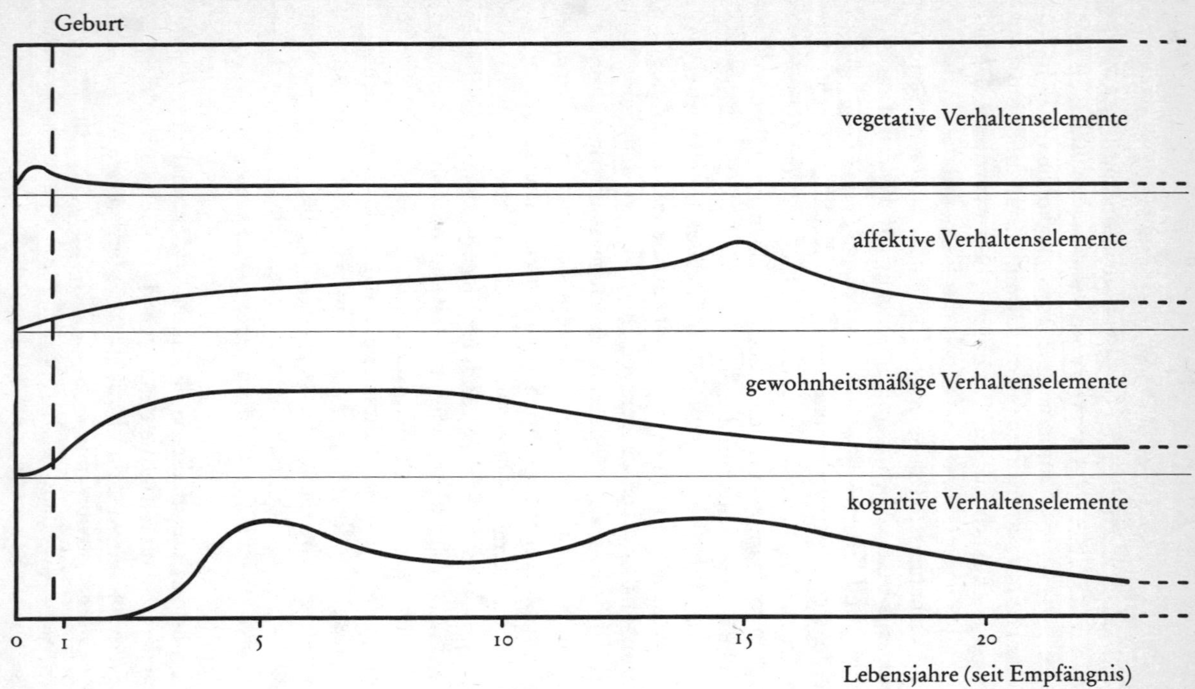
Geburt
vegetative Verhaltenselemente
affektive Verhaltenselemente
gewohnheitsmäßige Verhaltenselemente
kognitive Verhaltenselemente
0
1
5
10
15
20
Lebensjahre (seit Empfängnis)

nehmen. Sicherlich hört auch bei den gewohnheitsmäßigen Elementen des Verhaltens die Entwicklung nie ganz auf.

Schließlich entwickelt sich ab der Kleinkinderzeit auch das Begriffsgedächtnis, die innere Repräsentation der Welt. Der Beginn dieser Entwicklung kann etwa mit der sogenannten «ersten Ich-Abhebung» im dritten Lebensjahr angesetzt werden. Hier zeichnen sich nach meiner Ansicht zwei Schwerpunkte ab: Ein erster Schwerpunkt liegt in der späten Kleinkinderzeit und ersten Schulzeit, also im Alter der Identifikation mit Vorbildern und der Internalisation vorgegebener Strukturen. Ein zweiter Schwerpunkt liegt in der Pubertät und Adoleszenz, wenn das übernommene Weltbild selbständig überdacht und verändert werden kann. Ich habe daher die Entwicklung der Kognition zweigipflig dargestellt, natürlich ohne zu wissen, ob sich diese zwei Gipfel auch quantitativ, zum Beispiel als Informationsmenge gemessen, rechtfertigen ließen.

An diesem Ort sei eingefügt, daß sich die hier dargestellten Elemente der menschlichen Verhaltenssteuerung nur als Vorstellungshilfe verstehen lassen. Sogar der Begriff der Hypothese wäre für eine solche Darstellung etwas zu hoch gegriffen. Was wir sicher wissen, ist nur, daß menschliches Verhalten auf mehreren Ebenen betrachtet werden muß und daß sich die Spanne dieser Ebenen von körperlichen Regelvorgängen bis hin zu den höchsten Leistungen des Denkens erstreckt. Wie die Ebenen der Betrachtung gewählt werden, ist bis zu einem gewissen Grade willkürlich, und vor allem sollte niemand auf den Gedanken kommen, es müßten jetzt im menschlichen Zentralnervensystem vier verschiedene Organteile erkennbar werden, die sich mit den vier

Die Abb. 6 versucht anschaulich zu machen, welches Entwicklungsalter für die Ausbildung der verschiedenen Ebenen der Verhaltenssteuerung die größte Bedeutung hat. Die Abszisse zeigt das Lebensalter einschließlich der intrauterinen Zeit an, während die Ordinate in einem willkürlichen Maß angeben soll, wie stark die Entwicklungen und Veränderungen zu jeder Zeit vor sich gehen. Die Kurven, die sich dabei ergeben, sind nach dem persönlichen Urteil des Autors gestaltet und beruhen nicht auf quantitativen Ergebnissen.

verschiedenen Ebenen befassen. So einfach liegt das Problem nicht, und wie die verschiedenen Verhaltensleistungen tatsächlich zustande kommen, ist weitgehend unbekannt.

Manchem Leser mag es so scheinen, als habe sich der Gedankengang vom Thema des psychischen Traumas weit entfernt und bewege sich im unverbindlichen Raum abstrakter anthropologischer Theorien. Die bisherigen Ausführungen waren tatsächlich abstrakt, aber sie waren nach meiner Ansicht notwendig, um die praktischeren Fragen mit Aussicht auf Erfolg wiederaufgreifen zu können. Zum Beispiel wird es auf der Grundlage der nunmehr eingeführten Theorien möglich, sich mit dem energieanalogen Triebbegriff der FREUDschen Traumatheorie auseinanderzusetzen und die Beziehung zwischen Verhaltensstruktur und Verhaltensdynamik ohne irreführende Metaphern zu beschreiben. Aus den bisherigen Ergebnissen wird vor allem deutlich, daß es sowohl eine Verhaltensstruktur von assoziativen Verknüpfungen, Bereitschaftselementen und so weiter gibt, als auch eine momentane Aktivierung oder Reizung einzelner Teilbereiche dieser Gesamtstruktur. Es muß also getrennt werden zwischen der momentanen affektiven Erregung und der länger bestehenden Struktur der affektiven Verhaltenssteuerung, ebenso wie zwischen den momentan aktivierten Gewohnheiten und der riesigen Gesamtheit der auf Erfahrung beruhenden gewohnheitsmäßigen Verhaltenssteuerung. Auch die gerade aktivierten und angeregten Denkprozesse können von der gesamten Denkstruktur unterschieden werden.

Weiterhin wird deutlich, daß traumatische Erfahrungen, wenn sie eine längerfristige Wirkung haben, dadurch wirken, daß sie bestimmte Strukturen in der Verhaltenssteuerung hinterlassen. Die Strukturen bestehen in chronischen und auf lange Sicht dysfunktionalen Kontrollreaktionen, die die Verhaltensmöglichkeiten und Entwicklungsmöglichkeiten der Person beeinträchtigen. Diese Strukturen ändern sich grundsätzlich wie alle anderen Verhaltensstrukturen mit jeder neuen Erfahrung, so daß die Gesamtheit dieses Verhaltens die Geschichte des Individuums mit seiner Umwelt widerspiegelt. Unter besonderen Bedingungen können einzelne, traumatisch entstandene Verhaltensstrukturen auch fest und geschichtlich unveränderlich sein. Dies ist jedoch, betrachtet man eine große Zahl von Belastungsfolgen, eine seltene und ungewöhnliche Ausnahme. Einige solche Fälle werden noch näher zu besprechen sein.

Der dynamische, die aktuelle Erregung betreffende Aspekt einer Verhaltenssteuerung muß ganz anders beschrieben werden. Dieser zweite Aspekt zeigt an, welche Teile der geschichtlich gewordenen Verhaltensstruktur unter den Bedingungen der Gegenwart gerade aktiv sind und mit welcher Intensität sie aktiv sind. Alles subjektive Leiden, aller Schmerz, alles innere Drängen, die Angst und die Begierde sind in diesem Sinn Gegenwart. Sie sind nicht selbst Träger der Verhaltenssteuerung, sondern das Resultat einer bestimmten Umwelt und bestimmter aktueller Einwirkungen, mit denen die Verhaltenssteuerung sich auseinanderzusetzen hat. Damit wird eine der ursprünglichen Grundlagen der tiefenpsychologischen Traumatheorie gerade umgekehrt: Diese Theorie nahm und nimmt an, daß die subjektiv erfahrbare Dynamik der Gefühle den festen, dauerhaften Kern der Verhaltenssteuerung widerspiegle, während sie die Struktur der Gewohnheiten und des Denkens gerade für rezent und leicht veränderbar hielt.

Die obige Trennung zwischen Verhaltensstruktur und Verhaltensdynamik ist außerordentlich wichtig. Sie bewahrt vor einer Reihe von Mißverständnissen und überwindet auch, wie gesagt, die energieanaloge Triebvorstellung. (Daneben läßt sich diese Trennung auch neurologisch gut deuten: Die Verhaltensstruktur ist in den Verschaltungsmustern von Neuronen niedergelegt, also anatomisch präsent, während die Verhaltensdynamik in der momentanen elektrochemischen Aktivität einzelner Bereiche der Schaltung ihr Korrelat hat.) Strukturell betrachtet, bestehen Triebe, Antriebe oder Bereitschaften in Signalgebern, die einzelne Verhaltensbereiche aktivieren und andere hemmen. Sie bewirken dadurch eine Koordination der Verhaltenssteuerung auf diejenigen bestimmten Aufgaben, die zu einem Funktionskreis gehören. Ein «Antrieb» in diesem Sinn ist also ein Element der Verhaltenssteuerung, das größere Strukturbereiche aktivierend oder hemmend ansteuern kann. Zum Beispiel versteht man unter

«Jagdtrieb» ein Element in der Verhaltenssteuerung eines Raubtiers, das bedingt durch die inneren und äußeren Umstände dafür sorgt, daß die Verhaltenssequenzen des Jagdverhaltens über eine genügend lange Zeit und richtig koordiniert durchgeführt werden. (Dies geschieht zum Teil wahrscheinlich dadurch, daß die verschiedenen Antriebe in einer hemmenden Verbindung miteinander stehen.) Auch diese Antriebselemente können ihrerseits wieder hierarchisch angeordnet sein, können also auf verschiedenen Ebenen der Verhaltenssteuerung existieren. Doch diese Einzelheiten, die der ethologischen Fachliteratur entnommen werden können, sollen hier außer acht gelassen werden [52]. In dem Schaltbild der Abb. 4 (S. 129) wurden zwei Bereitschaftselemente eingezeichnet, die in dem obigen Sinn zu verstehen sind. An Hand dieser Abbildung kann man sich den strukturellen, funktionalen Aspekt eines Antriebs besonders deutlich machen.

Der aktuelle, dynamische Aspekt des Antriebs besteht darin, daß jeder Trieb eine bestimmte momentane Stärke hat, die von der inneren und äußeren Situation abhängt. Diese «Triebstärke» darf aber nicht als eine Energie betrachtet werden, sie besteht in einer Information, die vom Antriebselement aus auf die Verhaltenssteuerung wirkt. Der «Stärke» des Antriebs entspricht die numerische Größe des Signals, das von den anderen Verhaltenselementen mit verrechnet wird. Auch dieser zweite Aspekt kann am Beispiel der Abb. 4 erläutert und theoretisch durchgespielt werden.

Die Unterscheidung struktureller und dynamischer Aspekte macht weiterhin deutlich, warum eine Kontrollreaktion, die durch eine kurzfristige Belastung entsteht, auf die Dauer nicht pathogen wirken muß. Eine solche kurzzeitige Überlastung aktiviert zwar Angst und Alarmstimmungen und es kommt zu kurzfristigen Versuchen, diese Gefühle zu vermindern. Wenn das Problem sich jedoch als längerfristig lösbar erweist, dann wird diese Lösung Teil der veränderten Verhaltensstruktur – und das Verhalten hat sich funktional weiterentwickelt. Zu dysfunktionalen, unangepaßten Änderungen der Verhaltensstruktur kommt es nur dann, wenn das Problem sich als unlösbar erweist oder wenn es die Verhaltensmöglichkeiten des betreffenden Kindes oder Erwachsenen auf Dauer überfordert. Die Stärke der ursprünglichen Angst und Alarmstimmung ist hierfür ein wichtiges, aber keineswegs allein ausschlaggebendes Kriterium. Es kann sich ein unangepaßtes Verhalten entwickeln, obwohl nie extreme Affekte ausgelöst wurden, und andererseits können selbst extrem affektbeladene Situationen nach einiger Zeit durch eine erfolgreiche Verhaltensanpassung bewältigt werden. In dieser Frage hat das tiefenpsychologische «Primat der Emotionen», das ja eng mit dem energieanalogen Triebbegriff verbunden ist, viel unnötige Verwirrung und viel praktisches Versagen verschuldet.

Es würde sich anbieten, an diesem Punkt auf die Abwehrtheorie zurückzukommen und zu zeigen, daß diejenigen Symptome, die bisher als eine Form einer neurotischen Triebabwehr gedeutet wurden, tatsächlich als chronische Kontrollreaktion im Rahmen der beschriebenen Struktur der Verhaltenssteuerung erklärt werden können. Ich will dies auch tun, doch zuvor muß ein weiteres Stück Theorie vorgestellt werden, ohne das die komplizierteste Ebene des Verhaltens, die Kognition, nicht mit einbezogen werden kann. Diese Ebene bietet für eine wissenschaftliche Theorie sicherlich die größten Schwierigkeiten. Die Ebene der Gewohnheiten wird durch eine Biologie des Lernens recht gut beschrieben, und über die menschliche Affektstruktur wissen wir zwar nur wenig, doch für den Zweck dieses Buches reicht bereits die Alltagssprache nahezu aus. Ich benutze Worte wie Angst, Fluchtbereitschaft, Aggression und so weiter (trotz aller dahinter verborgenen Probleme) daher im großen und ganzen in ihrer umgangssprachlichen Bedeutung. Das wenige, was gelegentlich darüber hinaus benötigt wird, kann der ethologischen Fachliteratur entnommen werden. Ich will daher weder auf Lernprozesse im allgemeinen noch auf Probleme der Emotional- oder Triebstruktur näher eingehen, sondern nur diejenigen theoretischen Probleme aufgreifen, die beim Benutzen der Begriffe «Denken» oder «Weltbild» im Rahmen der Verhaltenswissenschaft entstehen.

Dadurch ergibt sich die Möglichkeit, Begriffe wie den der

«Verdrängung», der «neurotischen Abwehr», der «Rationalisierung» und so weiter neu (und hoffentlich besser) zu fassen. In einem früheren Buch habe ich einen ähnlichen Versuch bereits unternommen [11], er geriet allerdings zu ausführlich, um hier wiedergegeben zu werden. Ich werde also nur die wesentlichsten Aspekte der Kognition nennen, wie sie sich im Rahmen eines solchen Versuchs darstellen:

Das Begriffsgedächtnis besteht aus einer komplizierten Ordnung von miteinander assoziierten Begriffen, wobei diese Begriffe symbolhaft Erfahrungsinhalte aller Art beschreiben und zusammenfassen. Die assoziativen Verknüpfungen zwischen den einzelnen Symbolen formen ihrerseits wieder eine Hierarchie, die von einfachen kategorialen Begriffen zu immer abstrakteren Symbolen aufsteigt. Wie diese hierarchische Ordnung genau aussieht und wodurch ein Begriff sich auf den verschiedenen Abstraktionsniveaus kennzeichnen läßt, kann ich nicht hier näher ausführen. Es genügt festzuhalten, daß es diese Ordnung möglich macht, die erfahrenen Kausalzusammenhänge der Außenwelt durch Assoziationen (ich gebrauche dieses Wort im alten, philosophischen Sinn) in der «Innenwelt» zu repräsentieren. Dadurch entsteht etwas, was von einigen Autoren ein «Weltmodell» genannt wurde: eine hochkomplexe Struktur begrifflicher Verknüpfungen, die unabhängig von der jeweiligen äußeren Situation zur Verfügung steht, um das Verhalten an die Gesamterfahrung anzupassen. In diesem Sinn decken sich die Bedeutungen der Worte «Begriffsgedächtnis» und «innere Repräsentation der Welt», die ich bisher zusammen mit «Kognition» im Wechsel benutzt habe. Mit dem Wort Begriffsgedächtnis wird lediglich eher die Struktur, mit «innerer Repräsentation der Welt» eher die Funktion dieser Verhaltensebene gekennzeichnet. (Um etwaige Verwirrung zu verhindern: In dem Sinn, wie das Wort hier benutzt wird, ist ein bewußter Gedanke ebenfalls ein Element eines Verhaltens. Auch wenn er nicht ausgesprochen wird, hat er doch Wirkungen auf das Gesamtverhalten und muß daher berücksichtigt werden.) Wesentlich ist nun, daß keine innere Repräsentation der Welt vollständig sein kann, wenn sie nicht auch eine Repräsentation des eigenen Ichs, ein

Selbstbild, enthält. Dieser Inhalt, der im Englischen sehr treffend *concept of the self*, Begriff vom Selbst, genannt wird, wird dann nötig, wenn das Ich vom Du unterschieden werden soll und das Kind erkennt, daß die eigenen Wünsche, Gefühle und Gedanken von denen der Partner, der Gegenüber verschieden sind. Hinzu kommt selbstverständlich ein Bild von der Sozialstruktur, in der das Selbst sich befindet. Es entsteht daher auch eine innere Repräsentation der Normen und Regeln der menschlichen Gesellschaft, innerhalb derer das Ich als soziale Entität erfahren wird.

Unter den vielen verschiedenen Funktionen des Denkens, die mit der inneren Repräsentation der Welt verbunden sind, will ich nur vier herausgreifen, nämlich das Gedankenexperiment, die Projektion innerer Strukturen in die Außenwelt, das Umcodieren und die innere Manipulation oder Phantasie. Jede dieser Funktionen verlangt nach einer genaueren Erklärung, am wenigsten vielleicht noch die des Gedankenexperiments: Es leuchtet ein, daß eine innere Repräsentation der Welt dazu dienen kann, mögliche Handlungen oder Ereignisse nicht mehr nur in der Realität zu erleben, sondern sie im voraus modellhaft durchzuführen. Ein Kind, das sich überlegt, was geschieht, wenn es einen bestimmten Baustein aus seinem Klötzeturm zieht, führt ein solches Gedankenexperiment durch. Im Prinzip geschieht nichts anderes, wenn ein Wissenschaftler sich überlegt, was das Ergebnis seines Experiments sein müsse, wenn seine Lieblingstheorie zuträfe, und was herauskommen müsse, sollte diese Theorie doch falsch sein. Der Vorgang ist uns so vertraut, daß uns leicht entgeht, um was für eine hochkomplexe Leistung es sich bei solchen Gedankenexperimenten handelt. Es muß dafür nicht nur die Kausalität der Umwelt repräsentiert sein, es müssen in diese Repräsentation ohne äußeren Stimulus sinnvolle Musteränderungen eingeführt werden, und die Wirkung dieser Änderungen auf die repräsentierte Struktur muß geprüft werden. Derjenige Denkprozeß, den wir als «Nachdenken» oder «Reflexion» bezeichnen, besteht aus einer Folge von solchen mehr oder weniger komplizierten Gedankenexperimenten.

Die Funktion des Umcodierens ist mit der des Gedankenexperiments verwandt, nur handelt es sich dabei darum, anstatt innerer Musteränderungen neue äußere Erfahrungen in die innere Repräsentation der Welt einzubauen. Wenn eine neue Erfahrung einem bisher gespeicherten Zusammenhang widerspricht, so müssen diese Widersprüche geprüft und gegebenenfalls die entsprechenden Verknüpfungen geändert werden. Diese Aufgabe mag einfach klingen, ist es aber nicht, denn das Begriffsgedächtnis arbeitet nicht wie eine Bibliothek, in der ein veralteter Band einfach gegen die Neuauflage ausgetauscht werden kann. Vielmehr handelt es sich um ein allseits verknüpftes, ständig interagierendes System von Symbolen, und jede Änderung erfordert eine Überprüfung einer großer Anzahl von Assoziationen und ihrer weiter entfernten Konsequenzen. Trotzdem ist dieses System dazu imstande, ständig neue Information zu integrieren und sich dabei selbst zu verändern; und Widersprüche in der inneren Repräsentation der Welt werden auch emotional als ausgesprochen störend und unangenehm erlebt. Es besteht also nicht nur eine automatische Tendenz zur Widerspruchsfreiheit, sondern Widerspruchsfreiheit des Denkens ist eine Voraussetzung emotionaler Ausgeglichenheit. Diese Tatsache spielt für die theoretische Erklärung von kindlichen (und von erwachsenen) Kontrollreaktionen eine erhebliche Rolle.

Die dritte Funktion, die oben genannt wurde, zeigt sich besonders deutlich im Kleinkindalter: die Fähigkeit, innere Strukturen in die Umwelt zu projizieren. Ich meine damit zum Beispiel die Möglichkeit, einen Tisch zu nehmen, ihn zu seinem Haus zu erklären und dort mit seinen Puppen eine Kaffeeparty abzuhalten (wobei, bei einem geistig regen Kind, weder Puppen noch Geschirr, noch Kaffee vorhanden sein müssen). Projektionen dieser Art führen etwa ab dem dritten Lebensjahr zu einer ganz neuen (und typisch menschlichen) Form des Spielens, nämlich zu dem sogenannten Rollenspiel. Dafür ist bezeichnend, daß Dinge, die das Kind weiß oder die es beschäftigen, symbolhaft in die Umwelt verlegt werden und dort von dem Kind dann manipuliert werden können. Teile der inneren Repräsentation der Welt werden sozusagen in der Außenwelt willkürlich wieder aufgebaut, und das Kind kann sich dann mit diesem Aufbau spielerisch (oder zum Beispiel auch zur Konfliktbewältigung) beschäftigen. Im Vergleich zum Gedankenexperiment und auch zum Umcodieren handelt es sich um eine relativ einfache Leistung des Denkens, denn in dem Moment, in dem Symbolisierungen überhaupt möglich sind, werden solche Umdeutungen von Handlungen und Objekten der Außenwelt ebenfalls durchführbar. An dieser Leistung ist jedoch eines sehr bezeichnend und für unser Thema von Bedeutung: Die Inhalte der inneren Repräsentation können vom Kind (und vom Erwachsenen) als eine Art von selbsterzeugtem Stimulus benutzt werden, um auf den anderen Ebenen der Verhaltenssteuerung irgendein gewünschtes Ergebnis zu erzielen. Ein kleines Kind, das ein Sofakissen zum Tiger ernennt und diesen Tiger dann mit einem Stock «erschießt», führt eine solche Manipulation durch. In der Regel sagt man, durch ein solches Spiel übe sich das Kind in der Bewältigung der eigenen Ängste, und dies trifft auch zu. Interessant ist aber, wie die Bewältigung abläuft: Das Kind inszeniert einen Teil seiner inneren Repräsentation der Welt in der Außenwelt, in diesem Fall seine Ängstlichkeit und einen symbolischen Feind, auf den sich die Angst richtet. Und dann handelt es den Symbolen gegenüber so, daß sich die Angst vermindert, das heißt, es schafft sich selbst eine angstsenkende Erfahrung.

Die Manipulation von Inhalten der inneren Repräsentation der Welt, um eine erwünschte Wirkung auf andere Bereiche, zum Beispiel auf die Gefühle, zu erzielen, spielt selbstverständlich beim älteren Kind und beim Erwachsenen eine noch größere Rolle als beim Kleinkind. Der Unterschied besteht vor allem darin, daß es für das ältere Kind meist nicht mehr nötig ist, innere Strukturen in der Außenwelt symbolhaft zu inszenieren. Es kann diese Inszenierung in seiner Phantasie ablaufen lassen (was dieser schwierige Begriff auch immer bedeuten mag), das heißt, es kann die direkte Erfahrung oder die realistische Erinnerung so ändern, daß es einen emotionalen Gewinn davonträgt. In diesem Sinn ist es auch eine Leistung der «Phantasie», wenn ein Kind sich selbst für dumm und unfähig erklärt, um Leistungsanforderungen abzuwehren. Diese Manipulation hat natürlich ihren Preis. Wie wir gesehen haben, wirken sich Diskrepanzen zwischen dem Erfahrungsgedächtnis und dem kognitiven Welt- und

Selbstbild störend aus. Sie werden daher in der Regel aktiv beseitigt. Das Kind unseres Beispiels will umgekehrt eine solche Diskrepanz als Kontrollreaktion aktiv aufrechterhalten. Seine Erfahrung sagt ihm, daß es Angst vor den Aufgaben hat, weil sie zu Kritik und Demütigungen führen. Sein Welt- und Selbstbild sagt dagegen, daß es zu dumm ist, die Aufgaben zu lösen. Jede Gegenerfahrung, jedes Erfolgserlebnis und sogar jede verbale Bestätigung irgendeiner Person könnte theoretisch den Prozeß der «Umcodierung» auslösen. Diese Erfahrungen bilden folglich eine Gefahr für die etablierte Kontrollreaktion, sie werden nicht nur nicht gesucht, sondern sogar aktiv vermieden. In unserem Beispiel könnte es sein, daß das betreffende Kind ein Lob nicht nur nicht zur Kenntnis nimmt, sondern sogar ausdrücklich zurückweist. Solange der ursächliche Konflikt noch besteht, hat es, sobald die Kontrollreaktion chronisch geworden ist, kaum eine Möglichkeit, sein Verhalten zu ändern. Aber selbst wenn dieser Konflikt durch Änderungen in der Umwelt plötzlich lösbar würde, verschwindet die Kontrollreaktion nicht von selbst. Es braucht Gegenerfahrung, um bedingte Hemmungen zu mildern und bedingte Aversionen zu löschen, und diese Gegenerfahrungen werden, zumindest für einige Zeit, ja ausdrücklich gemieden. Wir haben also hier ein Beispiel dafür vor uns, daß sich chronische Kontrollreaktionen länger erhalten können, als es die Situation eigentlich erfordert. Wie lange dies geschehen kann, hängt von der Stärke der negativen Valenz ab, mit denen die betreffenden Reize und Handlungen verknüpft sind, und vor allem auch natürlich von den weiteren Umständen. Über eine lange Zeit können sich chronische Kontrollreaktionen, die die Entwicklung eines Kindes stark beeinträchtigen (und so einen Leidensdruck in Richtung ihrer Veränderung erzeugen), nur dann halten, wenn die Lebenssituation sie weiter stützt oder wenn sie von einer extrem starken negativen Verknüpfung getragen werden. Beides dürfte nur in Ausnahmefällen vorkommen. Festzuhalten ist jedoch das recht häufige Prinzip, daß sich ein an sich ungünstiges Verhalten dadurch erhalten kann, daß auf Grund der in der Verhaltenssteuerung wirksamen Verknüpfung Gegenerfahrungen gewohnheitsmäßig vermieden werden.

Am Schluß dieses Kapitels will ich nun auf den Versuch zurückkommen, skizzenhaft die Umrisse einer «biologischen Abwehrtheorie» zu beschreiben. Bereits am Anfang wurde an Hand der Abb. 4 (s. S. 129) geschildert, daß der menschlichen Verhaltenssteuerung grundsätzlich drei Wege zur Verfügung stehen, um Angst, Alarm und andere unerwünschte Emotionen zu beeinflussen: Durch erfahrungsgemäß erworbenes Verhalten kann auf die Umwelt so eingewirkt werden, daß die Situation sich in die angestrebte Richtung ändert. Außerdem kann der emotional-vegetative Zustand des Körpers direkt verändert werden, und zum dritten stehen dem Zentralnervensystem kognitive Prozesse zur Verfügung, die auf den Affektzustand einwirken.

(Die drei geschilderten Möglichkeiten dürfen nicht mit den vier Anteilen des menschlichen Lern- und Entscheidungssystems verwechselt werden. Zwar hängen emotionale Reaktionen eher mit der Affektstruktur, kognitive Prozesse eher mit dem Begriffsgedächtnis zusammen und so weiter. Es besteht jedoch zwischen den Elementen der Verhaltenssteuerung und den tatsächlich durchgeführten Reaktionen keine eindeutige Beziehung. So sind kognitive Lern- und Entscheidungsprozesse durchaus auch an Reaktionen beteiligt, die später gewohnheitsmäßig werden, oder Gewohnheit [Lernen aus Erfahrung] löst kognitive Prozesse mit aus und so weiter. Im folgenden Text geht es um das tatsächlich durchgeführte, in der Konfliktbewältigung effektive Verhalten. Dies wird von einer «Abwehrtheorie» erklärt und beschrieben.)

Zuerst sollen einige Beispiele deutlich machen, wie chronische Kontrollreaktionen der verschiedenen Arten entstehen und wie sie sich erhalten können.

Es ist bekannt, daß Essen häufig eine beruhigende Wirkung hat. Der Grund liegt wahrscheinlich darin, daß der Reiz des gefüllten Magens und die Verdauung der Speisen fördernd auf die Tätigkeit der inneren Organe wirkt und die nach außen gerichteten Aktivitäten entsprechend zurückgestellt werden. So kann unter gewissen Bedingungen der Tonus der Skelettmuskeln sinken, die nach außen gerichtete Aufmerksamkeit läßt nach und anderes mehr. (Allen Wissenschaftlern, die häufig Vorträge zu halten haben, ist bekannt, daß es kein unaufmerksameres Auditorium gibt als eines, das gerade vom Mittagessen kommt.) Dieser und anderer Zusammenhänge wegen kann Essen aber auch als Reaktion auf Angst und Anspannung eingesetzt werden, und es kommt zum sogenannten «Kummerspeck». Es handelt sich dabei um eine direkte Beeinflussung des vegetativen Nervensystems, der auslösende Konflikt wird selbstverständlich dabei nicht gebessert.

Etwas Ähnliches gilt für kindliches Masturbieren, aber auch für ein Abreagieren der körperlichen Spannung durch wilde Spiele und ziellose Unruhe. Der Erwachsene (und leider auch das Kind in immer stärkerem Maß) hat außerdem die Möglichkeit, durch Drogen direkt in sein vegetatives Nervensystem einzugreifen. Alkohol ist nichts anderes als eine Droge, die entspannend und betäubend auf affektive und vegetative Nervenzentren einwirkt.

Selbstverständlich kommen die oben genannten Verhaltensweisen nicht nur bei chronischen Konflikten vor. Es gibt andere Gründe, warum ein Kind zu viel essen, masturbieren oder hyperaktiv sein kann. Aber der umgekehrte Zusammenhang trifft zu: Im Fall eines chronischen Konflikts können alle diese Verhaltensweisen eingesetzt werden, um die Emotionen zu kontrollieren, und man findet eines oder mehrere dieser Symptome in solchen Fällen auch immer wieder vor.

Zum Bereich der emotionalen und vegetativen Aspekte des Kontrollverhaltens ließe sich noch sehr viel mehr sagen; ich habe die Fülle der Beobachtungen hier nur angedeutet. Insgesamt bietet dieser Bereich aber wenige theoretische Schwierigkeiten, und die Zusammenhänge sind recht gut bekannt. Ganz anders steht dies beim zweiten Bereich der Wirkungen von Kontrollverhalten, nämlich demjenigen Bereich, der aus gewohnheitsmäßigen oder erfahrungsmäßigen Effekten besteht. Trotzdem lassen sich auch hier einige einfache Beobachtungen anführen: Es scheint zum Beispiel so zu sein, daß einige Menschen dazu neigen, bei inneren Konflikten besonders aggressiv Auto zu fahren. Sie überholen waghalsig; und dieses an sich gefährliche Verhalten wirkt auf sie angenehm und entspannend. Die Psychologen sind der Ansicht, daß sich der Fahrer in solchen Fällen als stark und überlegen erlebt und daß dieses Erlebnis seinen Ängsten und depressiven Stimmungen entgegenwirkt. Nun läßt sich eine solche Wirkung nicht als ein direkter emotionaler Effekt bezeichnen. Der Akt des Überholens hat keine im vegetativen System vorgesehene Wirkung, und auch die Emotionalstruktur wird wahrscheinlich nicht direkt angesprochen. Andererseits sind bei diesem Vorgang auch keine kognitiven Prozesse nötig, der Fahrer muß sich nicht bewußt für stark und überlegen halten, um die Wirkung zu erzielen. Vermutlich wird die Wirkung vor allem dadurch erreicht, daß ein erlerntes Verhalten unter den Bedingungen eines Konflikts eine Nebenwirkung auf die dabei beteiligten Emotionen hat – und diese Nebenwirkung kann durch einen einfachen Lernprozeß zum Hauptziel werden. Ähnliche Vorgänge lassen sich im Alltag im Überfluß feststellen.

Sehr instruktiv und auch typisch für eine bereits klar pathologische Verhaltensweise ist das Beispiel des menschlichen Zwangsverhaltens, das sich im wesentlichen ebenfalls unter diejenigen Kontrollreaktionen einordnen läßt, die durch einfache Erfahrungsprozesse wirken. Zwänge sind Rituale, die manche Menschen entwickeln, um ihren hohen Angstzustand zu senken, ohne daß irgendein direkter Zusammenhang zwischen der Zwangshandlung und der Beruhigung zu bestehen scheint. So waschen sich manche Kinder zwanghaft die Hände, oft viele Male in kurzer Zeit, und sind aufs höchste beunruhigt, wenn man sie daran zu hindern versucht. Dieses Verhalten erinnert an die sogenannten «abergläubischen» Reaktionen von Tieren, die im Lernexperiment unter bestimmten Bedingungen entstehen. Wenn man zum Beispiel eine Taube in regelmäßiger Folge mit Körnern belohnt, und zwar in einer Weise, daß sie den Zeitpunkt nicht vorhersehen kann, so kann es zu einem ganz bizarren Verhalten kommen: Die Taube versucht auf alle mögliche Art den Prozeß zu beeinflussen, und zufällig folgt natürlich auf irgendein Verhalten hin einmal eine Futtergabe. Dieses Verhalten wird dadurch (im Sinn der Lerntheorie) verstärkt und tritt von nun an häufiger auf. Obwohl also dieses Verhalten gar keinen Einfluß auf das Erscheinen des Futters hat, wird es zwanghaft ausgeführt, und zwar um so intensiver, je größer der Hunger der Taube wird. Sie springt zum Beispiel ständig an einer bestimmten Stelle des Gitters hoch oder dreht sich um sich selbst, wobei die Art dieses Verhaltens mehr oder weniger zufällig ist. Eine nähere Beschreibung dieser Vorgänge findet sich bei Skinner, zitiert bei Hassenstein [12].

Es könnte nun sein, daß auch bei einem Kind irgendein Verhalten, das mit einem positiven emotionalen Effekt verknüpft ist, zu einem solchen zwanghaften «abergläubischen» Vermeidungsverhalten wird. Der ursprünglich ängstigende Reiz (zum Beispiel die Gegenwart einer lieblosen Mutter) wird beantwortet, indem ein emotional positiv besetztes Verhalten (Waschen) durchgeführt wird. Dieses Verhalten senkt die Angst, ändert aber nicht die Situation und ist in diesem Sinn ebenso «abergläubisch» wie das Verhalten der Taube im obigen Beispiel. In einem gut verständlichen Lernprozeß (bedingte Aktion) kann ein solches Verhalten dann zur «Gewohnheit» werden. Zweifellos ist hierzu ein hohes Angstniveau nötig, das aber im Fall eines chronischen Konflikts sehr wohl gegeben sein könnte. Ist das Zwangsverhalten einmal entwickelt, hat das Kind gar keine Gelegenheit mehr, die Irrealität seines Verhaltens festzustellen. Es könnte diese Feststellung ja nur treffen, wenn es seine Angst lange genug ertragen würde, um zu bemerken, daß sie schließlich auch ohne das Ritual abnimmt. Dazu ist das Kind aber nicht imstande; wenn seine Angst steigt, vollzieht es das Ritual. Die Angst nimmt daraufhin vorübergehend ab, und dies verstärkt wiederum die Verknüpfung von Angst und Ritual. Dieser «abergläubische» Kreislauf läßt sich wohl nur durch einen gezielten Eingriff von außen unterbrechen. Falls diese Theorie zutrifft, würde es sich bei den Zwängen um einen besonders klaren Fall einer Kontrollreaktion handeln, die auf «Gewohnheit», auf Erfahrung im engeren Sinne beruht [53]. Außerdem hätten wir dann einen weiteren Fall vor uns, in dem eine Kontrollreaktion sich über die auslösende Situation hinaus erhalten kann. Dabei wirkt wieder das genannte Prinzip, daß die Struktur des Verhaltens selbst die Gegenerfahrungen verhindert, die es ändern könnten. In diesem Fall ist der Zirkel zwischen der auslösenden Angst, der

Reaktion und erneuter Angst sogar besonders kurz, und entsprechend unangreifbar ist die hinter ihm stehende Struktur.

Damit wären wir wiederum bei der dritten Wirkungsweise eines Kontrollverhaltens angelangt, nämlich der bereits besprochenen kognitiven oder zentralen Wirkung: Die einfachste Form einer kognitiven Reaktion besteht darin, belastende Informationen zu ignorieren. Dazu sind bereits zwei- bis dreijährige Kinder ohne weiteres imstande. Eine weitere, für das ältere Kind und den Erwachsenen typische Form besteht in Introvertiertheit, Tagträumen und Phantasien. In vielen konfliktreichen Situationen liegt es nahe, die Aufmerksamkeit so weit als möglich durch innere Muster zu fesseln und sie von der bedrohlichen Realität abzuziehen. Apathie und andere emotional-vegetative Reaktionen können einen solchen Prozeß im Einzelfall unterstützen. Im Extrem äußert sich dies so, daß ein Kind oder ein Erwachsener viel Zeit in einer Art von Wachschlaf verbringt und seine Aufmerksamkeit mit Phantasien, Wachträumen und endlosen Gedankenketten füllt.

Neben der bloßen Ablenkung von der Realität erfüllen Wachträume noch eine andere Funktion: Sie können die realitätsgerechten, aber schmerzlichen Affekte unterdrücken und andere, angenehmere hervorrufen. Eine solche Aufgabe erfüllen zum Beispiel die häufigen Aggressionsphantasien. Die Vorstellung, wie man stark und unwiderstehlich einen eingebildeten Gegner erledigt, lenkt von den Gefühlen der Schwäche und Hilflosigkeit ab, die im Moment vielleicht der Situation angemessen wären.

Eine weitere in der Praxis sehr häufige und wichtige Form zentraler Kontrollreaktionen besteht darin, das innerlich repräsentierte Selbstbild zu manipulieren, wie es bei der kindlichen Leistungsverweigerung der Fall war. Die irrealen Züge des Selbstbildes können dabei in zwei Richtungen gehen: Das Selbstbild kann einerseits irreal herabsetzend, andererseits irreal perfektionistisch sein. Man kann auf soziale Ängste so reagieren, daß man sich für unfähig und schlecht hält, man kann aber auch so reagieren, daß man sich für übertrieben stark und fähig hält [54]. Man nimmt also entweder zwanghaft eine beschwichtigende, unterwürfige Rolle ein oder man hält ebenso zwanghaft an einer dominanten Rolle fest. Beides führt zu einem irrealen Selbstbild und zu ständigen Diskrepanzen mit der tatsächlichen Umwelterfahrung. Es läßt sich sogar vertreten, daß Subordination und Perfektionismus des Selbstbildes im Grunde nur zwei Seiten ein und derselben Störung sind. Nach dieser Ansicht haben Menschen mit einem perfektionistischen Selbstbild ständig unter latenten Versagensängsten zu leiden, und Menschen mit einem herabsetzenden Selbstbild halten sich an heimlichen Größenphantasien schadlos. Es spricht vieles dafür, daß diese Ansicht zutrifft.

Ich muß eine vorher geäußerte Warnung wiederholen: Man sollte nicht meinen, daß die hier geschilderten zentralen Manipulationstaktiken immer auf eine chronische Konfliktsituation oder gar auf eine «Neurose» hindeuteten (was immer das sein mag). Vielmehr kommen solche Vorgänge wahrscheinlich bei allen Menschen vor, ebenso wie, nebenbei gesagt, angstsenkende Rituale bei allen Menschen vorkommen. Pathologisch werden diese Kontrollreaktionen erst dann, wenn sie zwanghaft werden, wenn ein Mensch also darauf angewiesen ist, ein Ritual zu vollziehen oder sich für erfolgreicher zu halten, als es den Tatsachen entspricht. Diese Zwanghaftigkeit, nicht die Verhaltensweise als solche, weist auf einen chronischen Konflikt im Leben eines Menschen hin, wie die Praktiker sehr wohl wissen. Es mag unklug sein, zu vielen Tagträumen nachzuhängen, krankhaft ist es sicherlich noch lange nicht. Erst wenn der Tagträumer nicht mehr imstande ist, ohne solche Träume auszukommen, kann von einem pathologischen Zustand gesprochen werden.

An diesem Punkt der Überlegungen will ich Rückschau halten:

Der Gedankengang dieses Kapitels führte von einer biologischen Formulierung der Wirkung traumatischer Erfahrungen zu der Annahme, daß alle lang andauernden Folgen einer traumatischen Erfahrung als strukturelle Änderungen in der Verhaltenssteuerung beschrieben werden können. Zu pathologischen Symptomen kommt es dann, wenn chronische oder unlösbare Probleme die Verhaltenssteuerung überfordern. Dann entsteht ein Verhalten, das nicht mehr auf eine Bereinigung der Situation, sondern auf eine kurzfristige Senkung der Angst und Alarmstimmung hinzielt. Man kann solches Verhalten als eine chronische Kontrollreaktion bezeichnen.

Des weiteren ergab sich, daß innerhalb der chronischen Kontrollreaktionen drei verschiedene Möglichkeiten der Angst- und Alarmreduktion unterschieden werden können, nämlich der große Bereich der Umweltbeeinflussung, die direkte Manipulation des eigenen Körpers und kognitive Vorgänge. Innerhalb des datenverarbeitenden Systems, das die Kontrollreaktionen erlernt und steuert, lassen sich in einer ähnlichen Weise vier verschiedene Funktionsbereiche unterscheiden: die Steuerung des Vegetativums, die Affektstruktur, die durch Erfahrung erworbenen «Gewohnheiten» (mit den in sie integrierten angeborenen Koordinationen) und die Kognition. Es wurde die Vermutung ausgesprochen, daß auf der Grundlage solcher Vorstellungen die tiefenpsychologische Abwehrtheorie neu formuliert und neu untersucht werden könnte. In welche Richtung ein solcher Versuch gehen müßte, wurde skizzenhaft angedeutet.

Wie steht es nun aber, am Ende dieses langen (und manchmal spekulativen) Weges durch die biologische Anthropologie, mit der Frage nach der Wirkung seelischer Verletzungen? Ich glaube, es wurde hinreichend klar, daß diese Frage, solange von veralteten Triebvorstellungen und nicht systemtheoretisch formulierten Verhaltenstheorien ausgegangen werden mußte, zu einfach und im Grunde falsch gestellt war.

Jede traumatische Erfahrung ruft eine Fülle von Reaktionen in der Verhaltenssteuerung und nach außen hin hervor, von denen einige aktuell triebdynamisch betrachtet werden müssen (aktuelle Kontrollreaktionen), während andere struktureller Art sind (chronische Kontrollreaktionen, neu gelerntes Problem lösen). Viele dieser Wirkungen sind kurzlebig, einige dauern länger an, und in Ausnahmefällen kommt es zu Funktionselementen, die auf Grund ihrer Arbeitsweise der normalen Weiterentwicklung bis zu einem gewissen Grad entzogen sind.

Die Komplexität der Möglichkeiten, mit denen gerechnet werden muß, macht allgemeine Aussagen über «die Wirkung traumatischer Belastung» sehr schwierig, wenn nicht unmöglich, und ich halte dies für einen Vorteil. Eine größere Vorsicht bei der Formulierung globaler Theorien über das menschliche Verhalten würde ich nicht nur hier, sondern überall begrüßen. Trotzdem muß sich der Wissenschaftler, wenn er Anthropologie betreiben will, natürlich auch zur Frage des psychischen Traumas fachgerecht äußern können. Wie dies ohne allzu große Schwierigkeiten getan werden könnte, soll im dritten Teil dieses Buches, der der Praxis gewidmet ist, ausführlich diskutiert werden.

Damit habe ich die verhaltensbiologische Darstellung der kindlichen Verhaltenssteuerung, zumindest in ihren theoretischen Aspekten, im Rahmen des mir Möglichen abgeschlossen. Mehr zu sagen gelang mir nicht, da die einschlägigen Forschungen, wie bereits erwähnt, noch in den Anfängen stehen. Ich bin jedoch davon überzeugt, daß nur über solche komplizierten, von einem mehrschichtigen System ausgehenden Theorien Fortschritte in der Erforschung des menschlichen Verhaltens erzielt werden können. Ich glaube weiterhin, daß solche Vorstellungen in absehbarer Zeit die verschiedenen Theoriengebäude der Tiefenpsychologie ersetzen werden. Im Moment bilden diese das einzige weithin bekannte Lehrgebäude der Psychologie, das die menschliche Verhaltenssteuerung mehrschichtig und komplex genug sieht und das ausführliche Anweisungen für die Praxis enthält. Viele Voraussetzungen dieses Gebäudes sind jedoch inzwischen überholt oder waren von Anfang an einseitig und ideologiebelastet. Es liegt daher gewissermaßen in der Luft, daß die empirische Psychologie, die biologische Anthropologie und andere Forschungszweige bald ähnliche Wege beschreiten werden. Ansätze gibt es bereits in großer Zahl, und ein kürzlich erschienenes Buch von REYNOLDS ‹*The Biology of Human Action*› ist dafür ein gutes Beispiel [55]. Wohlgemerkt, ich teile nicht REYNOLDS' Ansichten, im Gegenteil. In fast jeder Einzelfrage und auch bezüglich der philosophischen Grundhaltung bin ich ganz anderer Ansicht als er. Aber REYNOLDS entwickelt eine Theorie von der richtigen Sorte, eine Theorie des menschlichen Handelns als das Ergebnis einer mehrschichtigen Informationsverarbeitung, von genetischen Faktoren bis hin zum Kulturgut der jeweiligen Gesellschaft. In der Tat geht REYNOLDS noch weiter als dieses Kapitel: Er wählt als die erste Ebene der Betrachtung die stammesgeschichtlichen Einflüsse auf das Verhalten und als letzte Ebene die Einflüsse intraindividueller Strukturen. Er überschreitet also sowohl nach «unten» als auch nach «oben» die Grenzen des einzelnen Individuums und seiner Geschichte. Selbstverständlich muß auch dies getan werden, aber für die Frage nach dem psychischen Trauma war eine solche Ausweitung nicht notwendig. Ich habe mich daher bewußt auf die Untersuchung derjeniger Elemente der Verhaltenssteuerung beschränkt, die auf der individuellen Erfahrung beruhen. Nur in einem Punkt würde ich noch weiter gehen als REYNOLDS: Ich plädiere nicht nur für eine Berücksichtigung aller individuellen Ebenen der Informationsverarbeitung vom Vegetativum bis hin zum Weltbild, ich plädiere für eine Einbeziehung des menschlichen Bewußtseins. In einer sehr bruchstückhaften Weise habe ich dies bereits einmal versucht, und in der Philosophie finden sich sehr viel bessere Versuche dieser Art, die in die Terminologie der biologischen Anthropologie übersetzt werden könnten [56]. Ich bin davon überzeugt, daß eine empirische Anthropologie auf Dauer nicht möglich sein wird, wenn die Kognition (wie ich es hier aus Einfachheitsgründen selbst getan habe) nur unter dem Aspekt der Abbildung der Welt betrachtet wird. Dieser Abbildungsaspekt reicht auch dann nicht aus, wenn das Abbild ein Bild des eigenen Selbst mit umfaßt. Das Denken besteht nicht nur aus Prozessen der Informationsverarbeitung in einem Weltmodell, sondern auch aus einem bewußten Erleben dieser Prozesse, ein Erleben, das Folgen für das Verhalten hat. (Der Eingeweihte wird bemerken, daß ich die begriffliche Trennung von Verhalten und Handeln, die gerade modisch ist, nicht vollziehe. Ich habe meine guten Gründe dafür.) Es ist nicht gleichgültig, ob innerhalb eines «Weltmodells» eine Vorhersage über die Folgen einer Handlung getroffen wird und weiter nichts oder ob der Prozeß des Vorhersagens von einem einheitlichen Bewußtsein erlebt und sozusagen beobachtet wird. Die meisten empirisch ausgerichteten Anthropologen, seien sie Psychologen oder Biologen, wären hier wohl anderer Ansicht. Ich kann meinen Standpunkt hier nicht näher begründen, aber ich möchte betonen, daß die Einbeziehung des Bewußtseins in anthropologische Theorien keine Abkehr von der

Erfahrungswissenschaft bedeutet. Ein solches Vorgehen wird ebenso von den Prämissen des hypothetischen Realismus abgedeckt wie jede andere empirische Forschung. Wer also den Begriff des «Bewußtseins» in der Anthropologie ablehnt, weil er gegen metaphysische Spekulationen ist, der kann beruhigt sein. Immerhin hielten bis vor kurzem viele Psychologen die Begriffe «Antrieb» und «Spontanaktivität» für metaphysische Spekulation, während wir heute wissen, daß diese Begriffe ebenso realistisch (oder abstrakt) sind wie die Begriffe Reiz – oder, in der Physik – Atom und Molekül. Der grundlegende Irrtum beruht nicht darauf, daß die Skeptiker Begriffe wie Antrieb oder Bewußtsein für abstrakt halten, diese Begriffe sind abstrakt und sogar spekulativ. Der Irrtum liegt darin, daß die Skeptiker glauben, Begriffe wie Atom oder wie Evolution seien weniger abstrakt und spekulativ. Wenn überhaupt, dann sind letztere noch spekulativer.

Doch im Moment sind solche programmatische Überlegungen nur ein Gedankenspiel. Noch hat die empirische Anthropologie mit dem Problem zu kämpfen, daß jede Schule auf eine Ebene der Verhaltenssteuerung und auf eine Art ihrer Beschreibung fixiert ist. Immer noch stehen sich «Psychodynamiker» und «Verhaltenspsychologen» so unversöhnlich gegenüber, als gäbe es einen Widerspruch zwischen einer Triebdynamik und einer operationalen Struktur von Verhaltensweisen. Ich will damit nicht sagen, daß es keine gelungenen Versuche gäbe, solche Schulstreitigkeiten zu verhindern – es gibt sie, und man kann viel von ihnen lernen. Aber keine der synthetischen Betrachtungsweisen hat bisher den Bekanntheitsgrad der klassischen, dogmatischen Systeme erreichen können, und zwar deshalb, weil durch sie zwar bewiesen wurde, daß viele scheinbare Widersprüche keine sind, aber doch keine umfassende Sicht aller Probleme entwickelt werden konnte. Zum Beispiel wurde mehr als einmal nachgewiesen, daß sich der Begriff des Triebschicksals aus der Tiefenpsychologie gut mit der Lerntheorie vereinbaren läßt, und ich selbst habe in den ersten drei Kapiteln solche Darlegungen zitiert. Es war jedoch nicht möglich, aus solchen Syntheseversuchen heraus neue, praxisnahe Theorien zu entwickeln: Wenn man einen Fall beobachtbaren Fehlverhaltens oder beobachtbarer Verhaltensstörungen zu beschreiben hatte, griff man doch wieder auf die alten tiefenpsychologischen Kategorien oder auf die alten Reiz–Reaktions-Vorstellungen der Lerntheorie zurück. Was bisher fehlte und immer noch fehlt, ist eine einheitliche Theorie des menschlichen Verhaltens, die zum Beispiel das Verständnis sogenannter «oraler» Verhaltensweisen ermöglicht, ohne auf eine Theorie oraler Traumata angewiesen zu sein, aber auch ohne Einschränkungen der Theorie auf behavioristische Begriffe. Es mag vermessen sein, aber ich glaube, daß eine solche Synthese nur auf der Grundlage einer (im weitesten Sinn) biologischen Forschung gelingen wird. Das bedeutet natürlich nicht, daß Biologen solche Forschungen durchführen müssen. Im Gegenteil, im Augenblick beobachtet man ein Eindringen biologischen Gedankenguts in die verschiedensten Zweige der Anthropologie bis hin zu der in dieser Hinsicht gewiß nicht vorbelasteten Soziologie. Eine solche in der Zukunft zu erwartende Synthese anthropologischer Theorien hätte vor allem einen Vorzug: Sie wäre recht kompliziert, und sie wäre nur mühsam auf den Einzelfall anzuwenden. Ich hoffe auf eine solche Kompliziertheit, denn die großen Vereinfacher haben nach meiner Ansicht bereits Schaden genug angerichtet. Der Mensch ist außerordentlich kompliziert, und sein Verhalten mag sehr wohl das komplizierteste Ding überhaupt sein, dem ein empirischer Wissenschaftler sich widmen kann. Diese Einsicht muß auch in den anthropologischen Theorien zum Ausdruck kommen, denn sie ist wertvoll aus mehreren Gründen. Sie ist wertvoll, weil sie vor einer falschen Wissenschaftsgläubigkeit schützt. Sie ist wertvoll, weil sie bei den allzu eifrigen Machern und Weltverbesserern Bescheidenheit bewirkt. Und sie ist weiterhin wertvoll, weil sie uns davon abhält, den Menschen, dem wir persönlich gegenüberstehen, zu schnell klassifizieren und einordnen zu wollen.

# VII Über mögliche Mißverständnisse

Wahrscheinlichkeit beruht auf der Annahme einer Ähnlichkeit zwischen den Gegenständen, mit denen wir Erfahrung haben, und denen, mit denen wir keine haben; es ist daher unmöglich, daß diese Annahme selbst durch Wahrscheinlichkeit entsteht.
Aus: *‹A Treatise of Human Nature›* von DAVID HUME

Im letzten Kapitel habe ich das Bild einer vielfältig gegliederten Verhaltenssteuerung gezeichnet, in der alle Teile mit allen anderen organisch zusammenwirken und die sich in einem geschichtlichen Prozeß durch die stete Auseinandersetzung mit der Umwelt entwickelt. Sowohl die allgemeine frühe Milieutheorie als auch eine pathogenetische Traumatheorie wurden ausdrücklich als falsch oder zumindest unzureichend bezeichnet, da sie der großen Komplexität und dem organisch-geschichtlichen Wesen der menschlichen Verhaltensentwicklung nicht gerecht werden. Es gibt nun allerdings einzelne Erfahrungen, auf die das ganzheitliche Entwicklungsschema eben nicht anwendbar zu sein scheint und die doch die alte Traumatheorie stützen könnten. Eine dieser Erfahrungen, nämlich die des kindlichen Hospitalismus, wurde von den Verhaltensbiologen selbst in den Mittelpunkt der Aufmerksamkeit gerückt. Wenn ein Kind bindungslos aufwächst oder Bindungsabbrüche erleidet, so scheint dies Folgen zu haben, die fast im Sinn einer Traumatheorie vorhersagbar sind.

Eine weitere Erfahrung, die in eine ähnliche Richtung weist, liegt im Fall kindlicher Phobien vor. Es handelt sich dabei um die Beobachtung, daß kleine Kinder scheinbar unerklärliche Ängste vor Tieren, Menschen oder anderen Dingen entwickeln, die bis ins Erwachsenenalter hinein unverändert andauern können. In beiden Fällen, in dem der Bindungsdeprivation und dem der Phobie, scheint also ein einzelner Einfluß auf die Entwicklung ganz im Sinn eines FREUDschen Traumas die Ursache eines späteren Problems zu sein, so daß man doch geneigt wäre, wieder auf die Denkgewohnheiten der alten Traumatheorie zurückzugreifen. Dies wäre jedoch verfehlt, denn beide Fälle lassen sich als Extreme in das im letzten Kapitel gezeichnete Bild der kindlichen Entwicklung einordnen. Sie sind Extreme aus verschiedenen Gründen: Schwerer Hospitalismus beruht auf einer Entwicklungsstörung von solcher Stärke, daß zumindest einige der Folgen fast den Grad sicherer Vorhersagbarkeit erreichen. Die kindliche Phobie und vielleicht auch die Phobie des Erwachsenen beruhen auf einer besonderen Form des Lernens, die sich nur in wenigen engumrissenen Verhaltensbereichen findet. Ich will diese beiden Beispiele näher besprechen:

Es wurde bereits in Kapitel IV erwähnt, daß in Langzeituntersuchungen nur *eine* Erfahrung der frühen Kindheit statistisch mit späteren Verhaltensproblemen gekoppelt war. Dies war die Erfahrung, in frühem Alter eine geliebte Bezugsperson durch Tod oder Trennung zu verlieren. Sehr schwere Schäden entstehen bekanntlich auch dann, wenn es einem Kind von vornherein verwehrt wird, überhaupt eine feste Liebesbeziehung zu einer Bezugsperson aufzubauen, wie dies früher bei vielen Heimkindern der Fall war. Beide Schicksale erhöhen wahrscheinlich die Gefahr, im späteren Leben unter ernsten Verhaltensproblemen zu leiden. Wie läßt sich die besondere Bedeutung von Bindungsverlusten oder Bindungsdeprivationen für das Kind erklären?

Die heutigen Vorstellungen hierzu gehen auf Versuche zurück, die der Psychologe HARLOW mit Rhesusaffen ausführte [57]. In einem berühmt gewordenen Experiment wies er nach, daß die Bindung eines Affenkindes an die Mutter auf einem eigenen Antrieb beruht und nicht darauf, daß das Kind die Mutter als Nahrungsquelle kennenlernt. Er trennte neugeborene Rhesusaffen von ihren Müttern und zog sie zusammen mit einfachen Attrappen isoliert von allen Artgenossen auf. Die Attrappen stellten zwei «Ersatzmütter» dar, zwischen denen die Jungen wählen konnten. Und zwar bestand die eine «Mutter» aus einem harten Drahtgeflecht, das aber die Saugflasche für die Fütterung enthielt. Die zweite «Mutter» war mit einem weichen Stoff bedeckt und wurde von innen erwärmt, bot aber keine Nahrung an. Trotzdem hielten sich die isolierten Affenjungen fast nur bei der weichen Attrappe auf und flüchteten auch zu ihr, wenn sie erschreckt wurden. Die Drahtattrappe wurde dagegen nur aufgesucht, um den Hunger zu stillen. Daraus zog man den Schluß, daß Affenjunge ein angeborenes Bedürfnis haben, mit einem Muttertier Körperkontakt zu halten, und daß dieses Bedürfnis durch einige Schlüsselreize wie Wärme, Fell zum Anklammern und ähnliches gelenkt wird. (Später kommt dann selbstverständlich ein Lernprozeß hinzu, in dem das Kind die Mutter individuell kennenlernt.) Besonders eindrucksvoll war die angstreduzierende Wirkung des Kontakts mit der weichen Mutterattrappe: Jeder bedrohliche Reiz ließ das Jungtier zur «Mutter» flüchten, und die Annäherung an unbekannte Objekte geschah nur dadurch, daß das Junge sich ständig zwischen dem fremden Objekt und der Stoffattrappe hin und her bewegte. Das Erkunden neuer Situationen war also von der Möglichkeit abhängig, sich ständig der Fluchtmöglichkeit zur «Mutter» zu versichern.

In weiteren Experimenten konnte HARLOW zeigen, daß die soziale Entwicklung (nicht unbedingt die Intelligenzentwicklung) der jungen Rhesusaffen schwer gestört wurde, wenn man sie ganz ohne Bindungsmöglichkeit aufzog. Auch die «Attrappenkinder» verhielten sich nicht so normal wie von der Mutter aufgezogene Tiere, aber gänzlich isolierte Junge entwickelten ein in fast jeder Hinsicht schwer gestörtes Sozialverhalten. HASSENSTEIN [13] konnte diesen Befund verhaltensbiologisch erklären:

Er wies darauf hin, daß alle Affen- und Menschenaffenmütter ihre Jungen nach der Geburt am Körper tragen. Die Jungen sind, obwohl sie relativ weit entwickelt geboren werden, in jeder Hinsicht auf diesen Kontakt mit der Mutter angewiesen. Sie sind weder fähig, von sich aus den Erwachsenen zu folgen, noch können sie allein in einem Lager oder Versteck zurückbleiben. Auch ihre Ernährung hängt selbstverständlich von der Mutter ab.

Für diesen Typ eines Säugetierjungen prägte HASSENSTEIN den Begriff «Tragling». Der Tragling bildet eine besondere von den bekannten Formen des Nesthockers und Nestflüchters klar unterschiedene Form eines Säugetierjungen.

Verliert nun ein Tragling den Kontakt mit der Mutter, so reagiert er mit starker Erregung. Er versucht die Mutter herbeizurufen und wendet dafür alle Anstrengungen auf, die ihm möglich sind. Solange der Kontakt nicht wiederhergestellt ist, bleibt ein hohes Angstniveau erhalten, und durch diese Angst werden (im Sinn der Abb. 4) nahezu alle anderen Verhaltensweisen gehemmt. Wird ein Jungtier wie im Fall der HARLOWschen Experimente auf Dauer isoliert, so geht der Alarmzustand schließlich in Apathie und Areaktivität über. Es kommt zu Stereotypien, Autoaggressionen und anderen Verhaltensstörungen. Später erweist sich dann, daß so aufgewachsene Affen das komplexe Sozialverhalten einer Affengruppe nicht verstehen, keine sexuellen Beziehungen aufnehmen können und (im Fall von Weibchen) nicht imstande sind, eigene Jungen richtig aufzuziehen. Diese Verhaltensschäden sind zwar nicht vollständig, aber doch teilweise irreversibel.

Alle diese Störungen lassen sich aus der Situation eines Traglings ohne Mutterbindung erklären. Die sozialen Verhaltensweisen werden bei Affen weitgehend durch die Erfahrung innerhalb der Gruppe bekannter Artgenossen entwickelt, und auch das Erkunden und Spielen hat einen wesentlichen Einfluß auf die Verhaltensentwicklung. Gerade dieser Verhaltensbereich wird durch das hohe Angstniveau der isolierten Jungen und durch ihre apathischen Reaktionen aber am stärksten gehemmt. Tatsächlich spielen isolierte Affenkinder sehr wenig oder gar nicht, auch wenn sie die Möglichkeit dazu hätten, und sie haben natürlich keine Sozialpartner zum Einüben oder zum Nachahmen von sozialen Verhaltensweisen. Wenn sie dann später wieder in eine Gruppe gebracht werden, reagieren sie auf viele Signale oder Kontaktversuche der anderen Tiere nur mit Angst oder Abwehr, und sie haben dadurch kaum die Möglichkeit, ihr Defizit an Lernprozessen auszugleichen. Eine im Grunde einfache Kette von Ereignissen – die Isolierung, die erhöhte Angstbereitschaft, das Fehlen sozialer Lernprozesse, die Fixierung dieses Defizits durch Angst und Aggression – führt also schließlich zu einer mangelhaften Sozialisation des Tieres. Dieser Mangel ist so groß, daß er unter natürlichen Bedingungen wohl irreversibel wäre. Lediglich gezielte Eingriffe des Experimentators führen dazu, daß einige Lernschritte doch noch nachgeholt werden können.

Nun stammt der Mensch von affenähnlichen Vorfahren ab. Und obwohl der menschliche Säugling kein eigentlicher Tragling mehr ist (so kann er sich nicht mehr selbst an der Mutter festhalten), sind einige Züge seines Verhaltens doch aus seiner Stammesgeschichte heraus zu verstehen. Auch der menschliche Säugling braucht den Kontakt, wenn auch nicht den dauernden Körperkontakt, mit einer ständigen Betreuungsperson. Und vor allem bei Schmerz und Angst kann nur der direkte Körperkontakt den Säugling beruhigen. Ohne einen solchen Kontakt steigert sich sein Alarmzustand durch eine positive Rückkopplung (Abb. 4) immer mehr und geht schließlich in die Überlastungsreaktion Apathie über. Dieses Kontaktbedürfnis zu der beschützenden Betreuungsperson bleibt während der ganzen Kleinkinderzeit bestehen. Es richtet sich nach den ersten Wochen und Monaten nur noch auf die persönlich bekannten Betreuer und nicht mehr auf jede freundliche und zärtliche Person. Daher ist eine bleibende, liebevolle Bezugsperson für das Kind lebensnotwendig, und ohne diesen Kontakt ist eine normale Entwicklung nicht möglich. Kinder aus Heimen, in denen die Betreuung oft wechselt und in denen keine Zeit für eine lang dauernde Bindung zur Verfügung steht, bleiben in ihrer Verhaltensentwicklung weit hinter ihren Altersgenossen in Familien zurück. Die Ursache ist wiederum darin zu suchen, daß eine feste Bindung Voraussetzung des Erkundens, Spielens und Nachahmens ist. Ohne feste Bindung bleibt die Angstbereitschaft chronisch erhöht, und dadurch wird das Spielen gehemmt. Auf das Sozialverhalten wirkt sich die Bindungslosigkeit besonders aus, denn nur die vertraute, an das Kind gebundene Bezugsperson dient dem Kleinkind als Partner in sozialen Lernprozessen oder als Vorbild für soziale Nachahmung. Andere Kinder können zwar bis zu einem gewissen Grad als Sozialpartner dienen, aber je jünger das Kleinkind ist, desto mehr ist es auch auf die Bindung zu einer erwachsenen Bezugsperson angewiesen. Die Symptome, die bindungslose Kinder entwickeln, ähneln in erstaunlichem Maß denen von isolierten Affenjungen. Sie sind apathisch, spielen wenig und zeigen keine Neugierde. Außerdem entwickeln sie Stereotypien und autoaggressives Verhalten.

Daß die genannten Symptome direkt mit der Betreuungssituation zusammenhängen, zeigt sich bereits daran, daß sie durch organisatorische Änderungen in den Heimen weitgehend vermieden werden können. Wird das Heim nicht nach Altersstufen, sondern in Familiengruppen gegliedert, die jeweils zusammenbleiben und von festen Betreuungspersonen versorgt werden, so hat auch ein Säugling in einer solchen Gruppe feste Bezugspersonen zur Verfügung. Unter solchen Umständen werden Hospitalisationsschäden in der Regel viel geringer und es lassen sich bei einigem Einsatz der Pfleger sogar entstandene Schäden wieder aufheben [43].

Die Richtigkeit der Bindungstheorie (wie die hier skizzierte Anschauung häufig genannt wird) wird nicht nur durch die Erforschung des Verhaltens bindungsloser Kinder immer wieder bestätigt. Auch die Reaktionen eines Kleinkindes bei Bindungsverlusten sind sehr bezeichnend und bis zu einem gewissen Grad aus dieser Theorie vorhersagbar. Bowlby [58] beschreibt die emotionalen Reaktionen eines Kindes, wenn es auf längere Zeit von seinen Bezugspersonen getrennt wird. Dies ist unter anderem bei langen Krankenhausaufenthalten der Fall, wenn (was hoffentlich immer seltener wird) Eltern und Angehörige sich nicht beim Kind aufhalten dürfen. Der Autor unterscheidet drei Stufen des kindlichen Verhaltens, die bei verschiedenen Kindern unterschiedlich lange dauern können: eine Phase des Protests, eine Phase der Verzweiflung und eine Phase des erfolgten Bindungsverlusts.

In der Protestphase schreit und weint das Kind und tut alles, was in seinen Kräften steht, um die Mutter zurückzurufen. Es beachtet fast jeden Reiz, der ihre Rückkehr anzeigen könnte und reagiert nicht oder sogar abwehrend auf den Versuch der Pflegerinnen, mit ihm in Kontakt zu kommen. Dieses Verhalten ändert sich, wenn alle Anstrengungen erfolglos bleiben. Das Kind wird apathisch, achtet nicht mehr auf seine Umgebung und gibt offenbar die Hoffnung auf die Rückkehr der Eltern auf. In dieser Phase fällt das Kind, falls es bereits älter ist, wieder in infantile Reaktionsweisen zurück. Es ist zum Beispiel nicht mehr sauber, spricht nicht altersgemäß und anderes mehr. In dieser Phase ist die Verhaltenssteuerung also durch eine kontrollierbare Erregung überlastet; das bisherige Verhalten wird unmöglich.

In der dritten Phase, der des Bindungsabbruchs (Verlust der Bezugsperson) kommt es zu einer äußerlichen Verbesserung. Das Kind gewinnt die Fähigkeiten zurück, die es vor der Trennung hatte, und es reagiert nun auch auf die Kontaktangebote der Pflegerinnen. Es zeigt sich bei genauer Beobachtung jedoch, daß solche Kontakte oberflächlich bleiben. Das Kind hat kein Interesse am Austausch von Zärtlichkeiten oder überhaupt an der Person der Pflegerin als solcher. Wenn die Mutter in dieser Phase zurückkommt, so wird auch sie zu Anfang gleichgültig behandelt oder sogar abgelehnt. Insgesamt sind die Kinder in dieser Phase egozentriert und schenken anderen Menschen wenig Aufmerksamkeit. Es sind, in der Sprache des letzten Kapitels, nun Kontrollreaktionen entstanden, die ein «normales» Verhalten ermöglichen. Allerdings zeigt es sich, daß diese Kontrolle durch eine Hemmung und Einschränkung des Kontaktverhaltens erreicht wurde, die langfristig eher nachteilig ist. Aus einer solchen Reaktionsweise heraus wieder eine tragfähige Bindung aufzubauen ist zwar keineswegs unmöglich, kostet aber Zeit und Mühe und geht mit aggressiven Auseinandersetzungen einher. Bleibt der Verlust der Bindung dagegen endgültig (wird das Kontrollverhalten chronisch), so ist es für das Kind sehr schwer, das Wechselspiel des kindlichen und erwachsenen Sozialverhaltens richtig zu erlernen. Es fällt diesen Kindern insbesondere schwer, die Anliegen und Bedürfnisse anderer Menschen angemessen zu berücksichtigen; sie bleiben egozentrisch, und dadurch wird ihre Fähigkeit zu partnerschaftlichem Handeln und zu liebevollen Beziehungen gefährdet.

Der Verlust geliebter Bezugspersonen ist also selbst beim älteren Kleinkind gefährlich, obwohl viele wichtige Verhaltensentwicklungen (wie zum Beispiel das Sprechenlernen) bereits vollzogen sind. Die Reaktionen des Kindes sind so drastisch und besonders in einer problematischen Umgebung so schwierig aufzufangen, daß oft ein Kreislauf immer neuer Verhaltensstörungen entsteht. Diese Gefahr wird um so größer, je jünger das betroffene Kind ist. Der Schaden ist dann am größten, wenn es bereits dem Säugling von Anfang an verwehrt wird, eine Bindung zu einer bleibenden Bezugsperson aufzubauen.

Interessanterweise hat Bowlby, der sehr zur Formulierung der Bindungstheorie beitrug, trotz seiner psychoanalytischen Vorbildung nicht eigentlich traumatheoretisch argumentiert. Zwar ist er selbstverständlich der Ansicht, daß Bindungsabbrüche und Bindungslosigkeit wichtig für die Verhaltenspathologie des Kindes sind. Er beschreibt die Entstehung von Störungen jedoch als eine Kette von Wechselwirkungen zwischen den inneren Zuständen des Kindes und seinen äußeren Lebensumständen. Die primären Folgen des Verlusts, die Angst und Abwehrbereitschaft, die Apathie und Egozentrik, führen zu Reaktionen der Umwelt, die oft das kindliche Fehlverhalten festigen und weitertreiben und so fort. Trotz der psychoanalytischen Terminologie und trotz seiner Beschäftigung mit einem wirklich bedeutsamen «psychischen Trauma» ist Bowlby also kein Traumatheoretiker im Sinn dieses Buches. Er richtet seine Theorien weitgehend an der Empirie aus und steht dadurch den verhaltensbiologischen Interpretationen sehr nahe [58].

Vom Standpunkt der biologischen Anthropologie aus lassen sich auf Grund der bisher bekannten Ergebnisse zur Bindung zwischen Kind und Erwachsenem einige wichtige Schlüsse ziehen: Die Bindung an die persönlich bekannten, vertrauten Bezugspersonen hat in der Verhaltensentwicklung des Kleinkindes eine so zentrale Bedeutung, daß von Störungen dieser Bindung nicht ohne weiteres auf die Wirkung anderer belastender Erfahrungen geschlossen werden kann. Psychoanalytische Theorien, die zum Beispiel Zwangsverhalten beim Erwachsenen auf eine zu strenge Reinlichkeitserziehung zurückführen oder Homosexualität als Reaktion auf einen ablehnenden Vater erklären, können sich nicht einmal in Form eines Analogieschlusses auf die Bindungstheorie berufen. Genau dasselbe gilt für die ganze Reihe der im Moment beliebtesten Traumata tiefenpsychologischer Diagnostik, angefangen bei der intrauterinen narzißtischen Kränkung über das Geburtstrauma bis hin zu den Kastrationsphantasien der hypothetischen ödipalen Phase. Ein Bindungsabbruch oder Bindungslosigkeit wirken auf einen historischen alle Bereiche des Verhaltens organisch einbeziehenden Entwicklungsablauf ein. Sie wirken daher, wie fast alle Außenbedingungen, nicht über eine besondere Fixierung der Affektstruktur, sondern über ihre Folgen, deren Folgen und immer weitere Folgen, die in der Verhaltenssteuerung des Kindes entstehen. Lediglich die Schwere der Einwirkung ist im Fall einer Bindungsdeprivation so groß, daß viele Folgen bis zu einem gewissen Grad auch längerfristig vorhersagbar werden, und daher rührt eine oberflächliche Ähnlichkeit mit der tiefenpsychologischen Traumatheorie. Je weniger schwer eine Belastung ist, desto mehr verschwindet diese oberflächliche Ähnlichkeit zwischen einer Traumatheorie und anderen Entwicklungsvorstellungen. Im Fall von Fehlern bei der Reinlichkeitserziehung, der Geschlechtsidentifikation und so weiter ist wohl sicher anzunehmen, daß solche Belastungen als einer unter vielen Faktoren in den Strom der geschichtlichen Entwicklung eingehen, dessen genaue Folgen weder einfach zu bestimmen noch einfach zu bewerten sind. Dies gilt ganz abgesehen von der Tatsache, daß solche Ereignisse nachträglich meist nicht mehr sicher festgestellt werden können.

Man muß sogar ausdrücklich betonen, daß selbst Bindungsabbrüche, Bindungsschwäche und Bindungslosigkeit keineswegs immer auf lange Sicht zu Verhaltensstörungen führen. Der Eingriff ist schwer, und die Belastung ist entsprechend groß. Aber günstige Umstände können es auch einem so belasteten Kind ermöglichen, seine Entwicklung wieder in anderen Bahnen zu lenken. Auch die Langzeituntersuchungen, die BOWLBY selbst anführt, zeigen langfristige Schäden nur dann auf, wenn das gesamte Milieu der Kindheit ungünstig war und so die Verarbeitung von Bindungsdefiziten nicht zuließ. Wie immer bei solchen Untersuchungen kommen Bindungsdeprivationen mit vielen anderen ungünstigen Umständen in denselben Familien gehäuft vor und es ist sehr schwer, den jeweiligen Einfluß dieser Faktoren zu bestimmen. Als Faustregel läßt sich also nur angeben, daß die Folgen von Bindungsdeprivationen zwar grundsätzlich wie alle anderen Erfahrungsfolgen durch Erfahrungen in einer neuen Umgebung aufgehoben werden können, daß dazu aber der Schwere der Belastung wegen sehr günstige Umstände nötig sind. Und in denjenigen Familien, in denen Bindungsabbrüche und Bindungslosigkeit am häufigsten vorkommen, sind solche Umstände meist am wenigsten zu erwarten.

In der Praxis werden also der Traumatheoretiker und der empirische Anthropologe an einem Strang ziehen, zumindest soweit es um die Vorsorge geht. Beide sehen eine große Gefahr: Der eine sieht die Gefahr, daß eine schwer veränderbare traumatische Affektstruktur entsteht, der andere befürchtet, daß durch die aktuelle Belastung in der Entwicklung Defizite entstehen werden. Der erste denkt also an eine pathologische Psychomechanik, der andere an fehlende oder fehlgeleitete Lernprozesse, aber in der Praxis arbeiten beide an der Vermeidung dieses verschieden beschriebenen Risikos. Der Unterschied der Theorien spielt erst dann eine Rolle, wenn es um die Heilung bereits entstandener Schäden geht. Ich will dies an einem Beispiel deutlich machen:

Ein Tiefenpsychologe und ein empirisch ausgerichteter Anthropologe sollen die Verhaltensstruktur eines delinquenten Jugendlichen beschreiben, der aus einer bindungsschwachen Heimsituation kommt. Der Tiefenpsychologe (soweit er traumatheoretisch denkt) geht davon aus, daß sich im Unbewußten dieses Jugendlichen das ursprüngliche Trauma der Bindungslosigkeit (ein Trauma aus der Gruppe der «narzißtischen Kränkungen») auffinden und bewußt machen läßt. Er glaubt, daß das traumatische Engramm als eine ständige Quelle von Spannung und Unruhe das aktuelle Fehlverhalten verursacht. Und er glaubt weiterhin, daß seine therapeutische Aufgabe darin besteht, diesen Spannungsherd durch Bewußtmachung aufzulösen.

Der empirische Anthropologe dagegen glaubt nicht, daß das ursprüngliche Trauma noch in der Verhaltenssteuerung (wenn auch vielleicht im Langzeitgedächtnis) auffindbar ist. Er geht vielmehr davon aus, daß das gegenwärtige Verhaltensmuster des Jugendlichen die geschichtliche Folge seiner Lebenserfahrungen in der Gegenwart darstellt. Innerhalb dieser Lebenserfahrung kann die Bindungslosigkeit sehr wohl ein wichtiger und unheilvoller Einfluß gewesen sein. Aber die von diesem Einfluß damals erzeugten Verhaltensstrukturen sind als solche für ihn nicht mehr auffindbar.

Er wird es daher als seine Aufgabe ansehen, das gegenwärtige Fühlen, Handeln und Denken des Jugendlichen möglichst gut zu verstehen und seine Situation so zu verändern, daß die weitere Entwicklung eine günstige Richtung nehmen kann. So ähnlich also die Vorsorgemaßnahmen von Traumatheoretikern und empirischen Anthropologen sind, so unterschiedlich sind die therapeutischen Vorschläge, die sie aus ihrer Sicht machen können. Auf diese und verwandte Fragen werde ich in Kapitel X, das sich mit der psychotherapeutischen Praxis befaßt, noch näher eingehen.

Wie sieht es nun aber in dem zweiten Fall aus, in dem handfeste Beobachtungen an Kindern die Traumatheorie zu stützen scheinen: im Fall der kindlichen Phobien? Hier scheint tatsächlich ein einzelner Kindheitseinfluß direkt mit einem Symptom des älteren Kindes und des Erwachsenen zusammenzuhängen, das heißt, es scheint tatsächlich eine affektive «Psychomechanik» aus der Kindheit für dauernd bestehen zu bleiben. In gewissem Sinn ist dies auch der Fall, aber es handelt sich dabei um eine Ausnahme, nicht um eine Regel in der kindlichen Verhaltensentwicklung.

Unter einer Phobie versteht man eine weit übertriebene, der tatsächlichen Gefahr in keiner Weise angemessene Angst vor einem Objekt oder vor einer bestimmten Situation. Wichtig ist, daß es sich um Angst vor einem wirklichen Tier, Gegenstand oder Geräusch handelt oder daß eine reale Situation gefürchtet wird. Angstreaktionen, die von lediglich phantasierten, erträumten oder halluzinierten Reizen ausgelöst werden, werden nicht als Phobien bezeichnet.

Es ist nun bekannt, daß verhältnismäßig viele kleine Kinder eine oder sogar mehrere Phobien entwickeln. Die Angstobjekte variieren stark, aber sehr häufig lösen Hunde, Insekten und Spinnen, Katzen und andere Tiere, dann laute Geräusche wie Donner oder die Quelle sehr lauter Geräusche, wie ein Rasenmäher die phobische Reaktion aus. Auch Menschen bestimmten Aussehens, wie Ärzte in weißen Kitteln, können Gegenstand von Phobien werden.

In einer bereits über vierzig Jahre alten Untersuchung wurde die Verbreitung solcher Phobien bei amerikanischen Kindern untersucht, eine neuere Studie diesen Umfangs kenne ich leider nicht [59]. Dabei ergab sich in etwa der obige Katalog an Angstobjekten, wobei die genaue Verteilung der Häufigkeiten sicherlich nicht mehr auf heutige Verhältnisse übertragen werden kann. Die meisten dieser kindlichen Phobien verschwinden wieder, aber ein gewisser Teil bleibt bis in das Erwachsenenalter hinein erhalten; eine solche Phobie kann den betroffenen Menschen auch in seiner Lebensgestaltung beeinträchtigen.

Anders verhält es sich mit der Agoraphobie (Angst vor freien, öffentlichen Plätzen) sowie mit einer Anzahl ähnlicher sozialer Phobien. Diese Formen der Phobie entstehen erst nach der Pubertät oder im Erwachsenenalter, und es gibt Autoren, die sie ihrer besonderen Merkmale wegen als Pseudophobien bezeichnen. Für die folgende Betrachtung möchte ich diese Formen ausklammern und mich auf die viel häufigeren typischen Phobien der Kleinkinderzeit beschränken.

Was die kindlichen Phobien so auffällig macht, ist die seit langem bekannte Tatsache, daß das Angstobjekt dem Kind in vielen Fällen niemals ein Leid zugefügt hat. Die meisten Kinder mit Hundephobien sind niemals von einem Hund gebissen worden, und andererseits entwickeln viele Kinder, die tatsächlich gebissen wurden, trotzdem keine Hundephobie. Auch Rasenmäher oder Gewitter richten wohl kaum jemals einen tatsächlichen Schaden an, obwohl sie das Kind natürlich in Angst versetzen könnten. Aber Angstreaktionen, die nie durch schlechte Erfahrungen bestätigt wurden, pflegen sich in der Regel abzubauen, wie es auch meist der Fall ist: Ein kleines Kind mag beim ersten Anblick eines Rasenmähers erschrecken, der zehnte Anblick wird es im allgemeinen nicht mehr beunruhigen. Wenn dies nicht geschieht, so war offenbar ein besonderer Lernvorgang wirksam, der nicht den Regeln des üblichen Lernens aus Erfahrung folgt. Diese Schwierigkeit wird besonders deutlich im Fall der häufigen Spinnen- und Insektenphobien: Es gibt in Mitteleuropa kaum eine Spinne, die einen Menschen schmerzhaft beißen könnte – und trotzdem sind Spinnenphobien nicht selten. Insekten, die schmerzhaft stechen können, gibt es zwar, aber wiederum scheinen Phobien ganz unabhängig davon zu entstehen, ob ein Kind gestochen wurde oder nicht. Und die gefährlichen Arten, wie Bienen und Wespen, lösen die phobische Reaktion keineswegs besser aus als ganz harmlose Arten. Sehr auslösewirksam sind zum Beispiel große Blattwanzen oder die harmlosen großen Schnakenarten sowie von seiten der Spinnentiere die ganz und gar ungefährlichen langbeinigen Weberknechte. Es scheint also bei solchen Phobien gar nicht auf die Erfahrung, sondern auf ganz einfache auslösende Merkmale anzukommen: Viele, lange Beine, eckige, kerbtierhafte Bewegungen, Körpergröße und schnelle, ruckhafte Ortswechsel führen zu der phobischen Verknüpfung. Man könnte nun vermuten, daß solche Merkmale in der sozialen Umgebung des Kindes als abstoßend gelten und daß das Kind seine Reaktion von seinen erwachsenen Bezugspersonen übernimmt. In diesem Fall würde es sich um eine Erscheinung handeln, die in der Verhaltensbiologie als Stimmungsübertragung bekannt ist. Eine solche Theorie reicht jedoch kaum aus, alle Beobachtungen zu erklären, und die oben zitierte Untersuchung widerspricht ihr ebenfalls. Nur in wenigen Fällen ließen sich unter den Bezugspersonen des Kindes dieselben Phobien feststellen, unter denen das Kind litt. Häufig war den Eltern die phobische Reaktion des Kindes völlig unerklärlich.

In dieser Situation ist es gut verständlich, daß die tiefenpsychologische Deutung der kindlichen Phobie, wie sie FREUD am Beispiel des «kleinen Hans» gibt, weithin Glauben fand [60]. FREUD war der Ansicht, daß kindliche Phobien aus der Abwehr gegen Ängste entstehen, die sich eigentlich auf die Eltern richten. Der kleine Hans, der unter einer Pferdephobie litt, verdrängte nach FREUDS Meinung in einer ödipalen Konfliktsituation die Angst vor dem übermächtigen Vater. Der Vater hinderte ihn daran, mit der Mutter sexuelle Kontakte aufzunehmen; und durch die Furcht vor dem Vater waren seine sexuellen Wünsche so ängstigend für das Kind, daß es sie ins Unbewußte verdrängen mußte. FREUD ging so weit, einzelne Merkmale des Angstobjekts «Pferd» als symbolische Repräsentation des Vaters zu deuten. Im Fell eines Pferdes sah er das Symbol des väterlichen dunklen Barts, im großen Penis des Pferdes ein Symbol des väterlichen Penis und so weiter. Therapeutisch versuchte FREUD durch die Vermittlung des Vaters, seines überzeugten Anhängers, deutend auf den kleinen Hans einzuwirken. Er ließ dem Kind sinngemäß immer wieder ausrichten, in Wirklichkeit habe es keine Angst vor dem Pferd, sondern vor dem väterlichen Geschlechtsorgan. Und wie FREUD angibt, verschwand die Pferdephobie des kleinen Hans nach einiger Zeit tatsächlich. (Ich kann die Leser beruhigen. Soweit aus der Literatur zu entnehmen ist, hat der kleine Hans diese Art von Therapie ohne bleibende Schäden überstanden: ein guter Beleg für die Belastungs- und Regenerationsfähigkeit der kindlichen Entwicklung.)

Die Originalarbeit von FREUD wirkt ihrer Details wegen auch auf viele Fachleute befremdlich, darunter sogar auf einige jener, die an sich tiefenpsychologisch orientiert sind. Die grundsätzliche Erklärung kindlicher Phobien auf Grund einer unbewußt umgelenkten Angst vor den Eltern wurde jedoch weithin übernommen. Auch Psychologen und Pädagogen, die sonst nicht psychoanalytisch arbeiteten, nahmen immer wieder zu dieser Theorie Zuflucht, da sie die einzige vollständige Erklärung der Beobachtungen zu bieten schien. Die kindliche Phobie wurde so zu einem Ausstellungsstück tiefenpsychologischer Forschung, zu einem der wenigen Fälle, wo eine Langzeitwirkung kindlicher Erfahrungen wahrscheinlich gemacht werden konnte. Und selbst diejenigen Autoren, die die Theorie FREUDS ablehnten, hatten ihr nichts von gleicher Erklärungskraft entgegenzusetzen.

Es blieb einem experimentellen Psychologen vorbehalten, auf die mögliche verhaltensbiologische Deutung der kindlichen Ängste hinzuweisen [61]: ISAAK MARKS lenkte die Aufmerksamkeit auf die lange unbeachtete Tatsache, daß die häufigsten Objekte phobischer Reaktionen gerade diejenigen sind, bei denen man eine angeborene Grundlage der Angst erwarten könnte. Kinder entwickeln Angst vor großen Tieren, vor Kerbtieren und vor lauten Geräuschen, aber kaum jemals vor Autos, Messern, Steckdosen oder Streichhölzern. Diese Objekte sind für ein Kind heute viel gefährlicher als Raubtiere oder Insekten, und auch die Eltern haben vor Streichhölzern oder Autos viel mehr Angst als vor Katzen oder Spinnen, wenn es um ihre Kinder geht. Diese Umstände haben aber anscheinend keinen Einfluß auf die Entstehung der Ängste, und es liegt daher nahe, an erbliche Prädispositionen für die Angstreaktionen zu denken: Es könnte angeborenermaßen erkennbare Schlüsselreize geben, die über einen angeborenen auslösenden Mechanismus (AAM) reflexhaft Angst- oder Fluchttendenzen auslösen. Und diese Schlüsselreize müßten sich naturgemäß auf Gefahren beziehen, die während der Stammesgeschichte des Menschen eine besondere Rolle spielten. Daher sind Raubtiere, giftige Kerbtiere, laute Geräusche und so weiter in diesem angeborenen Mechanismus vorgesehen, nicht aber moderne Gefahrenquellen wie der Straßenverkehr oder die Elektrizität. Von der Theorie der Tiefenpsychologie her läßt sich die beobachtete Bevorzugung bestimmter Angstobjekte kaum erklären.

Die angeborenermaßen erkennbaren Schlüsselreize würden also dazu dienen, an Hand von konstanten Eigenschaften die stammesgeschichtlich «gefährlichen» Objekte zu identifizieren. Dadurch würde die Entstehung bedingter Aversionen besonders auf die Klasse derjeniger Objekte gelenkt, die die Schlüsselreize aussenden. Das einzelne Angstobjekt, der einzelne «Feind», würde dabei durch individuelle Erfahrung kennengelernt. Die genetische Disposition bestünde dann auch darin, daß analog zur Elternprägung bei Gänsen (s. Kapitel II) der Lernprozeß keine Verstärkung im lerntheoretischen Sinn (Strafe) benötigt oder zumindest weit weniger, als es die Stärke der Verknüpfung ansonsten vermuten ließe. Außerdem könnte ein so vorstrukturiertes Lernen die Merkmale aufweisen, daß sein Ergebnis schwer oder gar nicht umkehrbar wäre und daß eine sensible Phase bestünde, in der der Lernprozeß optimal ablaufen kann.

Wie bereits erwähnt, weist nun tatsächlich einiges darauf hin, daß solche Merkmale sich im Fall der kindlichen Ängste finden lassen. Über die Schnelligkeit ihrer Entstehung weiß man nichts, aber daß sie schwer wieder abgebaut werden können, ist allgemein bekannt. Und daß solche Ängste ohne eine echte Schmerzerfahrung entstehen können, wurde ausdrücklich betont.

Selbst das letzte Merkmal eines solchen Lernens, nämlich eine sensible Phase in der Entwicklung, könnte möglicherweise vorhanden sein. Alle typischen kindlichen Ängste scheinen nach dem zweiten und vor dem fünften Geburtstag der Kinder zu entstehen. Weder früher noch später können nach Angaben in der Literatur neue phobische Reaktionen beobachtet werden. Ähnliche Befunde sind auch von Primaten bekannt: MARKS gibt an, daß das zweite bis vierte Lebensjahr einen Höhepunkt der Schlangenfurcht bei jungen Schimpansen bildet, so daß bei diesen Tieren in einem ganz bestimmten Alter die größte Bereitschaft besteht, auf die sicherlich angeborenermaßen erkannten Merkmale einer Schlange mit Angst und Flucht zu reagieren. (Daß Schlangen auf Affen angeborenermaßen ängstigend wirken, läßt sich durch viele Beobachtungen belegen. Dasselbe wurde auch für den Menschen behauptet.) Andererseits ist es von Rhesusaffen bekannt, daß es bei ihnen ab dem dritten Monat eine Art Reifung der Angstreaktion gibt. Ab diesem Alter reagieren diese Tiere sehr empfindlich auf ängstigende Reize.

All diese Beobachtungen und Schlüsse ergeben noch keineswegs ein vollständiges Bild, aber sie weisen doch darauf hin, in welche Richtung die Forschung gehen sollte. Man könnte die Hypothese der biologischen Anthropologie über die kindliche Phobie folgendermaßen formulieren:

Während einer bestimmten Phase der Entwicklung, die zwischen dem zweiten und fünften Lebensjahr liegt, lernt das Kind gefährliche Objekte (Feindbilder) besonders schnell und sehr dauerhaft kennen. Dieser Lernprozeß wird von angeborenen, auslösenden Mechanismen unterstützt, die auf einige wenige Klassen von Schlüsselreizen reagieren. Schwere negative Erfahrungen mit den als gefährlich betrachteten Objekten sind für den Lernprozeß nicht nötig. Die Stärke der durch das Feindbild ausgelösten Angst und die Stärke der Vermeidungsreaktion sind verschieden und hängen von der Gesamtsituation des Kindes und von seinen weiteren Erfahrungen ab. Ob eine kleinkindliche Hundeangst zu einer Hundephobie im engeren Sinn wird oder nicht, könnte zum Beispiel davon abhängen, ob das Kind später gute Erfahrungen mit Hunden machen kann, wie hoch seine allgemeine Angstbereitschaft ist, welche Art von Vermeidungsverhalten es entwickelt hat und so weiter. Ja, es könnten sogar konstitutionelle Unterschiede zwischen den Kindern eine Rolle spielen. Forschungen, die von der geschilderten Hypothese ausgingen, könnten diese und andere Fragen sicherlich klären.

Insgesamt zeigt das Beispiel der kindlichen Ängste sehr deutlich, daß es möglich ist, auch die bekanntesten Beispiele für die Traumatheorie in einem biologischen Bezugsrahmen zu deuten. Das prägungsähnliche Lernen bildet zwar eine Ausnahme innerhalb der kindlichen Gesamtentwicklung, aber eben keine Ausnahme zur geschichtlich-organischen Vorstellung als solcher. Wie sich Angst- und Schmerzerfahrungen allgemein auf die kindliche Entwicklung auswirken, läßt sich durch die Betrachtung kindlicher Phobien nur sehr indirekt erschließen. Daher haben sich weder die Bindungstheorie noch die Theorie der kindlichen Phobie als Beispiele gegen eine biologisch orientierte Entwicklungsvorstellung erwiesen. Um dies zu zeigen, war es allerdings notwendig, die tiefenpsychologischen Denk- und Redeweisen dieser Theorien in verhaltensbiologische Kategorien zu übersetzen, was die zitierten Autoren (HASSENSTEIN, BOWLBY, MARKS) auch tatsächlich geleistet haben. Solche Übersetzungsaufgaben sind aber nicht nur der Tiefenpsychologie gegenüber zu lösen, denn auch die empirisch ausgerichtete Psychologie verharrt zum Teil in begrifflichen und theoretischen Strukturen, die mit denen der biologischen Anthropologie nicht ohne weiteres vereinbar sind. Dadurch wird eine Reihe von Mißverständnissen möglich, die es zu vermeiden gilt. Das erste Mißverständnis droht bereits durch das vom *elastic mind movement* benutzte Bild für die kindliche Entwicklung:

Wie bereits geschildert, beschreibt KAGAN die kindliche Verhaltenssteuerung als eine Struktur von hoher Elastizität. Danach muß man sich die Einwirkung traumatischer Belastungen so vorstellen, daß diese Struktur wie eine Gummiwand so lange verformt wird, wie die Einwirkung andauert, dann jedoch in ihre Ausgangslage zurückkehrt. Wie wir gesehen haben, kann sich diese Denkweise tatsächlich auf eine Reihe von Befunden stützen, die die große Flexibilität der kindlichen Entwicklung belegen. Trotzdem halte ich es für mißverständlich, ausgerechnet das Bild einer elastischen Wand zu benutzen, um diese Flexibilität zu beschreiben. Ein solches Bild führt zu der Vorstellung, daß durch äußere Belastungen verursachte Verhaltensstörungen von selbst und sehr schnell wieder in den Normalzustand übergehen, wird nur die Belastung beseitigt. Diese Vorstellung könnte als Argument dafür benutzt werden, scheinbar überflüssige Vor- und Nachsorgemaßnahmen in der Jugendpflege, in der Heilpädagogik und so weiter abzubauen sowie überhaupt das Anwachsen kindlicher Verhaltensprobleme leichterzunehmen. Ich glaube nicht, daß KAGAN solche Ansichten stützen will; in seiner hervorragenden «Entwicklungspsychologie» [62] äußert er sich ganz anders. Es wäre jedoch falsch, die Gefahr von Fehldeutungen nicht zu sehen, die durch die Popularisierung des *elastic mind movement* entstehen kann.

Glücklicherweise ist es möglich, dem entgegenzuwirken, indem man das Bild von der elastischen Gummistruktur durch ein anderes, der Sache angemesseneres ersetzt. Die geistigen Fußangeln dieses Bildes lauern vor allem im Umfeld des Begriffs «von selbst». Diese Fußangeln gilt es zu vermeiden, und dabei wird sich zeigen, daß die Flexibilität einer elastischen Struktur eben kein gutes Bild für die ganz andersartige Flexibilität der kindlichen Entwicklung ist:

Nehmen wir an, ein Kind sei durch übertriebene Strenge seiner Eltern ängstlich geworden und empfinde jedes gemeinsame Unternehmen mit ihnen als Belastung. Wenn die Eltern nun, aus besserer Einsicht oder durch eine Änderung ihrer eigenen Lage, eine maß- und liebevollere Erziehung praktizieren, so können sie nicht erwarten, das Kind unmittelbar aufblühen und vertrauensvoll strahlen zu sehen. Es hat ja auf den chronischen Konflikt, den es im Umgang mit den Eltern erlebte, mit der Bildung von Kontrollverhalten reagiert, und bereits die Persistenz erlernter aversiver Reaktionen, aber auch die Persistenz einer einmal angenommenen konsistenten Denkweise stehen einer raschen Änderung entgegen. Es braucht einige Anstrengung von beiden Seiten sowie eine gewisse Übergangszeit, bevor diese Reaktionen durch andere, angenehmere ersetzt werden können. Die Eltern müssen in unserem Beispiel sogar damit rechnen, daß es in der Übergangszeit zu Wertkonflikten beim Kind und zu turbulenten Gefühlsausbrüchen kommt, die im Vergleich zum vorigen Zustand als eine Verschlechterung erscheinen können. Allerdings wird hinter solchen Auseinandersetzungen auch ein wachsendes Vertrauen des Kindes sichtbar, und wenn es seine Exploration der neuen Situation abgeschlossen hat, so werden sich beide Seiten in einer stabilen Beziehung wiederfinden. (Etwas ganz Ähnliches geschieht übrigens, wenn antiautoritäre Eltern sich unter dem Druck schlechter Erfahrungen entschließen, von ihrem Kind mehr Ordnung und Rücksicht auf andere zu verlangen.)

Der Begriff «von selbst» ist also lediglich so zu verstehen, daß in der kindlichen Verhaltensentwicklung autonome Regulationsprozesse wirken, durch die (natürlich in individuell verschiedenem Maß) günstige Umstände ausgenutzt werden können, um Fehlentwicklungen wieder aufzuheben. Das kindliche Verhalten strebt genau wie das erwachsene Verhalten nach einem Gleichgewicht zwischen Anregung und Entspannung; chronische Belastungen versucht es zu vermeiden. Das angestrebte Gleichgewicht besteht sowohl in einer vegetativ-affektiven Homöostase als auch in einer kognitiven Homöostase, in einer gewissen Verläßlichkeit der Vorstellungen von der Welt und vom eigenen Selbst. Beide Gleichgewichte sind im Fall chronischer Kontrollreaktionen gestört, und beide haben eine Tendenz, sich – wenn möglich – wieder einzustellen. Die Flexibilität, die durch diese Tendenz verursacht wird, bedeutet aber nur, daß die Regulationsprozesse wie Umlernen, Umdenken und so weiter, über die das Kind verfügt, auch deutlichen Belastungen gegenüber im Laufe der Zeit häufig erfolgreich sind. Und in einer gewissen Anzahl von Fällen wirken diese Mechanismen auch dann noch, wenn die zu verarbeitende Belastung extrem gewesen zu sein schien. Aber selbstverständlich bedeutet jedes Umlernen und Umdenken eine aktive Leistung des Kindes, die nur in dem Sinn «von selbst» geschieht, indem ein vom Sturm beschädigter Baum von selbst wieder zu einem ganzen Baum heranwächst. Diese Heilung ist möglich, weil es sich um einen Organismus handelt, der die Fähigkeit zur Regulation und Regeneration besitzt. Die Flexibilität eines lebenden Organismus darf aber keinesfalls als eine einfache mechanische Unverwundbarkeit mißverstanden werden. Ein Beispiel soll dies weiter verdeutlichen:

Ein Kind kann durch verkrampfte und fehlgeleitete Unterrichtsversuche der Eltern, anstatt Schwimmen zu lernen, große Angst vor dem Wasser bekommen. Trotzdem ist dieses Kind später nicht dazu verurteilt, nie schwimmen zu können. Es ist noch nicht einmal unbedingt auf pädagogische Hilfe angewiesen. Wenn zum Beispiel im Schulalter der Wunsch in ihm entsteht, am Spiel seiner Freunde im Schwimmbad teilzunehmen, kann das Kind bewußt versuchen, trotz seiner Angst ins Wasser zu gehen. Gelingt ihm dies tatsächlich, so wird die Angst durch einen einfachen Lernprozeß immer mehr nachlassen, und der Weg für eine positive Verhaltensentwicklung ist dann frei. Im Sinn des letzten Kapitels könnte man davon sprechen, daß auf der Ebene der kognitiven Verhaltenssteuerung eine Reaktion hervorgerufen wird, die auf die anderen Lern- und Entscheidungssysteme zurückwirkt, um ein Defizit aus früherer Zeit auszugleichen. Und zwar wird dabei die vorige aversive Verknüpfung nicht irgendwie unbewußt, sondern als solche geschwächt und schließlich durch positive Verknüpfungen ersetzt. Ob gewisse Reste des alten aversiven Engramms (etwa eine leichtere Reaktivierbarkeit der Angst vor dem Wasser als bei anderen Kindern) als eine Art psychologische Narbe erhalten bleibt oder nicht ist unbekannt, für die Praxis aber auch nicht allzu wichtig.

Die Fähigkeit der eigenständigen geplanten Regulation der eigenen Verhaltensentwicklung ergibt sich aus der Tatsache, daß beim Menschen ein Begriffsgedächtnis, eine innere Repräsentation der Welt mit der Fähigkeit zum Gedankenexperiment, zum Umdenken und zum Eingriff in untergeordnete Verhaltensweisen existiert. Diese Fähigkeit ist für den Menschen arttypisch, und sie besteht etwa ab dem Kleinkindalter und nimmt bis zur Adoleszenz immer mehr zu. Allerdings läßt sich auch eine Grenze dieser Regulationsfähigkeit angeben: Je stärker eine Aversion oder Hemmung wird, desto schwerer wird es auch, bewußt eine Gegenerfahrung zu inszenieren. Und einige Aversionen und Hemmungen sind bekanntlich ohne fachliche Hilfe nicht beeinflußbar. Außerdem hängt es von dem Gesamtzustand des einzelnen ab, wieviel Energie er für seine Regulationsanstrengungen einsetzen kann. Körperliche Erkrankungen behindern diese Anstrengungen, und auch eine Anhäufung negativer Lebensumstände kann es unmöglich machen, die Belastungen konstruktiv zu verarbeiten. Oder anders ausgedrückt: Jede neue Belastung stellt einen Risikofaktor für die Gesamtentwicklung dar, dessen Größe nicht als solche, sondern nur in Beziehung zur gesamten Situation angegeben werden kann.

Es ist nach allem Gesagten dringend anzuraten, die Flexibilität der kindlichen Entwicklung nicht durch das Bild einer elastischen Struktur, sondern durch das Bild eines organischen Wachstums zu beschreiben. Damit wird nicht nur den tatsächlichen Verhältnissen Rechnung getragen, es wird ohne weitere Erklärung auch sofort deutlich, warum trotz der gegebenen Flexibilität Fürsorge und Vorsorge für gefährdete Kinder nötig ist. Gerade für die Praxis der Sozialpolitik und Jugendpflege sollte unbedingt von einem organischen Bild der kindlichen Entwicklung ausgegangen werden.

Aus dem Bereich der empirischen Psychologie stammt noch eine weitere Möglichkeit des Mißverständnisses, die auf der großen Betonung beruht, die manche Psychologen den kognitiven Prozessen geben. In einer seiner neueren Arbeiten, in der es um die Wirkung elterlichen Verhaltens auf das Kind geht, schreibt zum Beispiel KAGAN den bemerkenswerten Satz nieder: «Die Bewertung eines Elternteils als ablehnend oder annehmend (durch das Kind) kann sich nicht allein auf das Verhalten des Elternteils stützen, denn Ablehnung ist wie Vergnügen, Schmerz oder Schönheit keine feststehende Eigenschaft, sondern ein Inhalt des Denkens beim Abgelehnten. Sie besteht in einem Glaube des Kindes, nicht in einer Handlung des Elternteils» [63, eigene Übersetzung].

Dieser Satz hat einen sehr guten Sinn: Es wird davor gewarnt, die Wirkung eines elterlichen Verhaltens auf das Kind zu beurteilen, ohne zu berücksichtigen, was das Kind selbst sich bei dem elterlichen Verhalten denkt. Denn, wie KAGAN ausführt, die Haltung des Kindes hängt davon ab, wie die Situation vorher war, was in der Umgebung üblich ist und so weiter. Diese Warnung kann zur Abwehr billiger Fehlschlüsse nicht ernst genug genommen werden. Trotzdem ist der obige Satz, wörtlich genommen, sicherlich falsch, denn die Ablehnung eines Kindes durch seine Eltern ist mehr als der Glaube des Kindes, abgelehnt worden zu sein. Um alle Mißverständnisse zu vermeiden, muß auf die im letzten Kapitel dargelegte Vorstellung einer komplizierten Verhaltenssteuerung zurückgegriffen werden. Dann wird sehr schnell klar, daß eine elterliche Handlung ablehnender Natur sowohl aus ablehnenden Gedankengängen der Eltern besteht als auch gewohnheitsmäßige Aversionen und affektive Zustände umfaßt. Beim Kind ist dasselbe der Fall: auch sein Verhalten besteht aus einer kognitiven Interpretation der Situation, aus gewohnheitsmäßigen Reaktionen und aus emotionalen, ja sogar vegetativen Antworten. Keine dieser Ebenen darf vernachlässigt werden, will man die Ereignisse in einem konkreten Fall wirklich verstehen. Und die Frage, was denn «Ablehnung» eigentlich sei, erledigt sich von selbst: Alles mögliche kann der Fall sein: emotionale Aversionen ohne kognitive Begründung, schlechte, aversive Gewohnheiten ohne großen affektiven Hintergrund und vieles andere mehr. Ein vollständiges, auf allen Ebenen wirksames ablehnendes Verhalten könnte zum Beispiel definiert werden als ein aversives Handeln der Eltern gegen das Kind, das aus einer aggressiven Motivation heraus geschieht, gewohnheitsmäßig verfestigt ist und mit einer Vorstellung von der Minderwertigkeit des Kindes einhergeht. Der Anthropologe wird also nicht, und gerade dann nicht, wenn er der Kognition ihren Platz einräumt, auf rein kognitive Definitionen eines Verhaltens zurückgeworfen. Das ist sehr erfreulich, denn rein kognitive Verhaltensdefinitionen sind im höchsten Grad unpraktikabel für eine empirische Wissenschaft. Sie sind auch nicht notwendig, wenn die große Bedeutung kognitiver Prozesse immer im Auge behalten wird.

Weitere Mißverständnisse, die in einer ähnlichen Weise entstehen können, kreisen um den schwierigen Begriff des kindlichen Bedürfnisses. Auch diese Mißverständnisse will ich, wenn nicht auszuräumen, so doch zu verringern suchen, gerade weil der Bedürfnisbegriff in der Praxis eine sehr große Rolle spielt. Hier ist allerdings besondere Vorsicht angebracht: Irgendwelche politischen oder sozialen Ziele lassen sich heute leichter durchsetzen, wenn man sie in Zusammenhang mit einem angeblichen «natürlichen Bedürfnis» des Menschen bringen kann. Dem Mißbrauch ist damit Tür und Tor geöffnet und es erstaunt den Fachmann zu sehen, wie viele sogenannte natürliche Bedürfnisse die Wissenschaft angeblich bereits festgestellt hat – wobei der Verkünder dieser Bedürfnisse natürlich sofort die Mittel bei der Hand hat, diese auch zu befriedigen. Trotzdem gibt es so etwas wie feststehende, von der jeweiligen Situation weithin unabhängige Bedürfnisse des Menschen, und es wird festzustellen sein, wie dieser Begriff richtig benutzt werden kann.

Bereits zu Anfang muß zwischen den sogenannten vitalen und den sozialen Bedürfnissen unterschieden werden. Die vitalen Bedürfnisse sind diejenigen, die sich auf den Erhalt und das Wachstum des körperlichen Lebens beziehen, wie das Bedürfnis nach Nahrung, nach Wasser und nach Wärme. Diese Bedürfnisse sind unproblematisch, schwierig wird der Begriff erst, wenn es um die sozialen Bedürfnisse geht. Darunter versteht man Bedürfnisse, die sich auf ganz bestimmte soziale Umweltbedingungen richten, die für die Verhaltensentwicklung ebenso wichtig sind wie Wasser und Nahrung für die körperliche Entwicklung. Es fragt sich, ob es solche Umweltbedingungen gibt und wie diese richtig zu erkennen sind.

Ein extremes, aber auch besonders eindrucksvolles Beispiel für ein soziales Bedürfnis wurde bereits in diesem Kapitel besprochen, das Bedürfnis des Säuglings und Kleinkindes nach einer Bindung an eine bleibende, zuverlässige und liebevolle Bezugsperson. Es zeigte sich, daß eine normale Verhaltensentwicklung nur dann stattfindet, wenn eine solche Bindung besteht, und daß ein Bindungsdefizit oder gar Bindungslosigkeit sich an den entsprechenden Verhaltensstörungen ablesen läßt. Der Säugling muß also ganz bestimmte Umweltbedingungen sozialer Art vorfinden, wenn chronische innere Konflikte (in diesem Fall durch ein erhöhtes Angstniveau, durch Apathie und Lerndefizite) vermieden werden sollen und wenn der Säugling nicht unter seiner Umwelt leiden soll. Daß der Säugling in diesem Sinn ein Bedürfnis nach einer bleibenden Bezugsperson hat, ebenso wie eines nach Nahrung und Wärme, ist vielen Menschen schwer vorstellbar. Es gelingt ihnen nicht, die Notwendigkeit sozialer Bedingungen einzusehen oder zumindest nicht, sie als ähnlich wichtig anzusehen wie körperliche Entwicklungsbedingungen. Trotzdem ergibt sich das eine wie das andere aus der Natur der menschlichen Entwicklung, was man sich an einem Beispiel aus dem körperlichen Bereich sehr schnell klarmachen kann:

Die Körperbedeckung – die Haut – eines menschlichen Säuglings ist so gebaut, daß er in unserem Klima Kleidung benötigt, um nicht an Wärmeverlust zu sterben. Das könnte auch ganz anders sein: Es gibt bei den Säugetieren Jungtiere, die ein schützendes Fell haben, und es gibt andere Jungtiere, die Unterkühlung für einige Zeit ertragen können. Beim Menschen ist dies anders. Das Baby ist auf einen aktiv von der Mutter vorgenommenen, also in gewissem Sinn «sozialen» Wärmeschutz angewiesen. Ganz analog dazu ist ein anderes Organ, das Gehirn, so beschaffen, daß eine beständige soziale Umwelt nötig ist, um die Leistung dieses Organs voll zu entwickeln. Das Gehirn könnte ebenso wie die Haut anders gebaut sein, und es gibt tatsächlich viele Jungtiere, die keine entsprechenden Bedürfnisse haben. Aus seinen besonderen Entwicklungsbedingungen und aus seiner stammesgeschichtlichen Herkunft heraus hat das menschliche Kind aber dieses Bedürfnis, und damit muß gerechnet werden. Soziale Bedürfnisse solcher Art sind also nicht nur ebenso natürlich wie die vitalen Bedürfnisse, sie sind, um ein Paradox zu gebrauchen, sogar ebenso vital. Allgemein läßt sich dieses Prinzip folgendermaßen formulieren: Die Flexibilität der menschlichen Verhaltenssteuerung findet ihre Grenze nicht nur in nicht zu verarbeitenden Belastungen, sondern auch in natürlich vorgegebenen Entwicklungsschritten, die nur unter ganz bestimmten äußeren Bedingungen getan werden können. Falls diese Umweltbedingungen nicht gegeben sind, kommt es zu Entwicklungsdefiziten, die vorübergehende oder dauerhafte Beeinträchtigungen hinterlassen.

Sobald Begriffe wie «natürlich vorgegeben» oder gar «angeboren» benutzt werden, drohen neue Mißverständnisse. Ein natürlich vorgegebener Entwicklungsschritt oder ein angeborenes Verhalten sind nicht Prozesse, die unabhängig von der Umwelt und von der Erfahrung ablaufen. Im Gegenteil, manchmal sind angeborene Fähigkeiten gerade dazu bestimmt, wichtige Interaktionen mit der Umwelt zu fördern. Das war beim Prägungslernen der Fall, und auch das Nachahmen des menschlichen Kleinkindes läßt sich so interpretieren. Die Fähigkeit zur Nachahmung tritt um den ersten Geburtstag herum «von selbst», also angeborenermaßen, in Erscheinung, und sie erreicht den Höhepunkt ihres Auftretens um den dritten Geburtstag. Aber selbstverständlich muß diese erstaunliche Fähigkeit durch eine entsprechende Umwelt (zu der unter anderem auch eine soziale Bindung gehört) mit Material versehen werden, soll sie ihre volle fördernde Wirkung auf die Entwicklung entfalten. Das Nachahmen stellt eine besonders effektive und trotzdem eindeutig angeborene Lernstrategie dar, die deutlich zeigt, in welcher Weise vorgegebene Fähigkeiten des zentralen Nervensystems äußere Bedingungen voraussetzen, um zur Wirkung zu gelangen. Eine solche Situation wird lediglich in Kurzform beschrieben, wenn man sagt, das Kind habe ein angeborenes «Bedürfnis» nach Stimulation, nach Vorbildern und so weiter.

Damit wird auch von vornherein klar, daß mit dem Wort Bedürfnis vorsichtig umgegangen werden muß, zumindest wenn man behauptet, es handle sich um ein natürliches und um ein unausweichliches Bedürfnis. In einem solchen Fall muß bewiesen werden, daß das fragliche Bedürfnis auf vorgegebenen Grenzen der menschlichen Verhaltensflexibilität beruht oder daß vorgegebene Strukturen vorhanden sind, die sich anderen Bedingungen nicht anpassen können. In der Regel wird dieser Beweis schwer zu erbringen sein, denn es reicht, wohlgemerkt, nicht aus, lediglich eine gewisse allgemeine oder sogar eine angeborene Tendenz menschlichen Verhaltens in eine bestimmte Richtung zu beweisen. Fast alle Kinder lieben süße Nahrungsmittel, aber daraus kann auf keinen Fall geschlossen werden, es bestünde ein unausweichliches Bedürfnis nach Süßigkeiten im obigen Sinn. Zwar besteht tatsächlich eine angeborene Bevorzugung des Süßen, die in einer Jäger- und Sammlerkultur sicherlich hilfreich war, aber das Eßverhalten des Menschen wird dadurch nicht eingegrenzt. Es ist unfraglich flexibel genug, um auch mit einer Ernährung ohne Süßigkeiten auszukommen; und im Fall eines modernen Kindes muß das «Bedürfnis» (im Sinn einer ererbten Tendenz) sogar kontrolliert werden, um eine gesunde Entwicklung zu fördern.

Es zeigt sich also, daß in der Umgangssprache ein weiter gefaßter Bedürfnisbegriff benutzt wird, als ich ihn hier beschrieben habe. Man verbindet zwar auch umgangssprachlich mit diesem Wort die Vorstellung einer notwendigen Voraussetzung, um Leben und Wohlbefinden eines Menschen zu erhalten, aber sehr oft trifft man auch die Vorstellung an, ein Bedürfnis bestehe denjenigen Dingen gegenüber, zu denen ein Mensch sich emotional hingezogen fühle. Das umgangssprachliche Bedeutungsfeld des Wortes umfaßt also auch jene Verhaltenselemente, die in der Verhaltensbiologie als Appetenz bezeichnet werden. Warum dies so ist, läßt sich leicht einsehen:

Fast alle Dinge, die ein Mensch oder auch ein Tier zum Leben und Wohlbefinden braucht, werden durch angeborene oder erworbene Verhaltensweisen aktiv aufgesucht. Diese Verhaltensweisen sind mit einem Antrieb verbunden, und so wird dasjenige, was funktionell notwendig ist, auch im Sinn einer Appetenz angestrebt. Es besteht ein Bedürfnis nach Schlaf, weil Schlaf notwendig ist, und es besteht ein subjektiv erfahrbares «Schlafbedürfnis», eine Tendenz zu schlafen. Trotzdem müssen diese beiden Aspekte des Wortes in der wissenschaftlichen Diskussion getrennt werden, denn wie das Beispiel des «Bedürfnisses nach Süßigkeiten» zeigt, kann sehr wohl eine verbreitete, sogar eine angeborene Tendenz zu einem Verhalten auftreten, das funktionell ungünstig ist. Auch das Umgekehrte kann der Fall sein: Ein zweijähriges Kind muß die menschliche Sprache hören können, wenn es sprechen lernen soll. Im funktionellen Sinn besteht also ein überragendes und unbedingtes Bedürfnis des Kindes, mit sprechenden Sozialpartnern zu verkehren. Es ist aber ganz ungewiß, ob ein Kind Sprachreize aktiv aufsucht oder ob es ein inneres Drängen empfindet, sich Sprechenden zuzuwenden. Die Gegenwart von Sprachreizen in der Umwelt eines Kindes könnte stammesgeschichtlich so selbstverständlich gewesen sein, daß nie eine Notwendigkeit des aktiven Aufsuchens bestanden hatte.

Ich würde es daher begrüßen, wenn der Begriff «Bedürfnis» in der Anthropologie funktionell benutzt würde. Für die verhaltensdynamische Seite des Begriffs gibt es andere wissenschaftliche Bezeichnungen, wie die der Appetenz. Durch eine solche Einschränkung würden auch die sogenannten «sekundären Bedürfnisse» aus der Betrachtung ausgeklammert, wie zum Beispiel das Verlangen nach Zigaretten oder nach einer Fernsehserie. Beide Dinge werden häufig aktiv angestrebt, ja sie können zwanghaft nötig sein, aber trotzdem haben sie sicherlich keinen ursprünglichen funktionellen Sinn. Sie können daher bei einer enggefaßten, funktionalen Bedürfnisdefinition unberücksichtigt bleiben.

Ein letztes mögliches Mißverständnis kann im Anschluß an die Diskussion der natürlichen «Bedürfnisse» besonders einfach ausgeräumt werden: Es sollte deutlich sein, daß ich bisher, wie in diesem ganzen Buch, organische Beeinträchtigungen des zentralen Nervensystems aus den Überlegungen ausgeklammert habe. Organische Defekte des Gehirns, die durch Geburtsverletzungen, durch sensorische Deprivationen, durch Dauerstress oder durch Ernährungsmängel entstehen, sind keine «psychischen Traumata» im Sinn dieses Buches, sondern organische Traumata im Sinn der Medizin. Zweifellos werden diese beiden Erscheinungen in der Praxis oft verwechselt; zwischen organisch bedingten Schäden und psychischen Konfliktreaktionen ist nicht immer einfach zu trennen. Außerdem führen Gehirnschädigungen häufig sekundär zu Verhaltensdefekten, da die Umgebung auf das abweichende Benehmen des Kindes falsch und unverständig reagiert. Doch all diese Komplikationen, und auch die Möglichkeit von Grenzfällen, berechtigen nicht dazu, die beiden Erscheinungen zu vermengen, wie es manchmal geschieht. Wenn man ein Beispiel aus der Technik benutzen will: «Psychische Traumata» sind Defekte, die das Programm, die Struktur der Datenverarbeitungsschritte betreffen. «Organische Traumata» sind Defekte, die den technischen Apparat der Datenverarbeitung betreffen und die jede mögliche Datenverarbeitung behindern müssen. Defekte der zweiten Art sind Gegenstand der Neurologie und nicht der Verhaltenswissenschaften im engeren Sinn, sie sollen künftig nicht mehr erwähnt werden.

## Zusammenfassung des zweiten Teils:

1. Der Einfluß des familiären Hintergrundes auf das menschliche Verhalten ist ganzheitlicher Natur. Er beruht auf einer vielfältigen Wechselwirkung von genetischen Faktoren und Milieueinflüssen mit den bewußten Entscheidungen und dem Handeln der einzelnen Personen.

2. Die gegenwärtige Erfahrung beeinflußt in der Regel alle Bereiche der menschlichen Verhaltenssteuerung gleichermaßen. Affektive Reaktionen sind der ständigen Wandlung ebenso unterworfen wie Denken und Handeln. Es gibt keine Beweise für die Existenz einer affektiven Dynamik, die durch Kindheitserfahrungen determiniert und durch spätere Erfahrungen nicht mehr verändert wird.

3. Die Wirkung von Angst- und Schmerzerlebnissen kann nur dann richtig beschrieben werden, wenn zwischen dem Langzeitgedächtnis, der Struktur der Verhaltenssteuerung insgesamt und der Stärke und Art der momentanen Aktivierung getrennt wird. Eine traumatische Erfahrung löst aktuelle Reaktionen aus, die darauf zielen, die Angst und Alarmstimmung zu kontrollieren. Sie löst aber auch langfristige, strukturelle Änderungen der Lern- und Entscheidungssysteme aus, die darauf zielen, die traumatische Situation zu vermeiden oder zu ändern.

4. Überfordert die traumatische Situation die Fähigkeiten der Verhaltenssteuerung oder kann die Situation weder verändert noch vermieden werden, kommt es zu chronischen Kontrollreaktionen. Diese zielen auch langfristig nur auf eine Begrenzung der Angst- und Alarmstimmung und nicht mehr auf eine Bereinigung der Situation. Die einzelnen Elemente solcher chronischer Kontrollreaktionen können in körperliche, gewohnheitsmäßige und kognitive Anteile aufgetrennt werden.

5. Einige chronische Kontrollreaktionen können sich erhalten, nachdem die auslösende Situation nicht mehr besteht.

Dabei ist das Prinzip besonders wichtig, daß vielfach positive Gegenerfahrungen aktiv vermieden werden. Eine solche Persistenz, über lange Zeit hinweg und gegen einen beträchtlichen Leidensdruck, kommt jedoch nur in seltenen Ausnahmen vor.

6. Ein einheitliches «psychisches Trauma» im Sinn der Traumtheorie gibt es nicht. Die Wirkung von Angst- und Schmerzerlebnissen im Kindesalter läßt sich angemessen beschreiben, indem man von einer organisch-geschichtlichen Vorstellung von der Kindesentwicklung ausgeht. Belastende Erfahrungen können dann als Risikofaktor für die Entwicklung bezeichnet werden, wobei die Größe und die Art des Risikos von einer Vielzahl weiterer Einflüsse abhängt und meist nicht genau angegeben werden kann.

# 3. Teil: Die Praxis

Auf drei Punkte sollen wir bei unserem Tun achten: Daß man ordentlich, vernünftig und bewußt arbeite. Nun nenne ich dies ein ordentliches Tun, daß man allerwärts das Nächstliegende tue. Vernünftiges Tun aber ist dies, daß man zur Zeit kein besseres Ding als eben dieses eine tun kann. Und bewußtes Wirken nenne ich das, wo man lebendige Wahrheit mit fröhlicher Gegenwart in guten Werken verbindet.

Aus: ‹*Vom tätigen und schauenden Leben*›
von Meister Eckehart

# VIII Die seelische Belastung als Risikofaktor

Mein sind die Jahre nicht, die mir die Zeit genommen.
Mein sind die Jahre nicht, die etwa möchten kommen.
Der Augenblick ist mein, und nehm' ich den in Acht.
So ist der mein, der Zeit und Ewigkeit gemacht.

ANDREAS GRYPHIUS

Die praktische Wirkung einer jeden Theorie über menschliches Verhalten hängt nicht nur davon ab, wie gut diese Theorie bewiesen ist, sondern auch davon, wie sie ihre Fachworte und Begriffe wählt. Jede anthropologische Aussage ist letztlich eine Aussage über den Autor selbst, über seine Familie und seine Nachbarn, über die Leser und die Zuhörer; über Zuneigung und Abneigung, Probleme und Erfolge, die jedermann höchstpersönlich betreffen. Es verwundert daher kaum, daß Begriffe mit einem herabsetzenden, entpersönlichenden oder überheblichen Beiklang nirgends so viel Schaden anrichten, nirgends so viele Mißverständnisse verursachen, wie wenn es um den Menschen selbst geht. Ein Biologe, der die Systematik der Holzgewächse oder die Elektrochemie der Nervenleitung zu beschreiben versucht, steht vor vergleichsweise bescheidenen Schwierigkeiten – nicht weil sein Stoff nicht kompliziert und abstrakt wäre, sondern weil sich der Leser oder Hörer kaum jemals persönlich betroffen fühlt. Der Begriff des psychischen Traumas wurde von FREUD eingeführt, wurde von der Tiefenpsychologie über viele Jahrzehnte geprägt und ist daher dem Theoriengebäude dieser Lehre aufs engste verbunden. Daß diese Lehre nicht einfach beibehalten werden kann, haben die bisherigen Überlegungen, wie ich meine, zur Genüge deutlich gemacht. Um Mißverständnisse zu vermeiden, will ich für den weiteren Text daher auch den Begriff «psychisches Trauma» verlassen und künftig von Angsterlebnissen, Schmerzerlebnissen oder von einer seelischen Belastung sprechen. In diesem Kapitel wird es darum gehen, die praktische Anwendung solcher Begriffe zu überprüfen und einige Schwierigkeiten so gut als möglich auszuräumen:

In den letzten beiden Kapiteln wurde gesagt, daß die Wirkung einer seelischen Belastung als ein Risiko für die Entwicklung beschrieben werden kann. Innerhalb des komplizierten Faktorengefüges eines Entwicklungsgangs gibt es selbstverständlich eine Reihe von Risikofaktoren, und seelische Belastungen können ohne weiteres als solche betrachtet werden. Der Begriff des Risikofaktors stammt aus der Medizin; er bezeichnet einen pathogenen Einfluß, der im statistischen Durchschnitt das Auftreten einer Erkrankung fördert, dessen Vorhandensein aber keine Vorhersage für den Einzelfall erlaubt. So ist ein Mann, der seit zehn Jahren stark raucht, statistisch gesehen viel stärker von Lungenkrebs bedroht als ein Nichtraucher. Es ist aber keineswegs sicher, daß ersterer wirklich Lungenkrebs bekommen wird. Die übrigen Faktoren mögen so gelagert sein, daß sich das Risiko des Rauchens gar nicht (oder in eine andere Richtung) auswirkt. Und sollte der Mann das Rauchen aufgeben, so sinkt sein statistisches Risiko immer mehr ab, je länger sein Körper Zeit zur Regeneration und Entgiftung erhielt. Auch der Nichtraucher kann – wenn auch mit einer geringen Wahrscheinlichkeit – Lungenkrebs bekommen, das heißt, das Rauchen ist nicht nur keine hinreichende, sondern nicht einmal eine notwendige Bedingung der Erkrankung. Führt nun dieser Mangel an Vorhersagbarkeit im Einzelfall zu dem Schluß, man könne die Propaganda gegen das Rauchen aufgeben, oder es sei sinnlos, einem Bekannten zum Aufgeben des Rauchens zu raten? Keineswegs: das Rauchen bürdet unserer Volkswirtschaft in jedem Jahr medizinische Folgekosten in Milliardenhöhe auf und jede Aufklärungs- und Vorsorgearbeit wäre, sofern sie nur etwas Erfolg hätte, vollkommen gerechtfertigt. Eine seelische Belastung als Risikofaktor aufzufassen, führt ganz in derselben Weise nicht dazu, daß Vorsorge und Abhilfebemühungen überflüssig werden. Sie erhalten allerdings einen anderen Charakter als im Rahmen der Traumatheorie, da sie sich an einer organisch-geschichtlichen Entwicklungsvorstellung orientieren. Die charakteristischen Züge des Begriffs «Risikofaktor»: die Unvorhersagbarkeit im Einzelfall bei gesicherten statistischen Beziehungen, die Unwägbarkeit der Wirkungen ohne Kenntnis aller anderer Faktoren sind mit einer solchen Entwicklungsvorstellung aufs engste verbunden. Ich will diesen Punkt näher besprechen, da er für das Verständnis der Kindesentwicklung von großer Bedeutung ist.

Was es heißt, die menschliche Entwicklung als einen geschichtlichen Prozeß zu bezeichnen, kann am besten am Beispiel der politischen Geschichte klargemacht werden. Zum Beispiel könnte ein Historiker (wenigstens im Rückblick) behaupten, der Militarismus von Kaiser WILHELM II. sei eine der Ursachen für den Ersten Weltkrieg gewesen. Aber das Wort «Ursache» muß hier in einem eingeengten Sinn verstanden werden: Dieser Militarismus war weder eine notwendige noch eine hinreichende Bedingung für den Krieg. Ein Weltkrieg hätte auch ohne ein militaristisches Kaiserhaus ausbrechen können, und andererseits hätten andere gesellschaftliche Entwicklungen den bestehenden Militarismus neutralisieren oder gar zum Guten wenden können, so daß ein Krieg hätte vermieden werden können. Die richtige Beschreibung einer «Ursache» dieser Art müßte eigentlich sein, sie als einen Risikofaktor zu betrachten: Die militaristische Ideologie des Kaisers war ein Risikofaktor in einem ungeheuer komplizierten, polyvalenten Wirkungsgefüge, dessen Entwicklung auf keinen Fall vorhersagbar war und das selbst retrospektiv nicht eindeutig erklärt werden kann. Ebenso läßt sich über fast alle seelischen Belastungen in einer kindlichen Entwicklung zwar sagen, daß sie ein Risiko darstellen, eine empirisch zuverlässige Kausalverknüpfung mit späteren Ereignissen bleibt in der Regel jedoch unmöglich.

Die Analogie zwischen der politischen Geschichte und der Lebensgeschichte eines Menschen läßt sich sogar noch weiter treiben: Sollte sich heute in Deutschland wieder eine militaristische Ideologie ausbreiten, so wäre es unsinnig, den Geist des wilhelminischen Preußen als die Ursache im umgangssprachlichen Sinn zu nennen. Es gäbe sicherlich Rückbezüge zur Kaiserzeit, aber – und dies ist entscheidend – die Triebfeder für die Ausbreitung einer solchen Ideologie wäre in den politischen Bedingungen der Gegenwart zu suchen. Und jeder Versuch, diese

Ideologie zu bekämpfen, müßte ebenfalls bei den Gegenwartsbedingungen ansetzen. Nur ein Narr könnte meinen, eine tiefgründige historische Auseinandersetzung mit der Geschichte des 19. Jahrhunderts wäre ausreichend, um den aktuellen politischen Kampf zu gewinnen. Dies bedeutet nicht, daß man nicht aus der Geschichte lernen könnte. Es wäre jedoch völlig verfehlt, die geschichtliche Betrachtung an die Stelle der Gegenwartsanalyse zu setzen. Im Gegenteil, alles, was die Geschichte lehren kann, ist, die Gegenwart besser zu verstehen.

Eine ganz ähnliche Sicht läßt sich nun unmittelbar auf die meisten Lebensprobleme der Erwachsenen übertragen. Die Verhaltensweisen eines Erwachsenen haben sich durch eine geschichtliche Auseinandersetzung des Individuums mit seiner Umwelt entwickelt, und jeder Änderungsversuch muß in der Gegenwart ansetzen. Ein Rückblick auf den Gang der Lebensgeschichte kann helfen, die Umstände der Gegenwart zu verstehen, und dies ist oft von Nutzen. Der Rückblick allein jedoch ändert überhaupt nichts; jede neue Entwicklung muß in der Gegenwart ansetzen und von ihren Bedingungen ausgehen. Dieser Zusammenhang, der den Grundlagen der Traumatheorie strikt zuwiderläuft, kann für die Praxis nicht genug bekräftigt werden.

Durch solche Überlegungen wird es, wie ich meine, deutlich, warum ich gerade im Blick auf die Praxis von einer organisch-geschichtlichen Kindesentwicklung sprechen möchte. Die Analogie zur politischen Geschichte ergänzt die Analogie zu einem organischen Wachstumsprozeß und nähert die Begriffe der Wirklichkeit noch besser an. Die geschichtliche Analogie verdeutlicht die Unwiederholbarkeit und Einmaligkeit des Geschehens, während die organische Analogie die besondere Flexibilität und Regenerationsfähigkeit eines lebenden Wesens deutlich macht. Während bisher dieser zweite, organische Blickwinkel im Vordergrund stand, darf der geschichtliche Aspekt nicht vergessen werden: Die Einmaligkeit, die allen geschichtlichen Prozessen anhaftet, setzt der empirisch-wissenschaftlichen Betrachtung enge methodische Grenzen. (Im folgenden Kapitel werde ich versuchen, auf diese eher philosophische Frage noch etwas gründlicher einzugehen.) Daß die Wirkung einer belastenden

Erfahrung nur mit dem Begriff des Risikofaktors und nicht in Begriffen allgemeingültiger Gesetze beschrieben werden kann, folgt unmittelbar daraus, daß die kindliche Entwicklung sich als ein geschichtlicher Prozeß vollzieht. Geschichtliche Prozesse können, wenn überhaupt, nur im Rückblick erklärt und verstanden werden. Die Wirkung eines einzelnen Faktors vorherzusagen, verbietet sich von selbst.

Hat man den geschichtlichen Aspekt der Entwicklung im Auge, so bleibt der Begriff des Risikofaktors allerdings etwas einseitig, wenn man ihm nicht einen anderen, positiven Begriff gegenüberstellt. Es gibt in einer kindlichen Lebensgeschichte nicht nur ungewöhnliche Belastungen, sondern auch ungewöhnliche Glücksfälle, die eine Entwicklung in unerwartet günstige Bahnen lenken können. Ein nicht besonders intellektuell begabtes Kind kann unter der Anleitung eines geduldigen und guten Lehrers ein Wissen erwerben, das ihm unter durchschnittlichen Bedingungen versagt geblieben wäre. Ebenso kann ein durch die Scheidung seiner Eltern seelisch tief verletztes Kind zufällig einen Schulfreund haben, dessen Familie ihm freundlich und geduldig Zuflucht gewährt. Seine innere Belastung kann dadurch viel geringer werden als unter «normalen» Umständen.

Es wäre aber zweifellos verkrampft und ganz unrealistisch, wollte man das Fehlen eines hilfreichen Schulfreundes als einen «Risikofaktor» bezeichnen. Wenn ein solcher Glücksfall nicht eintritt, handelt es sich nicht um ein ungünstiges Abweichen von der Normalität, um eine Deprivation, sondern umgekehrt um eine nicht genutzte Hilfsmöglichkeit, um eine ungenutzte Chance, in günstige Richtung von der Normalität abzuweichen.

Diese Art der Sprachregelung ist in der Praxis wichtiger, als man meinen sollte. Ich will ein Beispiel geben:

Es ist inzwischen bekannt, daß die Mutter unmittelbar nach der Geburt eine besondere Sensitivität ihrem Neugeborenen gegenüber entwickelt [64]. Diese Sensitivität, die wahrscheinlich hormonellen Ursprungs ist, stärkt die Bindung der Mutter an das Kind und hilft ihr dabei, es in erstaunlich kurzer Zeit individuell genau kennenzulernen. Nun forderten viele Psychologen und Verhaltensbiologen sehr mit Recht, daß diese Kenntnis in der Perinatalmedizin stärker beachtet werden sollte. Zum Beispiel sollte diese Sensitivität nicht ohne medizinische Begründung (oder ohne ausdrücklichen Wunsch der Mutter) durch Schmerzmittel oder Beruhigungsmittel gestört werden, es sollte ein ausgiebiger Kontakt zwischen Mutter und Neugeborenem möglich sein und anderes mehr. So weit, so gut. Ganz zu Unrecht wurde aber immer wieder auch behauptet, in der Mißachtung dieser Erkenntnisse liege ein schweres Risiko für die Beziehung zwischen Mutter und Kind. (Etliche Autoren gehen noch weiter und vermuten einen psychischen Dauerschaden beim Kind, doch diese Stimmen können angesichts der hier vorgetragenen Ergebnisse wohl endgültig als widerlegt gelten.) Für einen ernst zu nehmenden Risikofaktor gibt es jedoch keinen wirklich schlüssigen Beleg. Was mit einiger Gewißheit vermutet werden kann, ist, daß es in den ersten Stunden nach der Geburt eine Möglichkeit gibt, die Beziehung zwischen Mutter und Kind zu fördern, sie von Anfang an angenehmer und selbstverständlicher zu machen.

Ich gebe zu, daß es rein datenlogisch kein großer Unterschied zu sein scheint, ob man von einem entstandenen Risiko oder von einer versäumten Förderungsmöglichkeit spricht. Gefühlsmäßig und damit für die Praxis macht es jedoch einen großen Unterschied, ob man einer Mutter sagt, sie könne hier eine Möglichkeit nutzen, oder ob man ihr sagt, sie müsse hier ein Risiko vermeiden. Auch für den Arzt, dem der Verhaltenswissenschaftler Anstöße für seine Praxis zu geben versucht, ist es nicht gleichgültig, ob man ihm sagt, er setze die ihm anvertrauten Mütter und Kinder einem unnötigen psychohygienischen Risiko aus, oder ob man ihm erklärt, es beständen bisher ungenutzte Möglichkeiten psychohygienischer Förderung. Weiterhin handelt es sich, wenn man diesen Unterschied macht, keineswegs nur um einen rhetorischen Trick, mit dem die Zuhörer besser in der gewünschten Richtung beeinflußt werden können. Die Zuhörer haben ihre guten Gründe, auf die Drohung mit einem Risiko anders zu reagieren als auf den Hinweis auf eine günstige Möglichkeit. Diese Gründe sind sehr einfacher Natur:

Wenn man jede mögliche Belastung, jedes Fehlen einer denkbaren Chance als Risiko oder mit einem anderen Ausdruck bezeichnet, der auf die Gefahr hinweist, so orientiert man sich sprachlich am Ideal der Entwicklung. Die Norm, von der die Sprache ausgeht, fällt dann mit dem Ideal zusammen und jede Abweichung von dieser Norm kann nur mit einem negativ getönten Begriff belegt werden. Sehr zu Recht wird eine solche, am Ideal orientierte Sprache als bedrückend und ängstigend empfunden. Alles, was den Idealfall nicht erreicht, trägt den Geruch des Versagens, des Verschuldens an sich, und dies ungeachtet aller Versicherungen, daß nichts vollkommen sein könne. Zum Beispiel wird vieles an der modernen Erziehungslehre von den Eltern und Lehrern als bedrückend und entmutigend erlebt, und die Ursache liegt nach meiner Ansicht in der sowohl unrealistischen als auch ungerechtfertigten Orientierung der Theorien an einem hypothetischen Entwicklungsideal.

Wenn man dagegen Risikofaktoren und besonders günstige Faktoren bewußt unterscheidet, so geht man von den durchschnittlichen und in diesem Sinn «normalen» Bedingungen der Entwicklung aus. Von diesem Durchschnitt aus gesehen kann es sehr wohl ungewöhnlich gute als auch ungewöhnlich schlechte Umstände einer Lebensgeschichte geben. Leider gibt es im Vergleich zu früheren Jahrzehnten in der modernen psychologischen und pädagogischen Literatur eine eindeutige Tendenz dazu, die erstere, am Ideal der Entwicklung orientierte sprachliche Bewertung von Entwicklungsfaktoren zu wählen. Ich halte diese Tendenz für schädlich und es lohnt sich vielleicht, ihren Ursachen weiter nachzugehen. Ganz sicherlich hat die Traumatheorie Freuds mit dieser Tendenz etwas zu tun, und die Renaissance der Traumatheorie in den letzten fünfzehn bis zwanzig Jahren fällt nicht zufällig mit den entsprechenden sprachlichen Wandlungen in der Pädagogik zusammen. Worin der Zusammenhang zwischen dem traumatheoretischen Denken und der Orientierung am Entwicklungsideal besteht, ist ebenfalls nicht schwer zu entdecken. Wenn man die Traumatheorie (wie dies zum Beispiel Janov getan hat [65]) strikt auf die Entwicklungspsychologie anwendet, dann kann nur das völlig untraumatisierte Kind als das psychisch wirklich gesunde Kind gelten. Von dem psychisch auffälligen, als «krank» bezeichneten Menschen zum unauffälligen Durchschnittsmenschen verläuft ein fließender Übergang und der wirklich gesunde Mensch wird zum seltenen Idealfall. Nicht alle tiefenpsychologischen Autoren teilen eine solche Anschauung, aber sie spukt im Hintergrund vieler Köpfe herum, und die Psychowelle unserer Tage hat ein solches Denken auch bei gebildeten Laien recht populär gemacht. Diese Art der Betrachtung bildet, nebenbei gesagt, auch die eigentliche Ursache dafür, daß sich die tiefenpsychologische Theorie des Normalverhaltens bis heute an Begriffen der Verhaltenspathologie orientiert. Viele Autoren haben es sehr zu Recht kritisiert, daß in der psychoanalytischen Terminologie einem im großen und ganzen zufriedenen, freundlichen und unauffälligen Menschen ein «analer Charakter» zugesprochen werden kann. Es wurde auch als unglücklich empfunden, Perioden in der kindlichen Entwicklung mit den Begriffen möglicher pathologischer Fehlschläge zu belegen, zum Beispiel das zweite Lebensjahr (in dem unter anderem das Sprachlernen einsetzt) ausgerechnet als die «anal-sadistische Phase» zu bezeichnen. Die Reihe solcher Beispiele ließe sich beliebig erweitern.

Erklärt wird diese seltsame, am Krankhaften orientierte Sprache meist mit der geschichtlichen Entwicklung der Psychoanalyse. Es wird angenommen, daß das Normalverhalten bis heute mit Begriffen der Pathologie belegt wird, weil FREUD vom Studium pathologischen Verhaltens ausging und erst später eine Psychologie des Normalverhaltens entwickelte. Soweit meine Kenntnisse der FREUDschen Werke reichen, bin ich nicht einmal sicher, ob diese Erklärung historisch haltbar wäre. Ganz sicher bin ich darin, daß die Erklärung nicht ausreichend ist: Der tiefere Grund liegt darin, daß in der FREUDschen Psychologie nur ein gradueller Unterschied zwischen auffällig Kranken und ihrem «neurotischen Elend» und dem alltäglichen Elend des unauffällig Angepaßten bestehen kann. FREUD selbst orientierte sich in der Praxis nicht so sehr am Ideal der Entwicklung wie viele seiner heutigen Nachfolger, doch das lag an seinem Pessimismus. Er glaubte schlichtweg nicht daran, daß man dem Ideal einer untraumatischen und verdrängungsfreien kindlichen Entwicklung auch nur nahe kommen könne, und begnügte sich mit dem Versuch, neurotisches Elend in durchschnittliches Elend zu verwandeln. Viele unserer gegenwärtigen Tiefenpsychologen und noch mehr viele entsprechend orientierte Pädagogen, sind nicht so pessimistisch. Sie glauben an die Möglichkeit, der wirklich freien und unbelasteten Entwicklung näher zu kommen, und daher ist es verständlich, wenn sie sich mit Eifer und mit starken Worten am Ideal dieser Entwicklung orientieren [66].

Leider hat sich im Sog dieser Philosophie im populären Denken ein gänzlich falsches Bild vom Ergebnis einer günstig verlaufenden kindlichen Entwicklung herausgebildet. Es wird ohne weiteres Nachdenken davon ausgegangen, daß eine rundum günstige Kindheitsgeschichte zu einer harmonischen, ausgeglichenen und lebenstüchtigen Persönlichkeit beim Kind führen werde. Wer daran zweifelt, daß diese Theorie in nie ausgesprochener und schon gar nicht geprüfter Weise hinter einem großen Teil des modernen pädagogischen Denkens steht, dem kann ich nur die Lektüre der auflagenstärksten Erziehungsillustrierten, die Lektüre der Wochenendbeilagen von Tageszeitungen und so weiter empfehlen, in denen die geistigen Grundströmungen unserer Zeit ihre relativ populär formulierten und dadurch besonders klaren Spuren hinterlassen. Dem Zeitgeist zu widersprechen ist eine ernste Sache, und ich sage es daher mit einem gewissen Bedauern: Bei der Theorie von der zuverlässig erfreulichen Wirkung einer günstig verlaufenden Kindheit handelt es sich um einen Mythos. Die Vorstellung, daß eine harmonische, sozial anpassungsfähige und gleichzeitig selbstsichere Persönlichkeit durch gute Kindheitserfahrungen irgendwie erzeugbar wäre, hält einer Nachprüfung nicht stand. Die Wirklichkeit sieht so aus, daß jede Kindheit, auch die liebevollste und behütetste, die anregendste und erfahrungsreichste, notwendigerweise einseitige und für den Erwachsenen nicht ohne weiteres übernehmbare Einstellungen vermittelt. Die wirkliche Reifung zu einer gelungenen Persönlichkeit geschieht stets in der Ablösung von der eigenen Kindheit, in der eigenverantwortlichen Auseinandersetzung des Individuums mit denjenigen Möglichkeiten und Gefahren, mit denen jeder Erwachsene sich auseinanderzusetzen hat. Eine gut verlaufene Kindheit bietet für diese Reifung in mancher Hinsicht bessere Voraussetzungen als eine durch Angst und Schmerz belastete Kindheit, doch ersteres stellt keineswegs eine Garantie des Gelingens dar und letzteres macht ein Scheitern bestimmt nicht unumgänglich. Die Tatsache, daß jede Kindheit zu Einseitigkeiten führt und jede kindliche Person in der Ablösung von der Primärgruppe Familie reifen muß, kann an einfachen Beispielen deutlich gemacht werden:

Wenn ein Kind als viertes und jüngstes mit drei älteren Geschwistern aufwächst, so wird es wahrscheinlich ungewöhnlich kompetent im sozialen Umgang mit Gleichaltrigen sein. Es hat Vorbilder zur Verfügung, es ist in eine Gruppe eingebettet, innerhalb derer es Auseinandersetzungen zu bestehen hat, und insofern sind seine Voraussetzungen für einen erfolgreichen Umgang mit sozialen Gruppen sehr gut. Andererseits mußte sich dieses Kind (im Fall eines einigermaßen harmonischen Familienlebens) während seiner ganzen Kindheit nie außerhalb einer Gruppe, als ein Einzelgänger auf Grund seiner eigenen Wünsche und Überlegungen gegen eine unbeteiligte Umwelt behaupten. Diese Erfahrung fehlt ihm weitgehend, und die Unabhängigkeit von Gruppenmeinungen, die ebenfalls Teil einer gefestigten Persönlichkeit sein sollte, muß es sich im Rahmen seiner Ablösung von den Strukturen der Primärgruppe erwerben.

Ein Einzelkind, das nur mit seinen Eltern aufwächst, wird dagegen in der Regel sehr viel selbständiger sein als der jüngste Sproß einer großen Familie. Es wird sehr häufig die Erfahrung gemacht und im Fall einer guten Beziehung zu den Eltern auch bewältigt haben, sich auf seine eigenen Entschlüsse verlassen zu müssen und seine Wünsche selbständig vertreten zu können. Andererseits steht ein solches Kind möglicherweise in der Gefahr, ein Einzelgänger zu werden und nicht genügend soziale Kompetenzen im Umgang mit Gruppen zu erwerben. Es steht also bei der Ablösung vom familiären Hintergrund vor der Aufgabe, seine soziale Einordnungsfähigkeit und die Fähigkeit zur Gruppenkommunikation zu entwickeln.

Der obige Abschnitt schildert Beispiele, keine psychologische Regel: Ein viertes Kind kann trotz seiner Geschwister ein Einzelgänger, ein Einzelkind kann regelmäßig der Mittelpunkt einer

Kinderhorde sein. Worauf es ankommt, ist die Tatsache, daß jede Art von Kindheit notwendig einseitig sein muß und immer sein wird. Eine eigene Persönlichkeit zu werden, bedeutet stets, die übernommenen Werte zu überprüfen, die unreflektierten Gewohnheiten zu überdenken und sie für sich selbst zu gestalten. Dieser Schritt ist auch dann nötig, wenn der Erwachsene letztlich mit dem übereinstimmen wird, was sein familiärer Hintergrund ihm während der Kindheit vermittelte. Um so mehr ist dieser Schritt notwendig, wenn es sich als wichtig erweist, einige Dinge dieses Hintergrunds abzulegen oder zu ändern. Die Traumatheorie und die pädagogischen Unterströmungen, die von ihr inspiriert wurden, haben nach meiner Ansicht einen großen Schaden verursacht, indem sie von solchen an und für sich selbstverständlichen Einsichten ablenkten. Die traumatheoretische Konzentration auf die Affektstruktur und auf deren hypothetische Fixierung in der frühen Kindheit ließen den (nach meiner Ansicht unvergleichlich wichtigeren) Einfluß der gesamten Familienkultur, des Familienklimas, in den Hintergrund treten. Der familiäre Hintergrund einer Kindheit vermittelt selbstverständlich eine große Fülle von Gewohnheiten und Denkweisen, die einen erheblichen Einfluß auf die Lebensgestaltung eines Menschen ausüben können. In der Pubertät und Adoleszenz setzt sich der Jugendliche mit diesen Gewohnheiten und Denkweisen auseinander, und die Auseinandersetzung wird zum Teil seiner Reifung zur geschlechtlich und verhaltensmäßig adulten Person. In dieser Phase werden, wie bereits gesagt, die familiären Gewohnheiten angezweifelt, probeweise oder auf Dauer verlassen und möglicherweise später in Eigenverantwortung wieder übernommen. Diese Phase der Ablösung mindert nicht die Verantwortung der Eltern für die vorhergegangenen Erfahrungen des Kindes. Die Kindheitserlebnisse sind wichtig und wurden in der Geschichte des Abendlandes auch immer für wichtig gehalten. Ein angenehmes, bergendes und gleichzeitig nicht einschränkendes Familienklima vermittelt Erfahrungen darüber, wie man auf gute Weise mit sich und dem Mitmenschen umzugehen habe, die ungeheuer wertvoll sind. Und wer solche Erfahrungen nicht hat, muß sie sich entweder mühsam in Eigenverantwortung aneignen oder wird an den Schwierigkeiten menschlichen Zusammenlebens zu leiden haben. Aber, und dieser grundsätzliche Unterschied kann nicht genug betont werden, was ein Mensch aus seiner Kindheit mitnimmt, sind in aller Regel nicht festgelegte affektive Tiefenstrukturen oder gar Grundcharakteristika der Persönlichkeit, sondern es sind Werkzeuge. Die Familie vermittelt Werkzeuge des Denkens und Handelns, und diese Werkzeuge können gut oder schlecht, geeignet für das Leben oder ungeeignet sein. Mit diesen Werkzeugen setzt sich der heranwachsende Mensch in dem geschichtlichen, lebendigen Prozeß seiner Entwicklung mit seinen jeweils neuen Erfahrungen auseinander, und das Ergebnis dieser Auseinandersetzung entzieht sich je länger, je mehr der unmittelbaren Verantwortung von Eltern und Familie.

All diese Überlegungen sollen, wie gesagt, nicht dazu dienen, die Wichtigkeit einer guten Erziehung, eines liebevollen Familienlebens und einer fürsorglichen Haltung dem Kind gegenüber herabzumindern. Sie dienen lediglich dazu, die Wirkung dieser Faktoren und die Wirkung von Deprivationen so zu beschreiben, wie sie tatsächlich sind. Und hierzu muß von einer geschichtlichen und organischen Sicht der Entwicklung, von den Begriffen des Risikofaktors und der Förderung, ausgegangen werden. Wie wichtig auch aus dieser Sicht eine liebevolle und gute Erziehung ist, zeigt sich bereits darin, daß das familiäre «Werkzeug» des Verhaltens später nur allzu oft auch den eigenen Eltern gegenüber benutzt wird, zur Freude oder zum Schmerz jener. Wenn in einer Familie stets nach materiellen Gesichtspunkten entschieden wurde und die Beziehungen zur Außenwelt nach den Gewinn- und Verlustrechnungen des Haushaltsbuchs gestaltet waren, so werden die Kinder dieses Verhalten lernen. Und häufig kommt es später so, daß sie den eigenen, nun alten Eltern gegenüber nach den gleichen Gesichtspunkten handeln, so daß sich die Eltern zum erstenmal klar und deutlich mit der Realität ihrer eigenen Lebenshaltung konfrontiert sehen. Ganz ähnlich können die Ergebnisse sein, wenn in einer Familie Härte, Stärke und Erfolg die obersten Werte sind. Die Eltern können in einem solchen Fall nicht erwarten, daß ihre eigenen

Schwächen (wenn diese den heranwachsenden Kindern unausweichlich offenkundig werden) von den Kindern verstanden und ertragen werden. Diese Beispiele sind bewußt so gewählt, daß Ursache und Wirkung in einem einfachen, direkten Zusammenhang stehen. Sehr häufig ist dies nicht der Fall, und einige Eltern haben sehr viel bessere (und andere sehr viel schlechtere) Kinder, als sie verdienen, wenn man ein solches Wort überhaupt gebrauchen will. Wie immer, wenn es um allgemein vertretbare Aussagen geht, kann man ein gutes familiäres Handwerkszeug nur als einen fördernden Faktor, ein schlechtes Handwerkszeug als einen Risikofaktor bezeichnen. Weitergehende Vorhersagen sind nicht möglich.

All diese Schlußfolgerungen klingen trivial, und für den Verhaltenswissenschaftler bedeutet es eine ermüdende und unbefriedigende Aufgabe, sie aussprechen zu müssen. Man wird als Wissenschaftler von dem Gefühl verfolgt, es handle sich dabei um Dinge, die die Eltern früher von den alten, erfahrenen Nachbarn beim Sonntagskaffee erfuhren, Dinge, die einer wissenschaftlichen Behandlung eigentlich gar nicht bedürfen. «Das Vorbild macht es», «Wie man sich bettet, so liegt man», «Die Kinder müssen auch ihren eigenen Weg gehen» – das sind Weisheiten, für deren Verbreitung man eigentlich kein wissenschaftliches Werk benötigt – oder doch? Als ich mit dem Gedanken spielte, die obigen Passagen aus dem Manuskript zu streichen, wurde mir von einem Elternpaar berichtet – beide in pädagogischen Berufen –, das sich jeden Abend in der Küche zusammensetzt, um den Verlauf des Tages des fünfjährigen Sohnes zu besprechen. Das Paar war überzeugt davon, in dieser kritischen (ödipalen) Phase der Entwicklung komme es so sehr auf die genaue Beachtung der verschiedenen Beziehungsformen zwischen dem gleichgeschlechtlichen, dem gegengeschlechtlichen Elternteil und dem Kind an, daß nur eine ständige Lagebesprechung der Situation gerecht werden könnte. Sie konnten sich zwar nie wirklich einigen und es kam häufig zu Schuldvorwürfen zwischen den Eheleuten, aber an «bewußter Elternschaft» mangelte es nicht. Das kleine Söhnchen soll nach der Erzählung übrigens ungewöhnlich schwierig sein.

Als ich diesen Bericht hörte, entschloß ich mich, die Ratschläge und Weisheiten der erfahrenen Nachbarn doch nicht zu streichen. Vielleicht gibt es tatsächlich manchen Leser, der auf die Nachbarn, sehr zu seinem Schaden, nicht hört, aber einem Buch glaubt. Ich versichere also, daß die genannten Alltagsweisheiten auf gründlicher Beobachtung und auf den solidesten theoretischen Grundlagen beruhen, denen die Verhaltenswissenschaft nur zustimmen kann. Sie treffen zwar für den Einzelfall oft nicht zu und ihre Anwendung auf ein Individuum ist stets unsicher, aber den abstrakt formulierten wissenschaftlichen Aussagen geht es auch nicht anders.

Aus diesen Überlegungen lassen sich, wieder mit etwas mehr Ernst, einige Schlüsse ziehen, die für die Praxis hilfreich sein können. Folgendes kann den Eltern und Erziehern geraten werden, um mit den Schwierigkeiten und Konfusionen der modernen pädagogischen Schulen besser zurechtzukommen:

Zuerst muß beachtet werden, daß die Art und Weise der direkten Interaktion zwischen Eltern und Kindern in modernen pädagogischen Ratschlägen zu einseitig in den Vordergrund gerückt wird. Natürlich ist es wichtig, wie Eltern und Kinder einander behandeln, aber die große Bedeutung der gesamten Familienkultur, der Einstellung zum Leben als Ganzem, geht dabei leicht verloren. Mit anderen Worten, das Vorbildhafte des elterlichen Verhaltens kommt zu kurz. Es wird leicht die Illusion erzeugt, der Erhalt einer guten Eltern–Kind-Beziehung sei eine Aufgabe für sich, ein zu bewältigendes Problem unter anderen. In Wirklichkeit kann diese Beziehung von der Beziehung zu allen Menschen nicht getrennt werden, sie hängt letztlich von der gesamten Lebenshaltung und dem gesamten Menschenbild der Familie ab. Viele Probleme der Eltern–Kind-Beziehung sind nur ein Teilaspekt allgemeiner existentieller Probleme: einer zu leistungs- und erfolgsorientierten Lebenshaltung, einer zu leistungsfernen und fordernden Haltung, einem Ausweichen vor Sinn- und Glaubensfragen und vielem anderen. Diese an sich selbstverständliche Wahrheit, daß die Erziehung vom eigenen Lebensvollzug nicht zu trennen ist, wird dem Leser in modernen pädagogischen Schriften nicht allzu häufig begegnen.

Weiterhin kann mit gutem Gewissen dazu geraten werden, auf der Hut zu sein vor dem offenen oder versteckten Perfektionismus, der so viele kinderpsychologische Äußerungen begleitet. Nicht perfekt geratene Kinder sind kein Anzeichen des Versagens, sondern der Normalfall und eine Herausforderung zur Liebe (wie wir es für uns selbst, die wir auch nicht perfekt sind, ebenfalls erhoffen). Nichts wirkt zerstörerischer auf die Eltern–Kind-Beziehung als der Gedanke, die Kinder müßten eigentlich ausgeglichen, beliebt, intelligent und gesund sein, wenn die Eltern nicht irgendwo versagt hätten. Warum sollen Kinder auf ihre Art die Probleme nicht kennen, mit denen wir uns selbst herumschlagen müßten? Was sie brauchen, ist eine vernünftige und heitere Hilfe bei deren Bewältigung, nicht krampfhafte Versuche, perfekt zu sein, oder tragische Resignation vor eingebildeten Schicksalsschlägen. In diesem Zusammenhang ist auch wichtig, daß die Eltern ihre Rolle nicht überschätzen. Es ist notwendig, das Kind im Raum anderer als der eigenen Einflüsse reifen zu lassen, und dies um so mehr, je älter es wird. Das Kind hat seine eigene Geschichte mit der Welt, und der Gang dieser Geschichte liegt nur teilweise in unserer Verfügungsgewalt. Dies zu akzeptieren fällt gerade den perfektionistisch beeinflußten Eltern sehr schwer.

Dieselben Ratschläge könnten umgekehrt auch jungen Erwachsenen gegeben werden, wenn sie auf ihre Kindheit zurückblicken. Im Zuge der «Psychowelle» ist die Gefahr groß, daß sie ihrerseits vollkommene Eltern verlangen und ihre Probleme und Schwächen auf die Erziehungsfehler der Eltern schieben. Diese Haltung des «ich bin eben so geworden, und die sind schuld» ist gar nicht so selten anzutreffen, sehr zum Schaden der betroffenen Personen. Wer in eine solche Richtung neigt, sollte sich daran erinnern, daß der Schritt vom Kind zum Erwachsenen für jeden Menschen eine tiefe Wandlung bedeutet und niemand sein erwachsenes Verhalten mit weit zurückliegenden Einflüssen begründen kann. Selbst wo Eltern nach menschlichem Ermessen große Schuld auf sich geladen haben, hilft es den geschädigten Kindern letztlich nicht, in Ärger und Haß zu verharren. Auch sie müssen sich von dieser Vergangenheit lösen und die Verantwortung für ihr Tun selbst übernehmen.

Es soll dabei gar nicht übersehen werden, daß es Schuld und Verantwortung auf seiten der Eltern gibt. Einige Familien sind gut für die Kinder, die in ihnen aufwachsen (aber auch diese bringen nach achtzehn Jahren nicht notwendigerweise eine reife Persönlichkeit hervor), andere sind niederdrückend, kalt oder häßlich, angsterfüllt oder sehr einseitig. Das alles hat seine Wirkung: Ein Kind aus einer problematischen Familie beginnt seine Selbständigkeit mit einem geringeren Kapital an guten Gewohnheiten, hilfreichen Denkweisen und angemessenen Gefühlsreaktionen als ein anderes. Darin liegt eine große Gefahr, für die diejenigen (nicht immer die Eltern) verantwortlich sind, die die entsprechende Umwelt schufen. Je schlechter diese Voraussetzungen sind, desto größer wird die Gefahr und desto geringer wird die Chance, einen besseren Weg zu finden. Darum ist es wichtig, sich mit aller Leidenschaft dafür einzusetzen, daß Kinder in gesunden, stabilen und liebevollen Familien aufwachsen. Es muß lediglich der Irrtum vermieden werden, daß sich mit solchen Errungenschaften die kindlichen Lebensprobleme von selbst erledigten.

Erinnern wir uns nochmals an die Ergebnisse der empirischen Forschung und daran, wie gut sie in das hier gezeichnete Bild passen: Die Langzeituntersuchungen zeigten uns Kinder, die mit einem harten Schicksal fertig wurden und daran reiften; sie zeigten uns andere, die nach einer behüteten Kindheit an ihrer Weigerung zerbrachen, selbständig zu werden. Es gab diejenigen Menschen, die das Kapital ihrer guten Kindheit gut anlegten, und jene andere, die die Konflikte nicht lösen konnten, in die sie seit ihrer belasteten Kindheit verstrickt waren. Es gab die Männer in mittleren Jahren, die im Durchschnitt (aber keineswegs immer) umgänglicher und lebensfroher waren, wenn sie sich auf eine glückliche Kindheit stützen konnten. Es gab die adoptierten Kinder, die nach einer turbulenten Phase der Umstellung in die Alltagsprobleme ihrer Alltagsfamilie hineinwuchsen – in diesen und vielen anderen Befunden spiegelt sich die Wirklichkeit: Jede menschliche Entwicklung besteht in der geschichtlichen Auseinandersetzung ihrer wachsenden Persönlichkeit mit seiner Umwelt, und diese Auseinandersetzung geschieht in der Gegenwart. Nur die gegenwärtige Handlung, die gegenwärtige Entscheidung und das gegenwärtige Denken haben Realität. Jeder Rückblick auf eine geliebte oder gehaßte Vergangenheit, jeder Ausblick auf eine erhoffte oder gefürchtete Zukunft wird zur Illusion, wenn er die Gegenwart verdunkelt und aus dem Blickfeld rückt. Die Geschichte ist nicht unwichtig; wenn sie wahre Geschichte ist, kann sie bis zu einem gewissen Grad erklären, wie es zu den Umständen der Gegenwart kam. In diesem Sinn bildet jede Person eine geschichtlich gewordene Gegenwärtigkeit, eine in der Gegenwart existierende und in der Gegenwart veränderbare Entität mit geschichtlicher Dimension. Doch in einem anderen Sinn, wenn ein Mensch vor Entscheidungen steht, wenn er in der Gegenwart sich um Liebe bemühen oder Haß genießen kann, wenn er geben oder nehmen könnte, dann wird sowohl die Vergangenheit als auch die Zukunft bedeutungslos. Jede Geschichte, wie ein Dichter einmal sagte, ist eine andere Geschichte.

# IX Ein Ausflug in die Philosophie

Daher umfassen die Naturgesetze in gewissem Sinn das ganze Reich von Raum und Zeit, aber in anderem Sinn lassen sie das reale Universum gerade beiseite – den unaufhörlichen Sturzbach tatsächlicher Ereignisse, aus denen die wirkliche Geschichte besteht.

Aus: ‹*Miracles*› von C. S. Lewis

Die Entwicklung eines Kindes zum Erwachsenen wurde in diesem Buch als ein geschichtlicher, mit einem organischen Wachstum vergleichbarer Prozeß geschildert. Es wurde ausdrücklich betont, daß aus dieser Sicht Vorhersagen über das Schicksal eines Individuums oder allgemeine Entwicklungsgesetze nur in sehr beschränktem Rahmen formuliert werden können. Eine «Psychomechanik» des menschlichen Verhaltens erscheint danach grundsätzlich als unmöglich.

Aussagen wie diese werden leicht als Vorbereitung für eine bestimmte Ideologie oder Weltanschauung mißverstanden, die dem Leser oder Hörer schmackhaft gemacht werden soll, indem man die grobe Unzulänglichkeit der «bloßen Erfahrungswissenschaft» betont. Dies ist nicht meine Absicht. Ich habe zwar eine bestimmte Weltanschauung, aber die angeblichen oder tatsächlichen Schwächen der Naturwissenschaft wären eine schlechte Begründung dafür, sowohl diese als auch jede andere Weltanschauung zu akzeptieren. Ich ziele auf ein viel einfacheres und grundlegendes Problem hin, nämlich auf die Tatsache, daß naturwissenschaftliche Theorien über einen geschichtlichen Prozeß stets nur beschränkte Aussagen machen können. Diese «objektive Unvorhersehbarkeit» geschichtlicher (kausal komplexer und einmaliger) Abläufe bildet selbst einen Teil des naturwissenschaftlichen Satzsystems, sie ergibt sich nicht aus der Philosophie der Naturwissenschaften, sondern aus der Naturwissenschaft selbst. Es gehört stets zu den Aufgaben wissenschaftlicher Theorien, die Grenzen ihrer Anwendbarkeit mit anzugeben.

Solche wissenschaftsimmanenten Grenzen gelten unabhängig von der jeweiligen Weltanschauung eines Wissenschaftlers: Auch ein strikter Mechanist könnte niemals hoffen, die Wechselfälle einer persönlichen Lebensgeschichte, der Politik eines Landes oder der Stammesgeschichte einer Tierart eindeutig im Sinn der Mechanik zu erklären. Der Mechanist weiß (wenn er etwas von Wissenschaftstheorie versteht), daß das Programm der empirischen Kausalerklärung für geschichtliche Prozesse zwar vom LAPLACEschen Dämon durchgeführt werden könnte, nicht jedoch von der menschlichen Wissenschaft. Also müßte sich selbst ein Wissenschaftler, der nicht nur an eine Psychomechanik, sondern sogar an eine kosmische Mechanik glaubt, in bezug auf geschichtliche Prozesse mit Wahrscheinlichkeitsaussagen, Tendenzbeschreibungen, Messungen von durchschnittlichen Chancen und Risiken und ähnlichem zufriedengeben. Für einen Wissenschaftler, der persönlich nicht Mechanist ist (eine viel größere Zahl, als das nichtwissenschaftliche Publikum annimmt), gilt selbstverständlich dieselbe Einschränkung. Um diese Beschränkung wissenschaftlicher Aussagen anschaulich zu machen, will ich etwas auf den Begriff des «Naturgesetzes» eingehen.

Dadurch soll dem Leser deutlicher werden, wieso es keine Flucht in Ideologie und Unverbindlichkeit bedeutet, in bezug auf eine menschliche Lebensgeschichte naturwissenschaftliche Aussagen nur begrenzt zuzulassen.

Ein Naturgesetz im klassischen Sinn wird immer so formuliert, daß ideale, meist sehr einfache Randbedingungen stillschweigend vorausgesetzt werden. Zum Beispiel sagt ein Gesetz der klassischen Mechanik, daß die Strecke, die ein fallender Stein zurücklegt, dem Quadrat der Fallzeit proportional ist. Dabei wird jedoch vorausgesetzt, daß der Luftwiderstand vernachlässigbar gering ist, daß keine Luftströmungen herrschen, daß sich niemand unzulässig in das Experiment einmischt und anderes mehr. Letztlich wird nie ein Stein wirklich so fallen, daß er eine Strecke zurücklegt, die seiner Fallzeit genau proportional wäre; das heißt, das Naturgesetz gilt unter idealen Bedingungen, die es niemals gibt. Sehr viele «historische» Steine haben, weil diese Bedingungen nicht erfüllt waren, ganz andere Strecken zurückgelegt, als nach dem Gesetz zu erwarten war, und dies nicht, weil sie ideologischen oder metaphysischen Einflüssen unterlagen. Diese Einschränkung spielt in vielen Lebensbereichen keine bedeutende Rolle, denn die Technik braucht keine ideale Gültigkeit eines Naturgesetzes. Sie funktioniert bereits dann, wenn die Randbedingungen nicht zu stark von den idealen Bedingungen abweichen, und dafür kann in vielen Fällen gesorgt werden. Wenn es nicht möglich ist, die Randbedingungen eines natürlichen Prozesses, sei er mechanischer, chemischer oder biologischer Art, wirklich zu kontrollieren, so kann dieser Prozeß nicht erklärt und schon gar nicht technisch genutzt werden.

Diese Erkenntnis sollte an und für sich niemanden überraschen. Daß sie gelegentlich trotzdem mit Unglauben aufgenommen wird, beruht auf einem verbreiteten Mißverständnis dessen, was «Naturgesetze» sind. Bereits das Wort «Gesetz» ruft Vorstellungen ins Bewußtsein, die in die Irre führen: Bei den Sätzen, die Naturwissenschaftler aufstellen, handelt es sich nicht um Gesetze, denen die Natur gehorcht, so wie die Bürgerschaft eines Staates den Staatsgesetzen gehorcht. Die Naturgesetze sind eben nicht die Regeln, die der Natur vorschreiben, was zu geschehen habe; sie sind eine bruchstückhafte und immer wieder revidierte Beschreibung dessen, was nach unserer Beobachtung geschieht. Es wäre richtiger zu sagen, daß die Naturgesetze der Natur gehorchen. Sie werden aus dem tatsächlich beobachteten Naturgeschehen durch einen gedanklichen Abstraktionsprozeß gewonnen. Und unsere Beobachtung kann überhaupt nur dann zu verwertbaren, das heißt abstrahierbaren Ergebnissen führen, wenn die Randbedingungen des Geschehens sehr einfach und möglichst überschaubar gewählt werden. Jedes naturwissenschaftliche Experiment besteht im Grunde darin, irgendeinen natürlichen Prozeß unter so einfachen Bedingungen ablaufen zu lassen, daß es uns gelingt, eine Regelmäßigkeit in ihm zu erkennen. «Die Natur», das heißt die ganze Komplexität dessen, was tatsächlich um uns her in der Welt geschieht, kann nicht durch Naturgesetze beschrieben werden. Wer dies nicht erkennt, denkt keineswegs besonders realistisch und erfahrungsbezogen, im

Gegenteil. Gerade die praktische Erfahrung macht sofort deutlich, daß sich die Alltagsereignisse einer wissenschaftlichen Beschreibung entziehen und entziehen müssen.

Aus diesen Überlegungen wird nun klar, warum die Naturwissenschaft auf eine gewisse Sorte von Fragen nicht antworten kann. Sie kann die Frage nach den Ursachen einer geschichtlichen Entwicklung nicht vollständig beantworten, weil diese Entwicklung durch einmalige, äußerst komplizierte Randbedingungen beeinflußt wurde, die zudem noch zum großen Teil unbekannt blieben und bleiben werden. Hinzu kommt natürlich, daß wir nicht nur über die Randbedingungen des Geschehens, sondern sogar über die zentralen Ereignisse einer Geschichte oft nur unzureichend informiert sind. Doch selbst dann, wenn wir uns auf die Dokumentation der zum Beispiel für eine Biographie wichtigsten Geschehnisse verlassen könnten, wären ihre Auswirkungen und ihr innerer Zusammenhang nicht im Sinne eines «Naturgesetzes» erklärbar. Die obige Überlegung führt zu einer weiteren verwandten Beschränkung, der alle Aussagen der Erfahrungswissenschaft grundsätzlich unterliegen müssen: Keine dieser Aussagen kann eine endgültige Wahrheit feststellen. Das Satzsystem der Erfahrungswissenschaft versucht lediglich, die beobachtbaren Regelmäßigkeiten innerhalb natürlicher Abläufe widerspruchsfrei auszudrücken, und dieses Satzsystem muß daher zwangsläufig einer ständigen Revision unterliegen. Die Forderung nach endgültigen wissenschaftlichen Wahrheiten ist sinnlos, man könnte genausogut einen bewegungslosen Sturm verlangen. Auch hier liegt eine praktische Grenze für die Anthropologie: Viele Menschen wollen sich, zu Recht oder zu Unrecht, in Torheit oder Weisheit, an einer endgültigen Wahrheit orientieren. Für eine solche Orientierung kann die Erfahrungswissenschaft nicht herangezogen werden. Zwar kann man sich ohne logische Schwierigkeiten in eine Philosophie retten, die das Problem löst. Es führt nicht in offensichtliche Absurdität, Agnostiker zu sein und die Suche nach endgültigen metaphysischen Wahrheiten für eine menschliche Schwäche und für einen philosophischen Irrtum zu halten. Aber, und dies muß klar gesagt werden, mit Wissenschaft hat eine solche Philosophie nicht mehr zu tun als ihr Gegenteil. Wenn es so etwas wie dauernde Wahrheiten über das menschliche Leben gibt, die nicht zur ständigen Revision anstehen, so kann die Erfahrungswissenschaft sie sicherlich nicht finden, und wenn es diese Art von Wahrheit nicht gibt, so kann die Wissenschaft dies ebenso sicher nicht beweisen.

Die beiden genannten Punkte, die beschränkte Möglichkeit kausaler Erklärung im Kausalnexus geschichtlicher Abläufe und die ständig anstehende Revision naturwissenschaftlicher Sätze, sind Teil der bereits genannten «objektiven Unvorhersehbarkeit» vieler natürlicher Abläufe. Diese Art der Unvorhersehbarkeit ist, wie gesagt, methodisch bedingt und gilt wissenschaftsimmanent. Es gibt jedoch auch eine ganz andere Art von Fragen, bei denen die empirische Wissenschaft an ihre Grenzen stößt.

Solche Fragen zeichnen sich dadurch aus, daß die Antwort eine normative, im weitesten Sinn eine ethische Entscheidung voraussetzt. Die Naturwissenschaft kann lediglich versuchen, dasjenige zu beschreiben, was besteht, sie kann niemals sagen, was sein soll. Eine erstaunliche Anzahl von Menschen hegt zum Beispiel die Hoffnung, man könne durch Forschung entdecken, wie eine richtige Erziehung oder eine «gute Schule» auszusehen habe. Eine solche Hoffnung beruht jedoch lediglich auf gedanklicher Verwirrung. Zuerst muß entschieden werden, was die Erziehung bewirken soll oder was die Schule lehren soll, und erst dann kann die Wissenschaft befragt werden, welche Instrumente das gesetzte Ziel näher bringen können. Die Wissenschaft kann nur feststellen, was «gut» im instrumentellen Sinn ist, was dazu dient, ein vorgegebenes Ziel zu erreichen. Ob dieses Ziel auch gut im eigentlichen, ethischen Sinn ist, kann durch wissenschaftliche Forschung nicht entschieden werden.

Das Satzsystem der Naturwissenschaft zeichnet sich eben dadurch aus, daß seine Aussagen (im Rahmen der methodisch vorgegebenen Strategien der Erfahrungsverwertung) allgemein kommunizierbar und in diesem Sinn «objektiv» sind. Keine der Aussagen setzt eine normative oder weltanschauliche, also «existentielle» Entscheidung voraus.

Dagegen enthalten alle Aussagen, die die Handlungs- und Interessenwelt des Menschen berücksichtigen, eben solche existentiellen Aussagen, die nicht auf naturwissenschaftliche Kategorien reduzierbar sind. Welche Aussagen dies im einzelnen sind, braucht für den Zweck dieses Textes nicht näher untersucht zu werden. Besondere Vorsicht ist allerdings dann geboten, wenn normative oder weltanschauliche Aussagen in der Form von scheinbar naturwissenschaftlichen Wenn-dann-Sätzen verborgen sind, ein nicht allzu seltener Vorgang.

Aus alldem folgt, daß weder persönliche noch politische Handlungsanweisungen aus naturwissenschaftlichen Sätzen ableitbar sind. Diese im Grunde selbstverständliche Beschränkung spielt aber für die Anthropologie eine große Rolle, zumindest wenn es um die Praxis geht. Das menschliche Denken und Leben ist von Wertfragen durchwoben, wird von ethischen Entscheidungen bestimmt und von der Suche nach Sinn umhergetrieben. Jeder «wissenschaftliche Rat», der in irgendeiner Sache gegeben wird, muß dieses ganze Gebiet der Existenz ausklammern und kann gerade deshalb viele derjenigen Probleme nicht lösen, die Menschen wirklich bewegen. Natürlich kann sich der Wissenschaftler wiederum in eine Philosophie retten, die die ganze Schwierigkeit hinwegerklärt. Er kann in bezug auf ethische Fragen zum Agnostiker werden, er kann sie als Begleiterscheinung unserer ererbten Antriebsstruktur betrachten und anderes mehr. Nur eines kann er nicht: Er kann sich dabei nicht auf die empirische Wissenschaft berufen. Ein strenger Mechanist oder ein Agnostiker ist keineswegs eher wissenschaftlich legitimiert als ein idealistischer Philosoph oder ein Spiritist. Die Naturwissenschaft hat zu solchen Grundsatzfragen nichts zu sagen. Dies wird besonders deutlich, wenn man sich daran erinnert, daß eine mechanistische Anthropologie schon gelehrt wurde, bevor irgend jemand imstande gewesen wäre, den «Mechanismus» des menschlichen Verhaltens auch nur einigermaßen plausibel zu beschreiben. Haeckel und Laplace oder gar Lukrez und Demokrit hatten nicht die geringste Vorstellung davon, wie das menschliche Verhalten zustande kommen könnte, wenn man es als Mechanist betrachtet. Ihre mechanistische Anthropologie war aus ihrer mechanistischen Kosmologie abgeleitet und in keiner Weise empirisch verifiziert. Erst seit der Entwicklung der Informationstheorie und der Kybernetik haben wir die Möglichkeit, eine mechanistische Anthropologie überhaupt sinnvoll zu formulieren, von einem Beweis kann in solchen Fragen sowieso nicht die Rede sein [67].

Schon die hier vorgestellten, sehr kurzen und äußerst unvollständigen Überlegungen zeigten, daß die empirische Anthropologie in der Praxis an enge Grenzen stoßen muß. Sie kann einmalige geschichtliche Prozesse nicht im Sinn von Naturgesetzlichkeiten erklären, sie kann normative oder ethische Fragen nicht entscheiden, und sie kann das Verlangen nach dauernden Wahrheiten nicht stillen. Diese Grenzen bestehen für jeden empirischen Wissenschaftler, wie auch immer seine persönliche Philosophie ausschauen mag. Sie werden zwar sehr oft nicht beachtet, aber sie werden immer dadurch offenkundig, daß ihre Nichtachtung zu Verwirrung und in die Absurdität führt. Nun empfinden viele Menschen der empirischen Anthropologie gegenüber aber andere Bedenken: Sie glauben, daß die Naturwissenschaft, wenn sie sich mit dem Menschen beschäftigt, nicht nur auf diejenigen Grenzen stößt, auf die sie überall stößt. Sie glauben, daß es im Menschen ein Element der Einmaligkeit und Freiheit gibt, das ihn nicht ebenso wie Sterne und Tierarten, sondern weit mehr als diese der naturwissenschaftlichen Betrachtung entzieht. Mit anderen Worten, diese Menschen meinen, daß eine vollständige Anthropologie transzendent sein müsse, und weil die empirische Anthropologie nicht transzendent sein kann, könne sie niemals vollständig sein.

Dieser Glaube hat in der abendländischen Philosophie in der verschiedensten Weise Ausdruck gefunden: Von der zu Gott hin transzendenten Anthropologie des Christentums, der Seelenlehre PLATONS und dem cartesianischen Dualismus bis hin zu der fast pantheistischen Mystik des TEILHARD DE CHARDIN oder (um ein entgegengesetztes Extrem zu nennen) zur dualistischen Gehirntheorie des Nobelpreisträgers ECCLES. Leider kann ich in diesem engen Rahmen auf die durchaus wichtigen Unterschiede zwischen diesen Richtungen nicht eingehen [68], sie haben jedoch alle eine offensichtliche Auswirkung auf die Anthropologie: Wenn es stimmt, daß zum Verständnis des Menschen Metaphysik nötig ist, dann muß jede empirische Anthropologie fragmentarisch oder offen bleiben. Sie wird nicht unmöglich, sie behält ihre legitimen Anwendungsmöglichkeiten, aber sie hat keine Hoffnung, je (und sei es in noch so allgemeinen Begriffen) sagen zu können, was der Mensch ist, oder in einem mechanistischen Sinn sagen zu können, «was die Seele ist». Der Psychomechaniker hingegen kann durchaus die Hoffnung hegen, solche Aussagen einmal machen zu können. Er bleibt zwar im Einzelfall durch die Grenzen der empirischen Forschung beschränkt, doch grundsätzlich könnte es ihm gelingen, in naturwissenschaftlichen Sätzen zu sagen, «was die Seele ist». Man kann den philosophischen Gegensatz zwischen dem metaphysischen und dem psychomechanischen Anthropologen auch als den Gegensatz zwischen einem reduktionistischen und einem nicht reduktionistischen Menschenbild beschreiben. Der reduktionistische Anthropologe glaubt, daß das menschliche Verhalten von nichts anderem bestimmt wird als von naturwissenschaftlich beschreibbaren Prozessen in Raum und Zeit. Diese einzelnen Elemente (im wesentlichen die Nervenzellen des Gehirns) sind allerdings zu einem so komplexen System verbunden, daß die Systemeigenschaften (sprich: das beobachtbare Verhalten) aus praktischen Gründen nicht mit Begriffen beschrieben werden, die auf die Ebene des Einzelelements zielen. Wenn ein Mensch niest, so beschreibt man dies nicht als eine hochkomplizierte Folge von neuronalen Reflexen, Muskelkontraktionen und Luftströmungen im Nasen-Rachen-Raum. Man benutzt das Wort «Niesen», und wenn ein Verhaltenswissenschaftler gründlicher sein muß, so führt er noch eine Reihe von leicht beobachtbaren Vorgängen an, die für dieses Verhalten typisch sind. Für den Reduktionisten geht diese Art von Terminologie auf die quantitative Unmöglichkeit zurück, mit einer auf das naturwissenschaftlich beschreibbare Element reduzierten Sprache sinnvoll umzugehen. Grundsätzlich nimmt er an, daß das ganze menschliche Verhalten erfaßt werden könnte, indem man die Eigenschaften der Einzelelemente (Sinnes- und Nervenzellen,

Muskeln und so weiter) beschreibt und angibt, auf welche Weise diese Einzelelemente zusammenwirken. Der nicht reduktionistische oder «transzendente» Anthropologe dagegen nimmt an, daß eine solche Beschreibung nicht möglich wäre. Er glaubt, daß im menschlichen Verhalten Wirkungen gegenwärtig sind, die nicht auf naturwissenschaftlich beschreibbare Einzelelemente und deren Verknüpfung zurückgeführt werden können.

Die Schwierigkeit des Reduktionismusproblems liegt darin, daß zwischen den verschiedenen Standpunkten weder experimentell noch gedanklich zwingend entschieden werden kann. Der Reduktionist kann sein reduktionistisches Programm nicht durchführen, in der Praxis muß er sich genauso wie jeder andere Anthropologe auf nicht reduzierbare Begriffe beschränken. Seine umfassende Grundannahme («es gibt nichts anderes als ...») bleibt unbewiesen. Ebenso unbewiesen bleibt aber auch die Ablehnung dieser Grundannahme, auf die sich der transzendente Anthropologe stützt.

Die anthropologischen Theorien eines Reduktionisten werden sich in aller Regel also nicht von denen eines Metaphysikers unterscheiden, solange es empirische Theorien sind. Die Erfahrung zeigt, daß dies zutrifft: Die psychologische Bindungstheorie wird von einem agnostischen Skeptiker ganz genauso formuliert wie von einem überzeugten Christen. Man könnte daher annehmen, daß das ganze Reduktionismusproblem in der Praxis beiseite gelassen werden könne.

Dies trifft nach meiner Ansicht aber nur zum Teil zu. Für die Frage nach den richtigen erfahrungswissenschaftlichen Aussagen kann das Problem tatsächlich weitgehend beiseite gelassen werden. Um die Frage zu behandeln, ob die tiefenpsychologische Traumatheorie zutrifft oder nicht, war es nicht erforderlich, sich für oder gegen eine reduktionistische Anthropologie zu entscheiden. Diese Frage konnte gänzlich innerhalb der Erfahrungswissenschaft mit deren üblichen und anerkannten Methoden behandelt werden. Anders sieht es jedoch aus, wenn es um die praktische Anwendung anthropologischer Erkenntnisse geht. Das Handeln in der Praxis wird vom Menschenbild des Handelnden sehr weitgehend bestimmt, und es ist alles andere als gleichgültig, ob zum Beispiel ein Lehrer seine Schüler (und sich selbst) für besonders komplizierte Zellcomputer hält oder nicht. Hier gewinnt das Reduktionismusproblem eine Bedeutung, die es innerhalb der empirischen Anthropologie als solcher nicht haben kann.

Diese Ansicht ist allerdings nicht unbestritten: KRAIKER, ein moderner und wissenschaftstheoretisch sehr beschlagener Psychologe, erklärt den Zwiespalt zwischen reduktionistischer und transzendentaler Anthropologie grundsätzlich für unwichtig, eben weil der Reduktionist sein anthropologisches Programm doch nie durchführen könne [69]. Dies ist zwar sicherlich richtig, aber trotzdem kann man dieser Meinung zwei Gründe entgegenhalten:

Erstens führen viele Reduktionisten ihr Programm doch durch, obwohl sie es nicht dürften. Ich erinnere nur an SKINNER oder an den bereits zitierten JANOV [70, 23]. Dabei entstehen notwendigerweise kurzschlüssige und falsche Aussagen, die durch ihre Einfachheit populär werden und viel Schaden anrichten. Zwar gewinnen solche Autoren nicht die Anerkennung der philosophisch gebildeten Köpfe, aber dies verringert den Schaden nur wenig. Es wäre eine Art Bollwerk gegen diese Sorte von schrecklichen Vereinfachern, wenn die schlichte Tatsache im öffentlichen Bewußtsein gehalten werden könnte, daß jeder Reduktionismus ein Problem bildet – und dazu noch ein Problem, das nur durch eine persönliche weltanschauliche Entscheidung gelöst werden kann.

Zweitens, und dies ist der wesentlichere Einwand, halte ich es – wie oben gesagt – für sicher, daß die Art des Menschenbildes wesentliche Folgen für das praktische Handeln hat. Wer sein Gegenüber und sich selbst als Reduktionist für eine Protoplasma-Maschine hält, benimmt sich selbstverständlich anders als der, der als Platoniker an die unsterbliche Seele glaubt. Man kann bis zur Heiserkeit predigen, daß beide anthropologischen Standpunkte sich nicht beweisen lassen, das heißt, daß keiner den anderen durch zwingende Gründe überzeugen kann, trotzdem bleiben Liebesfähigkeit, Verantwortungsgefühl und eine Reihe von anderen Elementen des Handelns vom jeweiligen Menschenbild abhängig. Beide Standpunkte mögen spekulative metaphysische Setzungen sein, aber solche Setzungen bewegen das menschliche Tun weit mehr als philosophisch abgesicherte, dafür aber auch weitgehend auf logische Konstrukte reduzierte Handlungstheorien.

Aus den genannten Gründen kann ich nicht zustimmen, wenn ein Verzicht auf die Diskussion des Reduktionismusproblems, eine Beschränkung auf die empirische Anthropologie gefordert wird. Ein Anthropologe, der den Bezug zur Praxis herstellen will, kann diesem Problem letztlich nicht ausweichen. Er sollte das philosophische Menschenbild vom abstrakt naturwissenschaftlichen Satzsystem der empirischen Anthropologie trennen, aber von der Anwendung dieser Sätze läßt sich das Menschenbild beim besten Willen nicht ausschließen. Allerdings, und dies sollte festgehalten werden, kann es dann nur um eine persönliche weltanschauliche Stellungnahme gehen, ein pseudowissenschaftlicher Streit um solche wissenschaftlich ganz unentscheidbare Grundsatzfragen wäre für die Praxis fruchtlos. Auch ich selbst kann hier nur (das Wort «nur» klingt abwertend, aber mehr ist nicht möglich) eine persönliche Stellungnahme anbieten, und ich will den Rest dieses Kapitels dazu benutzen, die Konsequenzen meines Standpunkts für die Praxis der Anthropologie zu beschreiben.

Ich selbst bin Christ und halte daher die transzendente Anthropologie der jüdisch-christlichen Tradition für richtig. Wer eine philosophische Darstellung dieser Art von Anthropologie sucht, mit der ich übereinstimme, der kann diese unter anderem bei Rahner finden [71]. Aus dieser Weltanschauung folgt jedoch notwendigerweise, daß ich jede naturwissenschaftliche Anthropologie für offen, für transzendierbar halten muß, und dies ist auch meine Überzeugung. Jede, selbst die beste naturwissenschaftliche Beschreibung des menschlichen Verhaltens gleicht einem Schattenriß, der nur einige Aspekte der Realität einzufangen imstande ist. Das menschliche Verhalten und die Entwicklung eines Menschen naturwissenschaftlich zu beschreiben, bedeutet, ein vereinfachtes Abbild dieses Verhaltens zu erzeugen, wie wenn ein dreidimensionaler Gegenstand als

Schatten auf eine einzige Ebene projiziert wird. Diese Art des Abbildens ist selbstverständlich legitim und kann sehr nützlich sein: Auch aus einem Schattenriß kann man viel über einen Gegenstand erfahren, und ein schlechter oder falscher Riß kann sehr irreführend sein. Oder, um ein anderes Beispiel zu benutzen, auch Scherenschnitte sind Abbildungen eines Menschen, und man kann eine bestimmte Person an Hand eines Scherenschnitts erkennen. Nur der wäre im Irrtum, der glaubt, das wirkliche Gesicht enthielte nicht mehr als der Scherenschnitt.

Die Projektion des menschlichen Verhaltens und des ganzen Menschen in der Naturwissenschaft kommt dadurch zustande, daß eine ganze Dimension des Menschlichen, seine geschichtliche Einmaligkeit, seine bewußte Individualität, seine Freiheit und sein Ethos unberücksichtigt bleiben. Trotzdem ist es von entscheidender Bedeutung, daß die dabei gewonnene Projektion, der dabei entstandene Schattenriß des wirklichen Dinges in sich richtig ist, also den Praktiker nicht in die Irre führt. In diesem Sinn halte ich das in den ersten beiden Teilen dieses Buches gewonnene, geschichtlich und organisch orientierte Bild von der menschlichen Entwicklung für richtig und die traumatheoretische Vorstellung für falsch. Wie weit selbst die richtige naturwissenschaftliche Theorie benutzt werden kann, um praktische Probleme zu lösen, ist eine ganz andere Frage, die in jedem Einzelfall sorgfältig zu prüfen ist. Zum Beispiel ergeben sich aus der Bindungstheorie eine Reihe von höchst praktischen Konsequenzen in der Familien- und Sozialpolitik, die keine weltanschaulichen Probleme aufwerfen. Andererseits ist es sehr fraglich, inwieweit zum Beispiel ein Psychotherapeut wirklich mit einem naturwissenschaftlichen Satzsystem auskommt, da ethische und Sinnfragen in vielen Lebensproblemen eine große Rolle spielen. Und wenn es sich zeigt, daß er eben nicht mit der Empirie, mit dem um eine Dimension verkürzten Schattenriß auskommen kann, so ist zu fragen, wie er seine persönliche Weltanschauung dem Patienten gegenüber legitimieren kann [72]. Ich werde auf dieses Problem noch zurückkommen. In einem dritten Fall, in dem der Pädagogik, ist es nicht nur fraglich, sondern ganz offensichtlich, daß eine erfahrungswissenschaftliche Anthropologie nicht ausreicht. Will die Pädagogik praktisch anwendbar sein, muß sie sich an Erziehungszielen orientieren, und diese lassen sich aus der Empirie niemals gewinnen. Die Grenzen naturwissenschaftlicher Aussagen, seien sie allgemein gültig oder von der persönlichen Weltanschauung abhängig, sind in der Praxis allgegenwärtig und zwingen zu Entscheidungen, die persönlicher Natur sind und sein müssen. Dieser Zustand, das Zurückgeworfensein auf persönliche Entscheidungen, ist bei vielen Menschen nicht sehr beliebt, und es macht die Sache nicht besser, daß er unvermeidlich ist. Viele Menschen suchen nach einem Ausweg, nach einer Autorität, die ihnen sagt, was zu tun ist, und die nicht von einer anderen Autorität angefochten werden kann. Auch die Naturwissenschaft wird als eine solche Autorität mißbraucht, und es kommt zu einer Wissenschaftsgläubigkeit (für die das schöne Wort Szientismus gebräuchlich geworden ist), die zwar keiner philosophischen Kritik standhält, aber das anscheinend unstillbare Bedürfnis nach Autorität befriedigt. Auch die Tiefenpsychologie befriedigt nach meiner Ansicht in einer anderen und weniger oberflächlichen Weise ein ähnliches Bedürfnis. Ihre Faszination für viele moderne Menschen läßt sich dadurch erklären, daß sie den Anspruch erhebt, die Unfaßlichkeiten des menschlichen Lebens zu zähmen und die vielen Unbekannten, die vielen «Warums» dieses Lebens endlich zu beantworten. Im Grunde verspricht die Tiefenpsychologie dem Menschen zwei großartige Dinge:

Sie verspricht, in den unzugänglichen Tiefen des unbewußten Selbst die Wahrheit über das eigene Leben auffinden zu können, und sie verspricht, daß der unter Mühen erworbene Besitz dieser Wahrheit den Menschen frei machen werde. Verläßliche Erkenntnis und Befreiung, diese beiden uralten Ziele des abendländischen Denkens und Strebens, werden dem einzelnen angeboten; und es ist nicht verwunderlich, daß viele das Angebot annehmen. Doch beides ist falsch: der Erkenntnisweg der Tiefenpsychologie führt in die Irre, und ihre Antworten machen selten frei; oft binden sie den Menschen mit neuen, schlimmeren Fesseln. Man fragt sich, warum trotzdem, trotz der manifesten Erfolglosigkeit und der wissenschaftlichen Zweifel, die Tiefenpsychologie so viele kluge Menschen auf Dauer fasziniert und von ihnen auf Dauer in ihrer praktischen Arbeit benutzt wird. Ich glaube, daß es hierfür eine Erklärung gibt: Die Bildersprache der Tiefenpsychologie erreicht Probleme und Tiefen des menschlichen Lebens, die von der Erfahrungswissenschaft nicht ausgelotet werden. Gerade diejenigen Aspekte der Wirklichkeit, die in einer empirischen Wissenschaft nicht behandelt werden können – einfache Kausalerklärungen menschlicher Lebensschicksale, Sinnprobleme, ethische Normen und Schuldfragen –, werden in die beschreibende Bildersprache der Tiefenpsychologie mit einbezogen. Manchmal geschieht dies offen und ausdrücklich (dann überschreitet die tiefenpsychologische Theorie bewußt die Grenzen der Erfahrungswissenschaft), manchmal aber auch versteckt unter dem Mantel scheinbar empirischer Aussagen. Aber wie auch immer dieser Schritt getan wird: Seinetwegen kann die Tiefenpsychologie in der Hand kluger Menschen eine Bedeutung erhalten, die sie als wissenschaftliche Theorie nicht hat. Ihre Bilder drücken etwas von der Unfaßbarkeit menschlicher Verstrickungen aus, sie erfassen die Fremdheit des Menschen seinem eigenen Handeln gegenüber, sie weisen ihn auf Dinge hin, die die Erfahrungswissenschaft ausklammern muß. In diesem Sinn ist die Tiefenpsychologie wahrer, als jede empirische Anthropologie jemals sein kann, auch wenn letztere die richtige Projektion des Menschen in die Naturwissenschaft zu zeichnen imstande ist. Ich will dies an einem Beispiel deutlich machen:

In einem bewegenden Artikel behandelt der Tiefenpsychologe ELHARDT [73] das Fremdheitsgefühl des modernen Menschen in seiner Welt; er spricht über die gerade in unserer Zeit so qualvolle Suche nach dem Sinn des Lebens, die Suche nach dem erfahrbaren Du und nach dem eigentlichen Selbst. Ich bin sicher, daß ELHARDT damit eine wesentliche Seite des modernen Lebensgefühls berührt, denn in unserer sich rasch wandelnden Gesellschaft ohne feste Werte und Normen wird die Sehnsucht nach Sinn, nach Verläßlichkeit und Geborgenheit deutlicher, als sie es früher war. Das Leiden an diesen unerfüllten Sehnsüchten muß notwendigerweise auch dem Psychotherapeuten begegnen. Und hier setzt nun das tiefenpsychologische Instrumentarium an, um auch solche Sehnsüchte «wissenschaftlich» zu erklären: Die (nicht zufällig) in den letzten Jahrzehnten besonders entwickelte Tiefenpsychologie des Selbst, die Narzißmustheorie, steht bereit, um Sinnfragen und Identitätsprobleme auf eine traumatheoretische Psychomechanik zu reduzieren. Auch ELHARDT geht diesen Weg: Er führt das Leiden der Patienten an Sinn- und Identitätskrisen auf Störungen der sehr frühen Ich–Du-Beziehung zurück; zum Beispiel auf das Erlebnis einer ambivalent eingestellten Mutter in der Säuglingszeit, vielleicht sogar auf die mütterliche Ablehnung des Kindes bereits während der Schwangerschaft. Theorien solcher Art wurden in diesem Buch wissenschaftlich untersucht und weitgehend widerlegt.

Aber nun möchte ich dem Leser vorschlagen, einmal die Darstellung ELHARDTS weniger als eine wissenschaftliche Aussage, sondern mehr als ein dichterisches Bild zu erfassen: Das Bild sagt, daß der moderne Mensch in seiner Ungeborgenheit wie ein Kind sei, das nicht geliebt und nicht als Selbst mit eigenen Rechten angenommen wird. Der Mensch ist wie ein Kind hilflos, er ist das Opfer einer mechanistischen Fremdbestimmtheit durch unbeeinflußbare, blinde Wechselwirkungen. In dem Bild spiegelt sich der technisch-materialistische Alptraum unserer verwalteten Welt ohne Werte und ohne Hoffnungen, in der das Ich keine Heimat findet und das Du kein wirkliches Du sein kann.

So irrig oder zumindest unsicher also die wissenschaftliche Narzißmustheorie ist, so bewegend wirkt ihre Bildersprache, so treffend drückt sie eine Sehnsucht und ein Leiden aus, die zutiefst menschlich sind. Man ist versucht zu sagen, die Tiefenpsychologie sei eine schlechte Wissenschaft, aber eine gute Mythologie. Der Mythos vom Menschen, in dessen tiefster und unzugänglicher Seele die Gefühle der Kindheit gierig, zärtlich, häßlich und großartig verborgen liegen, bringt in uns eben das Wissen um uns selbst zum Klingen, das über das generalisierende und abstrahierende Denken der Erfahrungswissenschaft hinausreicht. Der Mythos spricht uns persönlich an, er bewegt persönlich und weckt Hoffnungen und Ängste, die die Wissenschaft nicht wecken kann. Dies gilt nicht nur für die Suche nach Erkenntnis, sondern auch für die Hoffnung auf Erlösung und Befreiung, die ebenfalls zur Anziehungskraft der Tiefenpsychologie beiträgt. Auch das therapeutische Versprechen der Tiefenpsychologie lebt von einem Mythos – oder vielmehr von zwei verschiedenen Mythen: Am Anfang der Psychoanalyse stand der Mythos von dem strengen, geduldigen und wissenden Meister, in dessen überlegener Hand die Unordnung der Seele zu Ordnung, zu Freiheit und Erlösung wird. In der persönlichen Begegnung mit diesem Wissenden, in seiner kostbaren Aufmerksamkeit und Zuwendung, lag das Mittel zur Befreiung aus dem Elend des Alltags. Dieser Mythos wirkt in der orthodoxen Psychoanalyse noch immer weiter. An seine Seite tritt aber heute ein anderer Mythos, der von der annehmenden, alles verstehenden und alles verzeihenden Gruppe, deren Geborgenheit nun die Befreiung ermöglichen soll. Letzterer Mythos ist der modernere; nicht zufällig entstand er zu einer Zeit, als der Glaube an die einzelne Autorität (der vor dem Ersten Weltkrieg noch sehr stark war) in vielen Lebensbereichen verschwand und von einem Glauben an das Kollektiv ersetzt wurde. Beide Befreiungsbilder berühren menschliche Hoffnungen, die weit reichen, weiter, als es im Rahmen dieses Buches verfolgt werden kann. Aber, und das darf nicht vergessen werden, die Tiefenpsychologie kann diese Hoffnungen ebenso wie die Sehnsucht nach verläßlicher Erkenntnis nur bildhaft, nur wie eine Mythologie ausdrücken. Sie gewinnt aus dieser Bildersprache ihre Anziehungskraft und ihre dichterische Einheitlichkeit, aber sie verführt gerade dadurch auch immer zu neuen Irrtümern. Eine Bildersprache kann eben nur in Bildern (in intentionalen Begriffen) beschreiben, sie zeigt keine Kausalzusammenhänge auf und hat keine Vorhersagekraft, sie läßt sich nicht verallgemeinern. Ihre Aussagen sind daher nicht so beschaffen, daß man aus ihnen Anweisungen für das praktische Handeln gewinnen könnte. Man kann keinen Erholungsurlaub in den Gärten der Hesperiden antreten, und man kann seine persönliche Lebensgeschichte nicht an Hand der Narzißmustheorie oder der Lehre vom Ödipus-Komplex erklären. Wenn es um praktische Handlungsanweisungen, um instrumentelle Brauchbarkeit einer Theorie geht, dann zählt nicht die Wahrheit einer Bildersprache, sondern die nüchterne erfahrungsmäßige Richtigkeit einer gut ausgearbeiteten empirischen Wissenschaft. Und ich glaube, daß die in vieler Hinsicht bedauerliche Vermengung von dichterischer Beschreibung und wissenschaftlicher Kausalerklärung schuld daran ist, daß so viele Menschen guten Willens die Tiefenpsychologie annehmen, sie mühsam erlernen und dann doch in der Praxis scheitern. Denn leider beansprucht die Tiefenpsychologie, nüchterne Wissenschaft zu sein und Anleitung für die Praxis zu geben. Und ich glaube weiterhin, daß sehr viele Psychotherapeuten, Lehrer, Ärzte und Pädagogen an dem Zwiespalt zwischen existentieller Überzeugungskraft und praktischem Scheitern leiden, der durch die unglückliche Verbindung von Mythos und Wissenschaftlichkeit entsteht. Wie bereits gesagt wurde, geht diese seltsame Verbindung direkt auf FREUD zurück und ist wohl nur aus seiner Persönlichkeit zu verstehen. Im ersten Kapitel wurde betont, daß FREUD einerseits ein mechanistischer Anthropologe, sogar ein Biologist war, aber andererseits durch seine Gefühlsverehrung auch der Gegenaufklärung, ja fast der Romantik zugeordnet werden kann. Das von außen schwer begreifliche Schwanken zwischen abstrakter Wissenschaftlichkeit und dichterischem Überschwang, zwischen chirurgischer Vernünftigkeit und einer hohenpriesterlichen Dogmatik war in der Tiefenpsychologie von Anfang an enthalten und besteht in unveränderter Weise bis heute fort.

Der Leser mag sich fragen, wie ein praktizierender Tiefenpsychologe im Alltag mit dieser Zwiespältigkeit zurechtkommt, wie er es fertigbringt, angesichts aller Zweifel und angesichts eines, vorsichtig ausgedrückt, eher unsicheren therapeutischen Erfolges an seinem Instrumentarium festzuhalten. Ich glaube, daß in der Praxis gerade die Zwiespältigkeit des tiefenpsychologischen Denkens dazu dienen kann, dem Druck der Erfahrung und der empirischen Wissenschaft auszuweichen. Der Praktiker kann sich entweder auf die bildhafte Richtigkeit der Theorien zurückziehen und auf strenge Wissenschaftlichkeit keinen Wert mehr legen; dann wird er zum Pragmatiker oder Eklektiker.

Diesen Weg gehen viele Psychotherapeuten. Oder er kann sich in eine starre, ideologische Haltung flüchten, indem er den dogmatischen Anspruch der Tiefenpsychologie aufnimmt und zum Extrem steigert. Auch dieser zweite Weg, der des Dogmatikers und Heilslehrers, wird von vielen Tiefenpsychologen beschritten.

Im Grunde sind solche Entwicklungen nicht verwunderlich: Wer gegen den Druck von Tatsachen und gegen seine eigenen Zweifel an einer Überzeugung festhalten will, kann diese Überzeugung nur entweder zu einer austauschbaren Ikonographie verniedlichen oder sie zu einem unantastbaren Dogma aufblähen. Kritik von außen kann entweder sanft unterlaufen oder hart abgeblockt werden, und daher begegnet man unter den Tiefenpsychologen sowohl denjenigen, die von vornherein über jeder Kritik zu stehen meinen, als auch denjenigen, die jeder Kritik gegenüber erklären, eigentlich sei ja alles nicht so gemeint, wie man es auffasse. Letztere, die Pragmatiker und Eklektiker, gehen wahrscheinlich den ehrlicheren und menschlich angenehmeren Weg, aber dem theorie- und methodenbewußten Wissenschaftler kann ihre Taktik ebensosehr an den Nerven zehren wie die der selbsternannten Hohenpriester des tiefenpsychologischen Dogmas. Es ist nicht hilfreich, aber wenigstens unmißverständlich deutlich, die Tiefenpsychologie zu einem unantastbaren Dogma zu erheben. Ebensowenig hilfreich und dazuhin weit unklarer wirkt es aber, jedem Kritiker zu versichern, im Grunde meine die Tiefenpsychologie etwas ganz Ähnliches wie er selbst, und man solle sich von begrifflichen Unterschieden nicht verwirren lassen.

Bei alldem soll nicht verkannt werden, daß einige Tiefenpsychologen tatsächlich eine gute und nützliche Ikonographie des menschlichen Lebens aus ihren Theorien gewinnen. Ihre Lebenserfahrung und Menschenkenntnis erlaubt es ihnen, die Begriffe der Tiefenpsychologie mit Bedeutungen zu versehen, die vor allem im Bereich der Persönlichkeitspsychologie durchaus anwendbar sind. Denn selbstverständlich gibt es so etwas wie eine «narzißtische Depressivität», und es gibt etwas wie «orale Charakterzüge», auch wenn ersteres nichts mit Ablehnung während des ersten Lebensjahres und letzteres nichts mit mangelndem Stillen zu tun hat. Diese Charakterstrukturen und die mit ihnen verbundenen Verhaltensweisen sind beobachtbar, sie haben Auswirkungen auf das Leben und lassen gewisse Schlüsse zu. Die Tiefenpsychologie hat hier einen großen Erfahrungsschatz angehäuft und diese Erfahrung in ihrem Theorienrahmen beschrieben. Und auch wenn diese Theorien, als Kausalerklärung genommen, falsch sind, so lassen sie sich doch als eine Art Ikonographie benutzen, um Charakterzüge eines Menschen darzustellen.

Natürlich könnte diese Aufgabe auf die Dauer sehr viel besser von einer an modernen empirischen Konzepten ausgerichteten Anthropologie erfüllt werden. Aber gut ausgebaute Theorien von solcher Seite gibt es nicht – oder zumindest noch nicht. Daher hat der Tiefenpsychologe, der sich in einem gut ausgebauten Satzsystem bewegen kann, hier einen Vorteil gegenüber seinem anders ausgerichteten Kollegen, einen Vorteil, der in der Praxis eine große Rolle spielt. (Ich weiß aus persönlicher Erfahrung, wie leicht es ist, in tiefenpsychologischen Begriffen ein glaubwürdig klingendes Gutachten zu verfassen und eine hoffnungsvoll wirkende Therapie vorzuschlagen, und wie schwer es ist, dasselbe mit dem fragmentarischen Begriffssystem einer moderneren Anthropologie zu leisten.) Es wäre vielleicht gut, wenn der Praktiker, der nicht in ein anderes Begriffssystem ausweichen kann, sich über den bildlich beschreibenden Charakter seiner Begriffe klar würde und sich nicht auf ihren theoretischen Hintergrund versteifte. Bereits dadurch könnte eine Entspannung in der Praxis und die gebührende Bescheidenheit dem eigenen Wissensstand gegenüber erreicht werden.

# X Die Traumatheorie in der Psychotherapie

Die Verfügung über Naturprozesse ist von der Verfügung über gesellschaftliche Prozesse wesentlich verschieden …
Aus: ‹*Theorie und Praxis*› von Jürgen Habermas

Ob man die Verhaltensentwicklung eines Kindes traumatheoretisch erklärt oder ob man von einer organisch-geschichtlichen Entwicklungstheorie ausgeht, hat eine Reihe von praktischen Konsequenzen. Einige dieser Konsequenzen, zum Beispiel diejenigen für die Pädagogik, wurden bereits genannt. Von ganz besonderer Wichtigkeit ist dieser Unterschied jedoch in der Psychotherapie, und daher will ich in diesem Kapitel mit einigen Bemerkungen und Hinweisen auf die psychotherapeutische Praxis eingehen.

Der Unterschied zwischen einer traumatheoretisch ausgerichteten Therapieform und einer Therapie, die sich an eine organische Theorie anlehnt, läßt sich grundsätzlich recht einfach beschreiben: Eine geschichtlich-organisch ausgerichtete Therapie zielt immer darauf, in der Gegenwart einen Umbau der Verhaltenssteuerung zu erreichen. Und zwar wird versucht, die Erfahrungen oder die Umwelt des Patienten so zu gestalten, daß er den Umbau in die gewünschte Richtung vornehmen kann. Man könnte sagen, daß die geschichtlich-organische Entwicklungstheorie zu einem – im weitesten Sinn – pädagogischen Ansatz in der Psychotherapie führt. Im Gegensatz dazu arbeitet die traumatheoretisch orientierte Therapie in der bekannten Weise kathartisch und aufdeckend. Sie versucht, die als Störfaktoren wirksamen «frühen Engramme» durch ihre Bewußtmachung zu neutralisieren.

Die Vorstellung von einer gegenwartsbezogenen, auf den Umbau der Verhaltenssteuerung zielenden Therapieform ruft notwendigerweise die behavioristische Verhaltenstherapie in das Gedächtnis. Ich will darum gleich hier betonen, daß die wohlbekannte Verhaltenstherapie zwar zu den «pädagogischen» Therapieformen zu rechnen ist, daß sie aber keineswegs alleine diese Art des Vorgehens vertritt. Die Verhaltenstherapie setzt in ihrer Methode auf Lernprozesse relativ einfacher Struktur, auf die Bildung oder Extinktion von bedingten Appetenzen oder Aversionen, auf den Auf- und Abbau von Hemmungen, den Erwerb geeigneter bedingter Aktionen und ähnliches mehr. Sie benutzt also ganz überwiegend diejenigen Elemente der menschlichen Verhaltenssteuerung, die in Kapitel VI als «Gewohnheiten» bezeichnet wurden. Andere Schulen, die ebenfalls der gegenwartsbezogenen «pädagogischen» Ausrichtung angehören, zielen eher auf emotionale Veränderungen oder gar auf körperliche Vorgänge, zum Beispiel auf eine Erhöhung der Stresstoleranz. Dieser Bereich wird in der klassischen Verhaltenstherapie eher vernachlässigt. Und zusätzlich gibt es auch Therapieformen, die sich kognitiver Prozesse bedienen und trotzdem aktuell pädagogisch orientiert sind. Es darf also, wenn der Traumatheorie eine andere theoretische Grundlage für psychotherapeutisches Arbeiten entgegengestellt werden soll, keineswegs nur an die Verhaltenstherapie gedacht werden. Dies gilt um so mehr, als auch nicht alle Tiefenpsychologen traumatheoretisch arbeiten, selbst wenn sie die Begriffe der Psychoanalyse benutzen. Ich werde auf diese Fragen noch näher einzugehen haben.

Ich möchte jedoch vorausschicken, daß gerade die Verhaltenstherapie in ihrer Art kaum weniger ideologiebelastet ist oder zumindest war als die Psychoanalyse. Das behavioristische Reiz-Reaktionsdogma und die extrem mechanistische Anthropologie, die den Behaviorismus lange Zeit beherrschte, engte die «erlaubten» Vorgehensweisen in der Therapie auf Trainingsschritte und Lernprozesse ein, die an Ratten entwickelt worden waren. Dies ist heute nicht mehr der Fall, aber die ideologische Belastung früherer Jahrzehnte wirkt noch kräftig nach, unter anderem in den populärwissenschaftlichen Büchern von Skinner [70]. Dort erscheint die Verhaltenstherapie oder vielmehr die Verhaltensmanipulation nach behavioristischen Rezepten als das soziale und politische Allheilmittel und (man beachte die enge Parallele zu manchen Tiefenpsychologen) als Ersatz für jede andere Anthropologie und Philosophie.

Diese Ideologisierung und Dogmatisierung hat dem Behaviorismus, als empirische Wissenschaft genommen, sicherlich sehr geschadet. In der Praxis handelt es sich bei der Verhaltenstherapie um eine psychotherapeutische Methode mit eng begrenzten Zielen, die aber gerade deswegen auch recht häufig erreicht werden. Die Prophezeiungen der behavioristischen Heilslehrer (die auf mich persönlich meist sehr unheilvoll wirken) können demgegenüber wohl in die Rumpelkammer der Geistesgeschichte verbracht werden, auch wenn sie im Moment noch hohe Auflagenziffern erzielen. Zurück zur praktischen Psychotherapie:

Der Unterschied von gegenwartsorientiertem, pädagogischem Vorgehen und traumatheoretischem Arbeiten läßt sich, wie gesagt, durch die verschiedensten psychotherapeutischen Schulen hindurch verfolgen. Natürlich kann nicht jeder einzelne Autor klar eingeordnet werden, und es gibt eine Reihe von Theorien, die eine Verbindung beider Denkweisen anstreben. Tatsächlich gelingt eine solche Synthese auch einer Reihe von Autoren, zumindest soweit es um theoretische Darlegungen in einem Buch geht. In der Praxis, wie sie am Patienten geübt wird, läßt sich eine solche Synthese nach meiner Erfahrung aber viel schwerer erreichen. In jeder Praxis oder Klinik, die ich kennengelernt habe, herrscht entweder ein gegenwartsbezogener, pädagogischer Geist vor, und dann erscheinen die traumatheoretischen Denkfiguren, selbst wenn sie benutzt werden, für die Therapie als nebensächlich. Oder es herrscht ein traumatheoretisch geprägter Geist; dann ruht die therapeutische Hoffnung unfehlbar auf der Bearbeitung der Vergangenheit, dem Bewußtmachen, Abreagieren und Wiedererleben früherer Erlebnisse, und alle Appelle an die Eigenverantwortung in der Gegenwart erscheinen selbst dann, wenn sie benutzt werden, als eine eher nebensächliche Pflichtübung. Ich spreche hier, wie gesagt, aus praktischer Erfahrung und kann meine Aussage nicht durch Vernunftgründe belegen. Ich kann lediglich Beispiele aus der Literatur anführen, die mehr oder weniger deutliche Hinweise auf die hinter ihnen stehende Praxis enthalten. Mit diesen Beispielen will ich versuchen, den obigen Unterschied deutlich werden zu lassen.

Interessanterweise fällt, wie bereits erwähnt, die Grenze zwischen einem gegenwartsorientierten und einem vergangenheitsorientierten Vorgehen nicht mit der Grenze zwischen empirischer Anthropologie und Tiefenpsychologie zusammen. Zwischen der praktizierten Therapie und der zu ihrer Beschreibung verwendeten Terminologie besteht bei vielen Autoren eine gewisse Kluft. Es gibt zwar meines Wissens keine Empiriker, die eine traumatheoretisch orientierte Praxis betrieben, es gibt jedoch eine nicht geringe Anzahl von Tiefenpsychologen, die sich in der Praxis nicht an der Traumatheorie orientieren. Besonders häufig trifft man in der Kinderpsychotherapie eine Spannung zwischen einer orthodox psychoanalytischen Begriffswelt und einer sehr unorthodox aktuell orientierten Therapie an; das bereits zitierte Lehrbuch von DÜHRSSEN [10] bildet dafür ein gutes Beispiel. Noch stärker in eine aktuelle, geschichtlich-organische Richtung weisen die populären Bücher von MEVES [74], obwohl die analytische Terminologie in ihnen durchaus noch kräftig nachwirkt. Auch in der Erwachsenenpsychotherapie gibt es solche Beispiele: So verraten die Bücher des Psychoanalytikers SCHULZE [75] eine weitgehend pädagogisch orientierte Praxis, obwohl auch dieser Autor keineswegs auf das psychoanalytische Vokabular verzichtet.

Daß ein gegenwartsorientiertes Arbeiten gerade in der Kinderpsychotherapie so häufig vorkommt ist gut verständlich. Verhaltensprobleme von Kindern hängen sehr oft in einer klaren und leicht feststellbaren Weise von schädlichen Umwelteinflüssen ab. Und selbst, wo dies nicht der Fall ist, läßt sich häufig ein geschichtlicher Prozeß aus der Vergangenheit in die Gegenwart verfolgen, der das aktuelle Symptom erklärt und angreifbar macht. Die undurchschaubaren Verstrickungen in endlos wirre Fehlreaktionen und Irrtümer, die scheinbare Beziehungslosigkeit des Symptoms zur gegenwärtigen Umgebung, die in der Erwachsenenpsychotherapie so häufig auftritt, fehlt zwar bei Kindern nicht ganz, tritt aber doch nicht so in den Vordergrund. Dies gilt um so mehr, je jünger die zu behandelnden Kinder sind. Damit entfällt in der Kinderpsychotherapie sehr häufig die Erklärungsnot, die theoretische und praktische Hilflosigkeit, die in der Psychotherapie von Erwachsenen fast unvermeidbar ist, und entsprechend schwächer wirkt die Versuchung, sich von der Gegenwart weg und den typisch traumatheoretischen Arbeitsmethoden zuzuwenden.

Hinzu kommt natürlich, daß besonders kleine Kinder über kognitive Prozesse wenig beeinflußbar sind. Der therapeutische Eingriff gewinnt dadurch notwendigerweise einen pädagogischen Charakter, er wird zu einem Versuch, hilfreiche Erfahrungen anzubieten und hilfreiche Lernprozesse zu fördern. Diese Tendenz besteht, wie ich glaube, selbst in einer ausdrücklich analytisch ausgerichteten Kindertherapie, zum Beispiel in einer psychoanalytischen Spieltherapie. Es wird zwar behauptet, daß die heilsame Wirkung einer solchen Therapie mit dem Wiedererleben früherer Konflikte und ihrer Bewußtmachung zu tun habe. Andererseits bietet eine Therapie dieser Art eine Fülle von aktuellen Lern- und Erfahrungsmöglichkeiten, so daß eine hilfreiche Wirkung auch ohne traumatheoretische Vorstellungen erklärt werden kann.

Alle genannten Umstände wirken dahingehend zusammen, daß der traumatheoretische Aspekt tiefenpsychologischer Therapie bei der Behandlung von Kindern häufig vernachlässigt wird. Tritt zu einer solchen Praxis ein offenes, im Gegensatz zu dem Freuds weder mechanistisches noch szientistisches Menschenbild (wie im Fall von Dührssen), so entfernt sich die Praxis noch weiter von der traumatheoretischen Psychomechanik. Es bleiben von den theoretischen Grundlagen der orthodoxen Analyse dann wirklich nur terminologische Reste und einige besonders eindrucksvolle Denkfiguren, wie der Ödipus-Komplex, zurück.

Ein für den Leser manchmal erheiternder Umstand liegt darin, daß viele Kinderpsychotherapeuten selbst bemerken, wie weitgehend sich ihre praktische Arbeit von den Grundlagen der Tiefenpsychologie entfernt hat, und, soweit sie sich als Analytiker verstehen, glauben sie, sich hierfür entschuldigen zu müssen. Zum Beispiel beschreibt ZULLIGER den Fall eines zehnjährigen Mädchens, bei dem er darauf verzichtete, der kleinen Patientin die (angeblichen) triebdynamischen Grundlagen ihres Verhaltens bewußtzumachen. Er ging statt dessen «nur symptomatisch» vor und versuchte, die Umgebung des Kindes in eine günstige Richtung zu beeinflussen [76]. Der Erfolg gab ihm recht, das Mädchen nutzte sehr schnell die ihm eröffneten Möglichkeiten zur Veränderung, und ihr Hauptsymptom verschwand. Für den Therapeuten ZULLIGER war dies sehr erfreulich, aber der Tiefenpsychologe ZULLIGER stand vor dem Problem, sich selbst und den Lesern zu erklären, wie ein solcher Erfolg überhaupt möglich war. Hatte doch FREUD (unter anderem in dem zitierten Fall des «kleinen Hans» [60]) noch ausdrücklich darauf bestanden, es komme für den therapeutischen Erfolg auf das Bewußtmachen der Triebproblematik und deren realitätsgerechten Ausdruck an. Wie auch andere Autoren zog ZULLIGER sich auf die Konstruktion zurück, daß für ein Kind und dessen magische Denkweise eine Art von Bewußtmachung symbolisch im spielenden und handelnden Darstellen des Konflikts stattfinde. Zwar wird dadurch keine klare kognitive Einsicht gebildet, doch für ein Kind hielt ZULLIGER dies noch für weniger wichtig.

Für den Verhaltenswissenschaftler ist eine solche Konstruktion allerdings nicht annehmbar. Erstens kann man bei einem zehnjährigen Kind, selbst bei einer großzügigen Deutung des Begriffs, nicht mehr von einem «magischen Denken» sprechen. Es hieße die verhaltenssteuernde Wirkung der Kognition in diesem Alter gröblich unterschätzen, würde man glauben, daß ein zehnjähriges Mädchen sich mit magisch formulierten Zusammenhängen in ihrem Weltbild zufriedengeben würde. Wenn man das Element des klaren, kognitiven Einsehens aus der Bewußtmachung eines Konflikts streicht, kann ich nicht erkennen, welchen Sinn das Wort «bewußt» überhaupt noch behalten soll. Aber der wesentliche Einwand gegen die Hilfskonstruktion von der «symbolischen Bewußtmachung» liegt anderswo: Es steht dem Therapeuten völlig frei, alles und jedes Verhalten eines

Kindes als symbolischen Ausdruck eines Konflikts zu deuten, es gibt gar keine Möglichkeit, zwischen «symbolischen» und «nichtsymbolischen» Verhaltensweisen zu unterscheiden. Daher führt diese Konstruktion dazu, daß die Grundannahme, die Heilung gehe von einer «Bewußtmachung» aus, gar nicht mehr getestet werden kann. Sie wird – wie leider so oft in der Tiefenpsychologie – axiomatisch vorausgesetzt. Theorien, die bereits voraussetzen, was sie erklären wollen, sind in der Erfahrungswissenschaft aber nicht zulässig. Es wäre viel einleuchtender, die Grundannahmen der Kinderpsychotherapie so zu verändern, daß sie mit der praktischen Erfahrung übereinstimmen, und ich möchte den betroffenen Praktikern einen solchen Weg ernsthaft zu bedenken geben. Wenn man die Traumatheorie, wenn man den Ödipus-Komplex und so weiter für die therapeutische Arbeit nachweislich nicht benötigt, sollte man sie auch aus der Theorie streichen.

Im Bereich der Psychotherapie Erwachsener stellt sich die Lage ganz anders dar: Hier beobachtet man, wie in Kapitel III geschildert wurde, eine Art Renaissance der Traumatheorie, die von der sogenannten humanistischen Psychologie, von der psychoanalytischen Narzißmus-Theorie und von der prä- und perinatalen Psychologie ausgeht. Die mehr gegenwartsorientierten und nicht traumatheoretisch arbeitenden Therapeuten scheinen im Moment in den Hintergrund zu treten, oder zumindest melden sie sich weit weniger in Büchern und Artikeln zu Wort. Trotzdem ist es möglich, die unterschiedlichen Auffassungen an Hand von verschiedenen Zitaten deutlich zu machen, und ich will daher im folgenden einige Zitate dazu benutzen, das Problem der traumatheoretischen gegenüber der empirischen Orientierung für den Leser anschaulich darzustellen. Dafür soll zu Anfang ein bestimmtes Phänomen herausgegriffen werden, das in der therapeutischen Praxis eine große Rolle spielt, nämlich das oft beobachtete Andauern von Verhaltensweisen, die für den Betreffenden von Nachteil sind (den «Wiederholungszwang»). In seiner bereits zitierten Arbeit [9] erklärt der Psychoanalytiker Hau dieses Phänomen in der folgenden Weise:

«Die Art und Weise, die Welt und ihre Objekte wahrnehmungsgemäß zu akzeptieren, sich Vorstellungen zu machen, Phantasien zuzulassen, Kontakt aufzunehmen, Gefühle zu entwickeln, Probleme zu lösen, Entscheidungen zu treffen, mit Konflikten umzugehen, zu handeln usw., wird durch die hemmenden und fördernden Einflüsse der frühkindlichen Bezugspersonen und später durch die an ihnen gemachten Erfahrungen determiniert. Die Struktur dieser Erlebnis-, Verarbeitungs- und Verhaltens-Funktionen, die Charakter- und Persönlichkeitsstruktur, die wegen der sehr frühen Prägung wenig Freiheitsgrade, z. B. für Entscheidungen, enthält, hat nun die Tendenz, für ein befriedigendes Funktionieren in der Umwelt die gleichen Bedingungen wiederherzustellen, unter denen die Entwicklung der verschiedenen Fähigkeiten zustande kam. Ein Kind, das nur unter Strafängsten gelernt hat, zu arbeiten und Aufgaben zu erfüllen, wird immer wieder die Tendenz haben, sich die Umwelt, in der es arbeitet, so zu gestalten und zu arrangieren, daß es Strafängste entwickeln muß. Wenn dies nicht möglich ist, wie zum Beispiel in einer liberalen Teamarbeit, wird es ratlos werden, in seiner Arbeitsleistung absinken und unter Umständen auch neurotische Symptome entwickeln.»

Dieses Zitat enthält in sehr geschlossener Form all diejenigen Theoriebestandteile, die für eine moderne Traumatheorie wesentlich sind: die frühe «Prägung» von Verhaltensstrukturen, den deterministischen Charakter der Beziehungen in der Primärgruppe und schließlich die Deutung eines wichtigen therapeutischen Problems, nämlich des «Wiederholungszwangs», auf dieser Grundlage. Es muß beachtet werden, daß es nach dieser Denkweise ausdrücklich abzulehnen wäre, dem Patienten nur in seinen gegenwärtigen Bezügen zu helfen. Solange die frühen Engramme nicht behandelt werden, verschlimmert dies vielleicht sogar seine Lage, da die von der frühen Kindheit determinierte Verhaltenssteuerung mit der hilfreichen Umgebung gar nicht zurechtkommt. Ich will dem ein Zitat von Dührssen entgegenstellen, das sich ebenfalls mit dem «Wiederholungszwang» befaßt [10]:

«Sehr zur Verwunderung der ferner stehenden Umwelt pflegen solche Menschen sich aus scheinbar freiem Willen Lebenslagen zu schaffen, unter denen sie selber leiden und aus denen sie sich nicht ohne äußere Assistenz herauslösen können ...

Die Komponenten hierfür sind aber, wie wir festhalten wollen, vielfältig determiniert. Die normale Bevorzugung bekannter und vertrauter Lebenssituationen wird verstärkt und intensiviert durch erworbene neurotische Ängste vor der Außenwelt und von der Unfähigkeit, sich mit den erworbenen neurotischen Gehemmtheiten in einem anderen Milieu zurechtzufinden, als in dem, das diese Gehemmtheiten seinerzeit provozierte ...

... Es handelt sich um ein sehr breites charakterologisches Problem, das viele Neigungen, Vorlieben und Verhaltensweisen des Menschen umfaßt.»

Das Andauern nachteiliger Verhaltensweisen wird hier also gerade nicht dadurch erklärt, daß das Problem durch die frühe Kindheit determiniert sei. Vielmehr wird als Ursache die «normale Bevorzugung bekannter und vertrauter Lebenssituationen» genannt sowie die Belastung durch Ängste und Hemmungen, die eine erfolgreiche Anpassung an neue Situationen verhindert. Konsequenterweise kann die therapeutische Hilfe darin bestehen, dem Menschen diejenigen Erfahrungen zugänglich zu machen, die ihm fehlen oder die er vermied, und die Anpassung an eine neue Situation zu unterstützen.

Der Unterschied der beiden Zitate sollte nicht als gering betrachtet werden. Er ist um so bezeichnender, als sich beide Autoren einer recht ähnlichen Terminologie bedienen. Trotzdem bleibt der Unterschied zwischen dem Traumatheoretiker und der lebensgeschichtlich orientierten Praktikerin ungeschmälert erhalten. Ich will hier mit allem Nachdruck betonen, daß der Standpunkt des ersten Zitates falsch, der des zweiten richtig ist. Es ist nicht so, wie im ersteren behauptet, daß eine günstige Beeinflussung des aktuellen Geschehens fruchtlos bleibt, wenn nicht die früheren Engramme verändert werden. Es ist nicht so, daß die frühen Erfahrungen die Verhaltensstruktur determinieren, und eine Arbeitsweise, die hiervon ausgeht, wirkt sich sehr oft zum Schaden des Patienten aus. Vielmehr trifft es zu, daß die Fixierung schädlicher Verhaltensweisen auf der Angst und Zurückhaltung beruht, die jede unbekannte Situation hervorruft.

Diese Angst und Zurückhaltung kann dann unüberwindbar sein, wenn weitere Probleme die Verarbeitungsfähigkeit und Stresstoleranz des Menschen zu sehr vermindern, und daher kann sich statt eines Problem lösenden Verhaltens ein schädliches Verhalten (chronisches Kontrollieren von Angst und Anspannung) herausbilden. All diese Dinge wurden im zweiten Teil dieses Buches bereits besprochen. Und selbstverständlich ist es das therapeutische Mittel der Wahl, einem solchen Patienten neue Erfahrungen zu ermöglichen und ihn dabei zu unterstützen, wenn er neue Handlungsweisen erprobt. Wenn dies gelingt, ist sehr viel gewonnen, und zwar alles, was durch eine fachliche Hilfe überhaupt geschehen kann. Viele Beispiele zeigen, daß eine solche «pädagogische» Beeinflussung eben nicht zu neurotischen Symptomen führt, sondern daß nach der verständlichen Periode der Unsicherheit tatsächlich eine Umstellung erfolgt. Gerade aus der Überwindung der Hemmungen, aus der erfolgreichen Anpassung an neue Anforderungen ergeben sich dabei die fruchtbarsten Impulse.

Das Zitat von HAU stammt aus einem Artikel, der für ein Fachpublikum bestimmt ist und in dem recht abstrakt und abwägend formuliert wird. In Äußerungen, die sich an ein allgemeines Publikum richten, wird die traumatheoretische Arbeitsweise noch sehr viel einprägsamer, aber auch noch einseitiger dargestellt. Ich will auch hierfür ein Beispiel anführen, obwohl in ihm keine neuen Gesichtspunkte auftauchen [77]. Das Zitat bezieht sich auf die Behandlung eines Patienten mit Kontaktschwierigkeiten und stammt aus einer in mehreren Tageszeitungen verbreiteten Artikelserie:

«Im Verlauf der psychoanalytischen Behandlung konnte MARGARETE MITSCHERLICH mit dem Patienten in den Bereich seiner ursprünglichen Störung zurückkehren und das Trauma beseitigen. Fortan war er in der Lage, Trennungsschmerzen zu erleben und tiefe, oft verzweifelte Sehnsucht nach der Gegenwart eines abwesenden Liebesobjektes zu fühlen ... In einer verhältnismäßig geringen Störung war es der Psychoanalyse einmal mehr gelungen, einen ‹Neubeginn› zu setzen.»

Die klassischen Züge der traumatheoretisch orientierten Psychotherapie werden in erfreulicher Einfachheit angeführt: Im Patienten verborgen befindet sich irgendein psychischer Mechanismus, der aus einer früheren Entwicklungsstufe stammt. Um diesen Mechanismus zu entfernen, muß man in das Dunkel des Unbewußten hinabsteigen, seine Wirkungsweise und Geschichte bewußt machen und die durch ihn blockierten Affekte freisetzen. Dieser Eingriff führt zur Veränderung, alle weiteren Maßnahmen sind nebensächlich oder gar ganz überflüssig. Dies ist die Traumatheorie, und so wirkt sie sich auf die Psychotherapie aus. Die Fragen, die in diesem Buch immer wieder gestellt wurden, stellen sich dabei nochmals: Wo und wie werden so früh entstandene Verhaltensmechanismen unverändert erhalten? Wie soll man sich ihre starke und doch verborgene Wirkung auf das Leben eines Erwachsenen vorstellen? Wie soll das «Hinabsteigen in die Vergangenheit» verstanden werden? Wieso wird unbefangen ein häufiger Erfolg der Psychoanalyse behauptet, nachdem große und begründete Zweifel an diesem Erfolg unbeantwortet geblieben sind? Eine Antwort auf all diese Fragen sei nunmehr, nachdem ich gesagt habe, was nach meinem Wissen und Verstehen zu sagen war, dem kritischen Leser überlassen.

Vielleicht sollte dieses Kapitel nicht beendet werden, ohne wenigstens in groben Zügen einen Gegenentwurf vorzustellen, der die Umrisse einer anderen Art von Psychotherapie zeigt. Mit diesem Gegenentwurf wage ich mich auf ein trügerisches Gelände, denn ich muß sofort zugeben, daß die Psychotherapie, die mich überzeugen würde, nicht existiert. Alles, was bis jetzt existiert, sind Bruchstücke und Einzelverfahren, die in die (nach meiner Meinung) richtige Richtung weisen, aber noch keineswegs zu einem System verläßlicher Diagnosen und therapeutischer Regeln zusammengefügt worden sind. Wie sollten die Umrisse einer vernünftigen, auf der Erfahrungswissenschaft beruhenden Psychotherapie beschaffen sein? Vor allem sollte ihre Methodik, wie immer sonst sie beschaffen sein mag, auf die Aktualität des Patienten und seiner Lebensumstände zielen und deren hilfreiche Veränderung anstreben. Es sollte möglich sein, die Strukturen seines Verhaltens zu beschreiben und ihm ein Angebot zu machen, in Richtung einer wünschenswerten Änderung therapeutisch unterstützte Anstrengungen zu unternehmen. Allerdings sollte diese Art von «pädagogischer» Methodik auf alle Bereiche der Verhaltenssteuerung zielen und sich nicht, wie es heute meist geschieht, auf einen kleinen Teil dieser Steuermöglichkeiten beschränken. Wie in Kapitel VI beschrieben, bedeutet dies, daß körperlich-vegetative Prozesse, affektive Reaktionen, gewohnheitsmäßige und kognitive Vorgänge gleichermaßen berücksichtigt werden müßten. Ich will wenigstens andeuten, auf welche Weise dies geschehen könnte:

Der große gewohnheitsmäßige Bereich des Verhaltens wird, wie bereits gesagt, durch die Verhaltenstherapie bereits mit recht guten Erfolgen zu beeinflussen gesucht. Der theoretische Hintergrund dieser Methode liegt, geschichtlich gesehen, im Behaviorismus. Heute tragen jedoch auch die verhaltensbiologische Lerntheorie und andere Richtungen zum Verständnis solcher Vorgänge bei. Als Beispiel für stark «gewohnheitsmäßige» Verhaltensstörungen wurde das Zwangsverhalten bereits genannt, aber auch andere Symptome (zum Beispiel Phobien) sprechen recht gut auf verhaltenstherapeutische Maßnahmen an [78]. Die Verhaltenstherapie hat in den letzten zwei Jahrzehnten eine eindrucksvolle Entwicklung genommen, und für ihren Bereich scheint es weniger an der grundsätzlichen Orientierung, sondern einfach an praktischen Kenntnissen zu fehlen, die sicherlich mit jedem Jahr zunehmen werden. Es dauert lange, bis durch die Erprobung in Praxen und Kliniken festgestellt wird, ob sich ein bestimmtes Lernprogramm oder ein bestimmtes Erfahrungsangebot dazu eignet, eine Verhaltensstörung zu behandeln und unter welchen Bedingungen dies geschehen muß. Ich glaube daher, daß aus dieser Richtung noch beträchtliche Erfolge zu erwarten sind.

Allerdings vernachlässigt die Verhaltenstherapie – dies ist ein Erbe ihrer behavioristischen Vergangenheit – sowohl die kognitiven Prozesse als auch das Antriebsgeschehen im Menschen. Hier gibt es andere Methoden, die diese Lücke füllen könnten. Zum Beispiel hat sich in den letzten Jahren unter dem Namen «rational-emotive Therapie» eine Methode entwickelt, die ausdrücklich versucht, über kognitive Prozesse auf das Verhalten einzuwirken. Die Methode geht davon aus, daß nachteiliges Verhalten und aversive Emotionen sehr häufig auf unangemessene Denkprozesse zurückgehen oder zumindest von ihnen verstärkt werden, und sie versucht, diese Denkprozesse zu beeinflussen. Hierzu muß der Patient zuerst lernen, kritisch zu beobachten, was er sich eigentlich während seines Verhaltens denkt, und er muß weiterhin diese Denkweisen kritisch überprüfen. Der Therapeut bestärkt und unterstützt ihn in der Art eines Diskurses bei diesem Vorgehen, und im günstigsten Fall führt eine andere Denkweise sowohl zu einem veränderten Antriebsgeschehen als auch zu einem vorteilhafteren Handeln.

Ich muß gestehen, daß sich die Methode dieser Therapieform einleuchtender liest, als sie in der Praxis dann tatsächlich wirkt, aber auch hier scheint mir das Vorgehen in eine richtige Richtung zu zielen. Es wäre nötig, die Zusammenhänge zwischen Denkprozessen und dem Antriebsgeschehen besser zu verstehen, als dies heute möglich ist, und eine systemtheoretische Forschungsweise könnte vielleicht dieses Ziel erreichen. Sollte dies gelingen, so könnten kognitive Prozesse in Art der rational-emotiven Therapie in eine integrierte pädagogische Psychotherapieform mit eingehen [79].

Auch der affektive und der vegetativ-körperliche Bereich dürfen nicht vernachlässigt werden. Es ist eine Binsenwahrheit, daß die Belastungsfähigkeit und das ganze Antriebsgeschehen vom Gesundheitszustand des Körpers abhängt. Viele psychosomatische Kliniken oder Kliniken für Sucht- und Alkoholkranke legen daher auch Wert darauf, daß ihre Therapie ein sportliches Aufbauprogramm oder ähnliches umfaßt. Es ist für mich ganz erstaunlich, wie weitgehend dieser Bereich in der ambulanten Psychotherapie vernachlässigt wird, wie zwar ständig davon gesprochen wird, daß psychische Konflikte den Körper beeinträchtigen, aber praktisch nie davon, wie sehr die mangelnde körperliche Leistungsfähigkeit den psychischen Zustand verschlechtert. Ich halte, soweit meine begrenzte praktische Erfahrung es zuläßt, diesen Zusammenhang für überragend wichtig, und in einer vernünftigen Psychotherapie müßten entsprechende Maßnahmen unbedingt einen Platz finden. Ähnliches gilt auch für den emotionalen Bereich. Zwar läßt sich das Antriebsgeschehen von den «Gewohnheiten» nicht trennen; eine Unzahl von bedingten Verknüpfungen entscheidet mit darüber, ob Ängste oder Appetenzen, starke oder schwache Bereitschaften das Verhalten bestimmen. Es gibt jedoch durchaus Möglichkeiten, im affektiven Bereich eine größere Belastbarkeit zu erreichen, indem der Patient es (mit der nötigen Hilfe) unternimmt, schwierige affektive Situationen bewußt durchzustehen. Diese Art des Vorgehens wird manchmal unter dem Begriff der Belastungstherapie beschrieben, und ein Einblick in diese Methode läßt sich unter anderem aus den Büchern von SCHULZE gewinnen [75]. Ich glaube, daß solche vom theoretischen Standpunkt aus schlichte und unproblematische Maßnahmen, zusammen mit dem Aufbau der körperlichen Tüchtigkeit, einen sehr großen Einfluß auf psychische Probleme haben können.

Zu guter Letzt soll nicht vergessen werden, daß zu der hier skizzierten Wunschvorstellung einer integrierten Psychotherapie auch gehören würde, das soziale Umfeld des Patienten so weit als möglich mit einzubeziehen. Die Lebensumstände einer Person, die oft sträflich vernachlässigt werden, können so pathogen sein, daß jede andere Maßnahme unwirksam bleiben muß, bevor sie sich nicht geändert haben. Wie das soziale Umfeld am besten zu erfassen wäre ist mir selbst unklar. Nur eines weiß ich aus einschlägigen Erfahrungen ganz genau: Eine übliche Anamnese, erhoben in der Praxis des Psychotherapeuten, oder gar der unbestimmte Eindruck, den die freien Assoziationen auf dem Sofa des Analytikers hinterlassen, reicht in vielen Fällen nicht aus. Ich glaube, daß der Psychotherapeut sehr oft die Lebensumstände des Patienten vor Ort erkunden müßte, seine Familie, seinen Arbeitsplatz und seine Wohnverhältnisse selbst in Augenschein nehmen müßte, um zu einem einigermaßen begründeten Urteil zu kommen. Dem Laien mag ein solcher Vorschlag gar nicht abwegig erscheinen, er würde jedoch nach meiner Überzeugung eine Revolution in der Arbeit der Psychotherapie bewirken, eine Hinwendung von einer mißverständlichen und mißverständlich gehätschelten Innenwelt hin zu der Realität, die für den Patienten tatsächlich zählt und von der auch das innere Geschehen abhängig ist. (Wenn ich von dem ersten

Psychotherapeuten höre, der seine Praxis gelegentlich verläßt und sich mit einem Patienten in dessen Wohnung an den Kaffeetisch setzt, um über die anstehenden Probleme zu sprechen, werde ich beginnen zu glauben, daß es eines Tages doch so etwas wie eine funktionierende Psychotherapie geben könnte.)

Denn man darf den obigen Abschnitt nicht mißverstehen: Ich habe eine Art der Psychotherapie skizziert, die es nicht gibt, und ich bin sehr skeptisch, ob es sie jemals geben wird. Bisher verteidigt fast jede Schule ihre besonderen methodischen Bruchstücke als die Allheilmittel der Psychotherapie, und dies gilt keineswegs nur für die verschiedenen Schulen der Tiefenpsychologie, sondern auch für die Verhaltenstherapie und für die rational-emotive Therapie. Die Synthetiker sind selten und ihre Durchsetzungskraft ist gering. So lange der Allheilmittel-Anspruch der verschiedenen Richtungen nicht überwunden ist und so lange verengte Anthropologien die Sicht verstellen, wird eine Besserung wohl auch nicht eintreten. Und selbst wenn es zu der dringend notwendigen Synthese kommen könnte, wäre diese integrierte Psychotherapie (wie jede andere Psychotherapie) in der Gefahr, an ihrer eigenen Selbstüberschätzung zu scheitern. Hier darf kein Irrtum entstehen: Nicht nur Psychotherapien auf falscher theoretischer Grundlage sind gefährlich, auch eine funktionierende Psychotherapie hätte ihre großen Gefahren, die sich bereits heute nachweisen lassen. Diese Gefahren liegen in zwei Bereichen: Zum einen drohen Gefahren, weil jede Psychotherapie eine Art der Herrschaft des Menschen über den Menschen darstellt. Und zum anderen drohen Gefahren, weil viele, ja die meisten Probleme in Psychotherapien nichtwissenschaftlicher Art sind und daher der weltanschaulichen Willkür des Psychotherapeuten unterliegen.

Der erste Bereich, der die Gefahr der Abhängigkeit betrifft, ist offenkundig: Die Psychotherapie besteht in der Beziehung eines manipulierenden Psychotherapeuten mit dem manipulierten Patienten, und zwar unausweichlich, so häufig auch das Gegenteil beteuert wird. Diese Beziehung fordert eine Überschätzung der eigenen Stellung und einen Mißbrauch der sehr beschränkten Möglichkeiten auf seiten des Therapeuten geradezu heraus, und von seiten des Patienten besteht die Versuchung, sich dieser scheinbaren Autorität zu kritiklos anzuvertrauen. Es gibt, ich wiederhole es, kein Mittel, dieses Problem zu umgehen. Wer Psychotherapie will, muß die Gefahr des Mißbrauchs in Kauf nehmen.

Hinzu kommt als ein zweiter Bereich der Gefährdung, daß nicht alle Lebensprobleme, die psychotherapeutisch behandelt werden sollen, überhaupt in den Aussagebereich der empirischen Anthropologie fallen. Vielmehr gibt es hier ein breites Feld von Möglichkeiten, das von eindeutig «technisierbaren» Problemen bis hin zu solchen reicht, die ebenso eindeutig nicht technisierbar sind. Die Gründe wurden im letzten Kapitel genannt: Sobald ethische Fragen, religiöse Fragen, Sinn- und Orientierungskrisen eine Rolle spielen, gibt es keine Möglichkeit mehr, diese Probleme auf Grund von allgemeinwissenschaftlichen Sätzen zu deuten oder «wissenschaftliche» Lösungen vorzuschlagen. Der «Schattenriß» des Menschen, der bei einer erfahrungswissenschaftlichen Betrachtung entsteht, läßt nur bestimmte Fragen und Antworten zu.

Die Technisierbarkeit und Nicht-Technisierbarkeit der verschiedenen psychotherapeutischen Aufgaben zu erkunden würde wahrscheinlich ein eigenes Buch erfordern. Ich kann hier nur Beispiele geben: Eine typische Katzen- oder Insektenphobie läßt sich wahrscheinlich technisch, das heißt über die Regeln der wissenschaftlich beschriebenen Verhaltenssteuerung angehen – ohne daß damit gesagt ist, es gäbe keine anderen Aspekte des Problems. Ähnliches gilt für eine Reihe von Symptomen, die in den Bereich derjeniger Methoden fallen, die ich in der Skizze einer wünschenswerten Psychotherapie benutzt habe. Andererseits ist es nicht möglich, eine «wissenschaftliche» Eheberatung durchzuführen. Ehekrisen spielen sich im Raum von Sinn- und Wertentscheidungen, von Liebe und Schuld ab, und dieser Raum wird im Schattenriß der Erfahrungswissenschaft nicht abgebildet. Es mag also – vielleicht – Regeln der Kunst geben, um eine Phobie zu behandeln; ganz sicher gibt es keine solche Regeln für eine Ehekrise. Vor Fragen solcher Art muß der Psychotherapeut also entweder seine Unzuständigkeit erklären oder von der allgemeingültigen wissenschaftlichen Erkenntnis auf persönliche Aussagen übergehen, die seiner eigenen Weltanschauung entstammen. Viele Schulen der Psychotherapie nehmen diesen Übergang ausdrücklich und für den Ratsuchenden sichtbar vor: So wird es zumindest dem Fachmann klar sein, daß man in einer Therapie nach WILHELM REICH marxistisches Gedankengut mit erhält, in einer nach BINSWANGER oder Boss HEIDEGGERsche Existentialphilosophie gelehrt bekommt, in einer JUNGschen Therapie östlich-okkultem Spiritualismus begegnet und so weiter. In der Psychoanalyse orthodoxer oder FREUDscher Prägung liegen die Dinge anders: Sie geht zwar auch von einer unter vielen Weltanschauungen aus, nämlich einem mechanistischen Reduktionismus, aber diese weltanschauliche Bindung wird selten offengelegt. Vielmehr wird ganz selbstverständlich versucht, jedes Problem als technisierbar und damit «psychomechanisch» zu behandeln. Zum Beispiel werden ethische Konflikte als Folge einer einseitigen Persönlichkeitsentwicklung (zu starkes Über-Ich) betrachtet, Schuldgefühle gehen automatisch auf neurotische Abwehrbestrebungen zurück und so weiter. Wohlgemerkt, ich behaupte nicht, daß es keine unechten ethischen Konflikte und keine pathologischen Schuldgefühle gibt – es gibt sie. Aber nach FREUD werden alle solche Erfahrungen als pathologische Erscheinung innerhalb einer gestörten Psychomechanik gedeutet und eine Alternative wird nicht gesehen. Damit erledigt sich die Frage der beschränkten Zuständigkeit der Erfahrungswissenschaft von selbst: Alle Probleme, die in psychotherapeutische Behandlung kommen, werden automatisch als die Art von Problemen behandelt, für die die Erfahrungswissenschaft zuständig ist. Ethische Fragen werden auf Fragen der Persönlichkeitsstruktur reduziert, Sinnfragen werden zu Fragen der frühen Mutterbeziehung und so weiter. Und natürlich kann man der Ansicht sein, daß dieses Vorgehen richtig ist. Man kann einer reduktionistischen FREUDschen Anthropologie anhängen und glauben, daß diese Art der Rückführung ein Fortschritt sei. Aber, und dies sollte festgehalten werden, für den Glauben des Reduktionisten gibt es keinen «wissenschaftlichen Beweis». Wenn ethische und Sinnfragen, Fragen nach Lebenszielen und Lebenssinn als psychomechanische Probleme behandelt werden, so zwingt der Psychotherapeut dem Patienten damit seine persönliche Weltanschauung auf, für die er keine andere Legitimation als eben die eigene Überzeugung hat. Ich glaube nicht, daß ein solches Vorgehen berechtigt ist, und ich glaube nicht, daß die Patienten mit ihm einverstanden wären, wenn ihnen die Unwissenschaftlichkeit des angeblich wissenschaftlichen Verfahrens klarwäre. Nach meinem Dafürhalten gibt es aus diesem Zustand nur einen Ausweg: Der Anspruch der wissenschaftlichen Psychotherapie, Menschen in ihren Lebensproblemen beizustehen, muß sehr stark eingeschränkt werden. Man kann als empirischer Forscher Zwangssymptome oder eine kindliche Phobie behandeln, man kann Belastungstherapien anbieten und Gruppensozialisation einüben. Man kann jedoch nicht die Frage entscheiden, ob ein Ehepaar lieber mehr Geld verdienen oder lieber ein Kind haben solle – und man kann nicht einen Konflikt, der um eine solche Frage kreist, auf frühkindliche Rollenzwänge zurückführen.

Leider lassen sich ethische und Normenfragen, Sinn- und Wertfragen nicht säuberlich von «technisierbaren» Problemen trennen. Eines greift ins andere, und Zwangsverhalten hängt mit wertmäßigen Fehlorientierungen zusammen, ungeschicktes Sozialverhalten beruht auf Sinnkrisen und so weiter. Diese Tatsache läßt mich sehr zweifeln, ob es einen psychotherapeutischen Berufsstand geben kann, der die Fähigkeiten, die Selbstkritik und man möchte fast hinzufügen, die Weisheit aufbringen wird, das Machbare kompetent zu machen und das nicht Machbare dem Patienten selbst zu überlassen. So wird es wahrscheinlich doch nie eine wirklich funktionierende Psychotherapie geben. Denn auch eine wissenschaftlich gesehen ideale Form der Psychotherapie wird stets in der Gefahr stehen zu vergessen, daß kein wissenschaftliches Satzsystem ihr je sagen kann, was dieser einzelne Mensch wirklich ist, was er in seiner geschichtlichen Einmaligkeit, in seiner ganz persönlichen Freiheit zum Guten und Bösen sein kann und sein wird. Und auch diese ideale Form müßte sich stets daran erinnern, daß sie dem Patienten nur ein Angebot der Hilfe und Förderung machen kann, dessen Nutzung zu einem großen Teil nicht in der Hand des Psychotherapeuten liegt. Eine zuverlässige Heilung, eine «Reparatur» im mechanistischen Sinn, ist unmöglich und wird immer unmöglich sein.

Werden diese Grenzen und Gefahren übersehen, so steht es in jeder Psychotherapie schlecht um die Menschenwürde von Patient und Therapeut. Denn natürlich bringt der Therapeut in der Herrschaftsbeziehung zum Patienten auch seine eigene Menschenwürde in Gefahr, er steht in Versuchung, eine Haltung einzunehmen, die ihn nicht nur in der Therapie, sondern auch im Alltag scheitern läßt. Es mag manchen Leser geben, der diese Befürchtungen für übertrieben hält. Ich habe dafür Verständnis, denn von außen, auf der Grundlage theoretischer Überlegungen, läßt sich die Bedeutung solcher Befürchtungen wirklich nur schwer erkennen. Ich glaube jedoch, daß viele von denen, die mit der Psychotherapie in persönlichen Kontakt kamen, meine Haltung eher verstehen werden. Die Gefahr der Manipulation ohne therapeutischen Sinn, die Gefahr der Ideologisierung wissenschaftlicher Aussagen ist groß, und ich frage mich tatsächlich, ob die Vorteile einer wirklich funktionierenden Psychotherapie die Gefahr des Mißbrauchs aufwiegen könnten. Ich weiß es nicht, aber ich plädiere mit Nachdruck für die größtmöglichste Vorsicht und Bescheidenheit im Umgang mit den Patienten. Kein Mensch ist imstande, die Psyche eines anderen wirklich zu therapieren, in dem Sinn, in dem ein Arzt eine Nierenentzündung therapieren kann. Und selbst das Mögliche zu tun, nämlich Angebote der Erfahrung und des Umdenkens zu machen, würde nicht nur Wissen, sondern so etwas wie Weisheit erfordern, eine Tugend, die nicht an Universitäten gelehrt werden kann. Trotzdem – trotz dieser Bedenken, scheint mir ein Ansatz, wie er in groben Umrissen hier skizziert wurde, der einzige Weg zu sein, auf dem wenigstens eine Hoffnung besteht, dem Hilfsbedürfnis vieler Menschen bis zu einem gewissen Grad gerecht werden zu können.

Im letzten Kapitel wurde die Frage besprochen, warum die doch in vieler Hinsicht obsoleten Theorien der Tiefenpsychologie so viele gebildete und kritische Fachleute anziehen und warum diese Theorien trotz aller Zweifel in der Praxis immer weiter benutzt werden. Dabei blieb die Frage offen, warum auch die Hilfesuchenden einer bestimmten Bildungsstufe von der Tiefenpsychologie so sehr angezogen werden. Diese zweite Frage ist anderer Natur, denn ein leidender Neurotiker wird wahrscheinlich nicht – wie viele Fachleute – durch die mythologische Tiefe der Narzißmustheorie fasziniert oder durch die dichterische Gestalt der Traumdeutung innerlich berührt. Die Anziehungskraft der Tiefenpsychologie auf psychisch belastete Menschen ist von anderer Art, auch wenn sie mit den mythologischen Aspekten des tiefenpsychologischen Denkens durchaus zu tun hat:

In den Büchern, Artikeln und Aufsätzen über die Tiefenpsychologie, die der allgemeinen Leserschaft zugänglich sind, wird in der Regel die persönliche Beziehung zwischen Patient und Therapeut, das direkte, warmherzige Helfen, sehr betont. Oder, falls Gruppenmethoden dargestellt werden, gilt die gleiche Betonung der Geborgenheit des Patienten in der Gruppe und in deren Freiraum des Fühlens und Handelns oder wie immer die Geborgenheitsvorstellung formuliert werden mag. Besonders die modernste, traumatheoretisch ausgerichtete Literatur ist voll von Versicherungen, daß die therapeutischen Beziehungen, daß die Atmosphäre der Gruppen und Sitzungen annehmend und warm sein müßte, um der Therapie zum Erfolg zu verhelfen. Wer an dieser Tatsache zweifelt, kann nahezu jeden populären tiefenpsychologischen Autor der letzten Jahre heranziehen, um sich zu überzeugen, angefangen mit ROGERS und seiner nichtdirektiven Gesprächstherapie, über RICHTER und seine Darstellung der Gruppentherapie, über die Gestalt-Therapeuten bis hin zu JANOV [80].

(FREUD selbst wäre mit dem Gefühlsüberschwang seiner späten Gefolgsleute allerdings nicht einverstanden gewesen. Er verlangte vom Analytiker die nüchtern-distanzierte Haltung des Chirurgen.) Die Betonung der emotionalen Erlebenswelt, wie sie die moderne Tiefenpsychologie betreibt, und auch die Art, wie sie die Emotionen des Therapeuten (angeblich) in die Betrachtung mit einbezieht, sticht in der Tat von der kalt-nüchternen Ausdrucksweise ab, die die Sprache der meisten empirischen Psychologen bestimmt. Dafür lassen sich Beispiele anführen:

Es gibt bekannte Veröffentlichungen aus dem Bereich der empirischen Psychologie, in denen von Kindern ständig als von «Organismen» gesprochen wird. Und es gibt Arbeiten, in denen schreckliche menschliche Schicksale beschrieben werden, als beobachte man Pantoffeltierchen unter dem Mikroskop. Niemand fühlt sich, wenn er mit einem Problem zu einem Psychotherapeuten geht, gerne als «Organismus» oder als Pantoffeltierchen (und wenn er sich doch so fühlt, zeigt dies nur, daß er Hilfe dringend nötig hat).

Der Verhaltenstherapeut hat keinen Grund, sich zu wundern, wenn eine solche Sprache das Vertrauen der Patienten zerstört. Die als herabsetzend empfundene Distanziertheit, die den Eindruck erweckt, der Therapeut rechne den Patienten zu einer anderen Spezies von Lebewesen, stößt die Hilfesuchenden mit Recht ab. Die Gründe, warum in der Verhaltenstherapie eine solche Sprache so weit verbreitet ist, will ich nicht untersuchen. Vielleicht hängt auch sie mit dem simplen mechanistischen Menschenbild zusammen, dem die Väter des Behaviorismus anhingen.

Wie steht es aber nun mit dem Anschein menschlicher Wärme, den die Schriften der Tiefenpsychologen so oft vermitteln? Ich kann hier nur meine Ansicht zu Protokoll geben, daß die anziehenden Programme bedingungslosen Annehmens, persönlicher Anteilnahme und emotionaler Wärme nicht durchführbar sind. Der Tiefenpsychologe zieht sich in der Praxis genauso auf eine distanzierte, operationale Haltung den Patienten gegenüber zurück wie der Verhaltenstherapeut, auch wenn er weiter eine Sprache verwendet, die aus dem Bereich echter menschlicher Beziehungen stammt. Dies hat sehr einfache Gründe: Es ist praktisch unmöglich, eine wirkliche Beziehung zu so vielen schwierigen Menschen aufzunehmen, wie sie die Praxis eines Analytikers frequentieren. Es ist oft schwer, auch nur einen einzigen solchen Menschen über eine längere Zeit wohlwollend zu begleiten. Diese Feststellung braucht gar nicht als Kritik gedeutet werden; der psychologische Fachmann kann nicht mehr sein und mehr anbieten, als Fachmann zu sein. Wenn er aber mehr verspricht, verspricht er Dinge, die er nicht halten kann. Daß dies tatsächlich so ist, weiß jedermann, der die Fallbesprechungen in tiefenpsychologischen Kliniken oder Seminaren miterlebt hat. Das Versprechen angenehmer und tiefer menschlicher Beziehungen kann und wird niemals in der Therapie eingelöst werden können. Fast alle Fachleute wissen dies und halten die falschen Erwartungen, mit denen die Patienten in die Therapie kommen, lediglich für einen Ausgangspunkt ihrer Arbeit. Den Laien ist dieser Zusammenhang dagegen meist unbekannt, er sollte daher in aller Klarheit offengelegt werden.

Der Unterschied zwischen der kalt-nüchternen, mechanistischen Verhaltenstherapie und der emotional ansprechenden Tiefenpsychologie besteht also nur auf dem Papier, nicht in der Wirklichkeit des Therapiegeschehens. Vielmehr handelt es sich in beiden Fällen um unpersönliche Techniken, und die Illusion des Gegenteils, die in der Tiefenpsychologie nur zu oft erzeugt wird, macht diese Tatsache noch bedrückender. Nur in besonderen Ausnahmefällen (und bei ganz ungewöhnlichen Therapeuten) kann die therapeutische Beziehung gelegentlich auf einer erträglichen menschlichen Beziehung beruhen. Dies gilt auch für die in bezug auf Offenheit und Wärme besonders hochgerühmte Gruppenarbeit und ähnliche kollektive Unternehmungen. Ich habe in Gruppentherapien mindestens ebensoviel zerstörerisches und sinnlos verletzendes Verhalten erlebt wie solches, das Offenheit förderte und gute Entwicklungen unterstützte. In dieser Hinsicht unterscheiden sich therapeutische Gruppen nicht von all den anderen zufälligen Gruppierungen, in denen unterschiedliche Individuen miteinander umzugehen haben. Und warum sollten sie auch?

# XI Die Traumatheorie im Alltagsbewußtsein

Der Zweck und das Ziel der Wissenschaft ist, die austeilende Gerechtigkeit überall obenan zu stellen und jedem das zu geben, was ihm zukommt, und über die Erhaltung der guten Gesetze zu wachen: gewiß ein edler, großer und preiswürdiger Endzweck!
Aus: ‹*Don Quijote de la Mancha*› von Miguel de Cervantes Saavedra

In diesem letzten Kapitel will ich einige Überlegungen dazu anstellen, wie sich die Traumatheorie und andere Vorstellungen von der kindlichen Entwicklung auf Probleme des Alltags auswirken. Natürlich ging es in diesem ganzen dritten Teil immer wieder um Alltagsprobleme, aber doch eher um solche, bei deren Lösung Fachleute beteiligt sind oder beteiligt sein sollten. Die Traumatheorie wirkt sich daneben jedoch auch auf das Denken von Laien, von Nichtpsychologen aus, die dieser Theorie immer wieder begegnen. Wie stark dies im Moment tatsächlich der Fall ist, wird sich an Beispielen zeigen lassen.

Wenn der Laie, auch der gebildete Laie, mit der Traumatheorie zu tun hat, so geschieht dies meist in einem von zwei verschiedenen Zusammenhängen: Zum einen beschäftigt er sich mit psychologischen Theorien, um bereits geschehene Dinge rückblickend zu erklären, zum anderen interessieren ihn die Vorhersagen, die auf Grund psychologischer Theorien gemacht werden. Beides, die rückblickende Erklärung und die Vorhersage, können im Einzelfall sehr wichtig sein und falsche oder auch nur mißverständliche Theorien richten in beiden Bereichen großen Schaden an. Wie schnell und wie massiv solche Schäden eintreten können, will ich wieder an Hand eines Artikels aus einer Tageszeitung deutlich zu machen versuchen.

Ein bekannter Tiefenpsychologe wurde von einem ebenfalls bekannten Journalisten über die Ursachen von Selbstmorden befragt. Unter anderem konnte das Publikum in diesem Interview die folgende Frage mit der folgenden Antwort lesen [81]:

«‹Würden Sie sagen, daß die Grundlage für einen späteren Suizid bereits in der Frühkindheit gelegt wird?› –

‹Die Problematik beginnt in der Schwangerschaft, verstärkt sich bei der Geburt und setzt sich dann in der Frühkindheit fort.›»

Im weiteren Verlauf der Befragung wurde dann noch klarer, daß der Tiefenpsychologe prä- und perinatale Traumata als einen sehr wesentlichen Faktor eines späteren Suizids ansah. Kleinkindliche Probleme wurden mit einem geringeren Gewicht, noch spätere Schwierigkeiten nur in einer Auslöserfunktion berücksichtigt. Die wissenschaftliche Einordnung einer solchen Art von Theorie ist nach allem Gesagten leicht möglich: Es handelt sich um eine klassische pathogenetische Traumatheorie, die im einzelnen von der gegenwärtigen Welle von prä- und perinatalen Psychologien geprägt wird. Solche Theorien und ihr Für und Wider wurden zur Genüge und vielleicht bis zum Überdruß des Lesers behandelt. Doch ein Gesichtspunkt, der in diesem Kapitel genannt werden soll, wurde bisher nie berücksichtigt: Wie wirkt es sich auf einen unmittelbar Betroffenen, wie auf die Mutter, den Vater oder Gatten eines suizidalen Menschen aus, wenn eine Selbstmordneigung oder gar eine vollzogene Selbsttötung so erklärt wird, wie dies in dem zitierten Artikel geschieht? Wie nimmt es eine Mutter auf, deren zwanzigjährige Tochter in den ersten Studienmonaten Selbstmord begeht, wenn ihr anschließend «wissenschaftlich» erklärt wird, eine wesentliche Ursache läge darin, daß sie vor zwanzig Jahren ihre Schwangerschaft abgelehnt und das Kind nicht gewollt habe? All ihr späterer Einsatz, ihr Bemühen um das heranwachsende Kind müssen ihr dann als vergeblich erscheinen. Der entscheidende Fehler wurde begangen, als sie vielleicht selbst jung und in einer schwierigen Lage war, und dieser Fehler blieb unauslöschlich. (Und wenn die Mutter die Vermutung ablehnt, sie habe die Schwangerschaft nicht gewollt und das Kind gehaßt, so kann sie von Glück sagen, wenn ihr diese Versicherung geglaubt wird. In vielen Fällen wird der «Fachmann» ihr erklären, die Ablehnung müsse «unbewußt» gewesen sein. Dies bedeutet nicht, wie man meinen sollte, eine Art von Entschuldigung, sondern fast immer eine noch größere Belastung. Die betroffene Mutter wird eine solche Diagnose fast immer so interpretieren, daß sie sich für irgendwie krank und an sich unfähig dazu hält, überhaupt ein Kind gehabt zu haben. Die bezeichnende Reaktion lautet: «Ich hätte eben nie ein Kind haben sollen» – und wenn man ehrlich ist, so hat die Mutter die in der Traumatheorie liegenden Aussagen auch durchaus richtig verstanden.)

Die furchtbare Last, die betroffenen Eltern oder Ehegatten mit einer solchen Art von Erklärung auferlegt wird, kann nur derjenige ermessen, der mit einem solchen Schicksal bereits zu tun hatte – und sei es nur als Beobachter. Selbst wenn diese Art der Erklärung den üblichen Gewißheitsgrad wissenschaftlicher Theorien hätte, wäre es sehr fraglich, ob man sie in Zeitungsinterviews breittreten sollte. Von diesem Gewißheitsgrad ist die zitierte Theorie, die Suizide von prä- und perinatal entstandenen depressiven Verhaltensstrukturen herleitet, aber himmelweit entfernt. Sie hat, vom Standpunkt des kritischen Erfahrungswissenschaftlers aus beurteilt, überhaupt keine Gewißheit irgendeiner Art. Damit werden keineswegs die Eltern auf billige Weise von der Verantwortung für ihre Kinder losgesprochen. Aber alles elterliche Tun wirkt in unendlich komplizierter, fördernder und hemmender Form auf die kindliche Entwicklung ein, und derjenige übersteigt seine wissenschaftlichen und menschlichen Möglichkeiten, der das furchtbare Scheitern in einer Selbsttötung taschenspielerhaft mit einem Einzelbereich der Eltern – Kind-Beziehung in Verbindung bringt. Handelt es sich dabei um einen so weit zurückliegenden und nebelhaften Bereich wie den von vorgeburtlichen Gefühlen, so wird die Grenze zur Farce erreicht. Die scheinbar wissenschaftliche Erklärung zeigt sich dann als blind gegen alles und jedes, was eine kindliche Entwicklung und was ein Menschenleben wirklich ausmacht.

Ich habe die Wirkung solcher Erklärungen selbst beobachten können, und ich kann auf ihre Gefährlichkeit und auf ihre Irrtümlichkeit aus eigener Erfahrung hinweisen. Die Opfer dieser Scheinerklärungen will ich dazu ermutigen, dem Fachmann gegenüber skeptisch zu sein und der Spannung des Unerklärbaren, des zu tragenden Schicksals ohne billige Ausflüchte standzuhalten. Denn leider ist es oft so, daß die betroffenen Angehörigen die fachmännischen Erklärungen, obwohl sie sie schwer bedrücken, doch letztlich akzeptieren – erstaunlicherweise manchmal gegen ihr besseres Wissen. Dies läßt sich, glaube ich, aus ihrer Situation heraus verstehen. Die Traumatheorie spricht die Eltern zwar schuldig, aber sie liefert auch eine faßbare Grundlage des an sich unfaßlichen Geschehens. Das Verständnis – oder Scheinverständnis – schützt für eine gewisse Zeit vor der Trauer und den Schuldgefühlen. Auf die Dauer nützen die Erklärungen, wie ich glaube, niemandem etwas. Und natürlich können die von der Erklärung Schuldiggesprochenen ihre Schuld ihrerseits weitergeben, an die eigenen Eltern, an die Gesellschaft, die Umstände und vieles andere. Auch dieses Weiterreichen von Schuld entlastet die Trauernden für den Moment, auf lange Sicht wirkt es sich aber schlecht aus. Es gehört eine gewisse innere Kraft dazu, Verantwortung zu übernehmen, ohne sie genau bemessen zu können, und Schuld auf sich zu nehmen, ohne sofort Entschuldigungen zu suchen. Daß Menschen, die gerade mit dem Scheitern ihrer Hoffnungen und ihrer Liebe konfrontiert wurden, diese Kraft oft fehlt, wird jedermann verstehen. Das fachmännische Erklärungsangebot der Traumatheorie erscheint diesen Menschen dann als ein Ausweg aus ihren Nöten, und sie nutzen diese Möglichkeit. Man kann es ihnen bestimmt nicht verübeln, aber eine Darstellung des menschlichen Lebens und der kindlichen Entwicklung, wie sie wirklich ist, wäre ebenso heilsam und würde nicht die gleiche Belastung bringen. Letztlich gibt es keine Entschuldigung für Scheinerklärungen.

Wie stark traumatheoretisches Denken tatsächlich in das Schicksal von Menschen hineinwirkt, läßt sich auch noch an anderen Beispielen zeigen. Ebenfalls in einer Tageszeitung nahm vor kurzem ein bekannter Psychologe zum Problem jugendlicher Drogensucht Stellung. Er vertrat die Ansicht, jugendlicher Drogenkonsum ließe sich fast stets auf Erziehungsfehler der Eltern zurückführen. Dabei schätzte er die Bedeutung des Elternhauses für die Entstehung einer Drogensucht mit 90 %, die aller anderen Faktoren zusammengenommen (Verführung, organische Dispositionen und so weiter) nur mit 10% ein. In diesem Fall wehrten sich einige betroffene Eltern durch Artikel und Leserbriefe gegen die Ansicht des Fachmanns. Dabei erweckten sie verständlicherweise den Eindruck, als hätten Erziehungsfehler wenig oder keinen Einfluß auf die Entstehung von Drogenproblemen. Und dem Fachmann fiel es dadurch leicht, seinerseits die Stellungnahme der Eltern mit Wunschdenken und mangelnder Selbstkritik zu erklären.

Vom Standpunkt des Erfahrungswissenschaftlers aus wird (wie sehr oft) zugegeben werden müssen, daß man wenig oder nichts Sicheres weiß. Für die scheinbar wissenschaftlich bewiesene Ansicht des zitierten Fachmanns gibt es jedoch keinerlei zuverlässigen Belege, und sie ist im Licht vieler anderer Erkenntnisse extrem unwahrscheinlich. Auf keinen Fall war es zu verantworten, denjenigen Eltern, die drogengefährdete Kinder haben und sich um diese bemühen, auf eine so autoritative Weise 90% der Schuld an ihrem Schicksal zuzuschieben. Menschliches Handeln, auch die Entstehung einer Sucht, läßt sich einfach nicht auf Erklärungskategorien wie frühkindliche Traumata oder böse Verführer allein reduzieren (aber wenn schon, dann spricht mehr für die Kategorie der bösen Verführer). Von solchen Einsichten aus gilt es, wie ich meine, der falschen Autorität des anthropologischen Fachmanns immer dann energisch entgegenzutreten, wenn er Erklärungen anbietet und Ursachen zuweist, die die Freiheit und Verantwortung, die geschichtliche Einmaligkeit und das lebendige Wachstum jedes einzelnen Menschen verkennen.

Soweit zu der Wirkung der Traumatheorie, wenn sie als rückblickende Erklärung benutzt wird. Wie steht es nun mit Vorhersagen aus dieser Theorie?

Hier muß zuerst ein bereits mehrfach erwähntes Mißverständnis endgültig ausgeräumt werden: Die wissenschaftliche Ablehnung der Traumatheorie führt keineswegs dazu, daß Vorsorge- und Fürsorgemaßnahmen für Kinder weniger wichtig werden. Ich betone dies, da viele Menschen unter einem anderen Eindruck stehen. Sie werden von den zuversichtlich vorgetragenen Vorhersagen überzeugt, die bestimmte Erziehungsfehler oder bestimmte Mangelerfahrungen mit sicher zu erwartenden Störungen des späteren Lebens verbinden. Verneint man diese einfache Art von Kausalbeziehung, so nehmen sie an, würde auch die Fürsorge für die Kinder weniger wichtig. Aber natürlich läßt sich ein solcher Schluß nicht ziehen und wird in dieser Art auch nirgends sonst gezogen. Wie stets, wenn es um menschliches Leben und Wohlbefinden geht, wird auf Grund von Risikoabwägungen und wahrscheinlichen Hilfsmöglichkeiten gehandelt, nicht auf Grund von sicher bekannten Kausalbeziehungen. Wird ein Mann vor Gericht angeklagt, weil er seinem Nachbarn eine Zaunlatte auf den Kopf schlug, so kann er sein Verhalten nicht damit rechtfertigen, daß in 80 % solcher Fälle keine bleibenden Schäden entstehen. Er wird völlig zu Recht schuldig gesprochen, weil er ein Risiko von 20 % in Kauf nahm, die Gesundheit seines Nachbarn auf Dauer zu schädigen (und weil er ihm aktuellen Schmerz zugefügt hat – ein in der Praxis sehr wichtiger Gesichtspunkt). Und ein Risiko von 20 % wird, wenn es um menschliches Wohlbefinden geht, von der großen Mehrheit der Bürger als viel zu hoch betrachtet. Ganz ebenso gilt im alltäglichen Umgang der Menschen miteinander die Regel, daß jedermann jedes vermeidbare Risiko für das Wohlbefinden seiner Mitmenschen zu vermeiden habe. Und dieselbe Regel genügt vollkommen für den persönlichen und den politischen Umgang mit Kindern, jede weitere scheinbar stärkere Begründung ist überflüssig. Man strebt eine natürliche Geburt (wo möglich) an, weil damit eine Förderung der Mutter–Kind-Beziehung verbunden ist. Man strebt eine liebevolle Erziehung des Kleinkindes an, weil mangelnde Liebe eine große Zahl von verschiedenen Risiken mit sich bringt. Und eine kindgerechte Schule wird gefordert, weil zu riesenhafte, zu stark intellektualisierte oder auf andere Weise am Wesen des Kindes vorbeigeplante Schulen für unsere Kinder ein Risiko darstellen. In der Erziehung wie in der pflegerischen Praxis, in der Jugend- und Sozialpolitik wie in der Pflegekinder- und Adoptionsvermittlung kann es nur eine Regel geben, nämlich jedes vermeidbare Risiko zu vermeiden und jede erreichbare Förderung anzustreben.

Hierzu tragen falsche Gewißheitsansprüche nichts Gutes bei:

Kommt es zu Schwierigkeiten, entmutigen die so sicher scheinenden Vorhersagen die Helfer und lähmen den Optimismus, der gerade bei Verhaltensproblemen so wichtig ist. Und kommt es nicht zu Schwierigkeiten, so liegt der Rückschluß nahe, daß die kritisierten Verhältnisse so schlimm nicht sein können und die stets starke Gruppe derer fühlt sich bestätigt, die alles beim alten lassen will. Eine weise Selbstbescheidung im Deuten und Vorhersagen bildet keinen unsicheren, sondern den sichersten Weg, in der Praxis etwas zu erreichen. Dabei geht es in keiner Weise um die Verharmlosung grausamer kindlicher Schicksale, im Gegenteil! Für mein persönliches Gefühl führt gerade die tiefenpsychologische Traumatheorie mit ihren pseudotechnischen Kausalerklärungen und ihrem deterministischen Anhauch dazu, daß die Tragik kindlichen Leidens verhüllt wird. Diese Tragik wird für mich – aber alle solche Empfindungen sind subjektiv – viel deutlicher, wenn ich mir vorstelle, daß ein Kind trotz aller seiner Bemühungen durch grausame Umstände immer und immer wieder daran gehindert wird, einen tragfähigen Weg im Leben zu finden. Wenn ein Kind zur Aggressivität und Destruktivität verdammt wäre, nachdem es bis zum sechsten Lebensjahr keine guten Erfahrungen gemacht hätte – das wäre schlimm. Aber noch schlimmer, ja geradezu unerträglich, ist die Vorstellung, daß dieses Kind sich immer wieder, käme nur etwas Hilfe, aus den Fesseln der Angst und des Hasses befreien könnte – und daß diese Hilfe nicht kommt. Die geschichtlich-organische Vorstellung von der kindlichen Entwicklung hemmt die Hilfsbereitschaft nicht, sie fördert die Bereitschaft zu helfen und macht die Hilfe gleichzeitig leidenschaftlicher und hoffnungsvoller. Jede Hilfe für ein bedrohtes Kind hat einen Sinn, der nicht technisch und pseudowissenschaftlich erklärt oder gemessen werden kann, und günstige Entwicklungen setzen oft in einer Weise ein, die nicht erwartet werden konnte.

Aber im Grunde sind auch diese Gedanken, so zutreffend sie sein mögen, nicht vollständig. Zwar hat man als Lehrer, als Adoptionsvermittler oder als Sozialpolitiker die Pflicht, alle ausschaltbaren Risiken zu vermeiden und jede mögliche Hilfe anzubieten. Doch je mehr die Beziehung zu einem Kind nicht beruflich-distanziert ist, sondern die eigenen Ziele und Wünsche, die eigenen Gefühle und Erlebnisse berührt, desto mehr treten solche sachlich ganz berechtigten Beweggründe in den Hintergrund. Einem Kind, das man persönlich kennt oder mit dem man zusammen lebt, hilft man nicht vor allem deswegen, weil man an Risiken und Förderfaktoren denkt – und wenn doch, so spräche das nicht für die Tiefe und Echtheit der Beziehung. Man hilft dem Kind, man stützt und fördert es, weil man es gesund und fröhlich sehen möchte, weil man sein Glück nicht in einer fernen Zukunft, sondern jetzt und hier und in der Gegenwart will. Sicherlich gibt es Fälle, wo ein Mensch mit der Verantwortung für ein Kind auch die Pflicht auf sich nimmt, ihm in der Gegenwart Schwierigkeiten zuzumuten, um für später ein notwendiges Ziel zu erreichen. Doch so häufig kommt dies nicht vor, und wenn es vorkommt, sollte es sich um eine lästige oder sogar bittere Pflicht handeln, ganz sicher nicht um eine Quelle der Befriedigung. Ein Lehrer muß manchmal die Erfüllung schwieriger Aufgaben verlangen, unter deren Problemen einige Kinder vorübergehend leiden mögen. Wenn er dies tut, um der Notwendigkeit zu gehorchen, mag dies lobenswert sein. Wenn die Ausübung dieser Pflicht ihm Spaß macht, wird es gefährlich – dann sollte er seine Einstellung seinen Schülern gegenüber kritisch überprüfen. Es liegt immer eine Gefahr darin, wenn irgend jemand für ein Kind dessen «Bestes» in der Zukunft will und dafür in der Gegenwart Leiden in Kauf nimmt. Manchmal besteht eine solche Notwendigkeit, aber nur zu leicht verbergen sich hinter dem vorgeblichen Glück des Kindes ganz andere Beweggründe: eigenes Glück, die eigene Lieblingstheorie oder bloße Einbildung. Jede Beziehung zwischen Menschen – auch die Beziehung zwischen Erwachsenen und Kindern – lebt von ihrer Gegenwart. Ihre Vergangenheit ist ein Schattenreich, und ihre Zukunft bleibt – da wir sie nicht kennen – oft wenig mehr als eine Illusion.

Die letzte, eigentliche Triebfeder der Sozialpolitik, der Familienpolitik und Erziehung, muß also darin liegen, das gegenwärtige Leiden von Kindern zu mildern und zu beenden, weil das Leiden eines Mitmenschen immer und überall gemildert oder beendet werden soll. Alle scheinbar vernünftigen Appelle (Wir müssen dies oder jenes tun, um die Kriminalitätsbelastung unserer Gesellschaft zu senken) haben nicht die Kraft dieses einfachen, aber tief im besten Denken und Fühlen unserer Kultur verwurzelten Ethos. Ich glaube nicht, daß jemals ein junger Student Sozialarbeiter wurde, um die Kriminalitätsbelastung der Gesellschaft zu senken. Dieser Beruf wird ergriffen, um Leiden zu mildern – und es müßte genauso gemildert werden, wenn seine Folgen die Gesellschaft keinen Pfennig kosten würden. Daran zu erinnern ist notwendig, da die Literatur und die Massenmedien im Moment voll sind von Vorschlägen, die annehmen, politisches Handeln werde von Nützlichkeitserwägungen bestimmt. Diese Vorstellung beruht auf einer, wie ich glaube, für unsere Zeit besonders typischen technokratischen Illusion. Was uns weiterhelfen würde, wäre eine Schärfung des individuellen und gesellschaftlichen Gewissens für das Leiden unserer Mitmenschen, nicht Aufrechnungen über die Kosten dieses oder jenes Mißstandes. Ersteres bewegt die Menschen, letzteres vor allem die Druckerpressen. Ich schätze die Bedeutung solider und zuverlässiger wissenschaftlicher Ergebnisse nicht zu gering ein, aber am Schluß dieses wissenschaftlichen Buches muß ich zugeben, daß es so entsetzlich wichtig für die Praxis schließlich doch nicht geworden ist. Das Thema des psychischen Traumas ist wissenschaftlich interessant (oder hat zumindest mich interessiert), aber selbst wenn es mir gelungen wäre, die wirklich und allein und für immer richtigen Formulierungen zu finden (was mir mit Sicherheit nicht gelungen ist), so wäre die praktische Bedeutung dieser Formulierungen nicht übermäßig groß. Die hilfreiche oder schädliche, gute oder schlechte Art und Weise, seinen Mitmenschen zu begegnen, liegt nicht im Verfügungsbereich der Wissenschaft.

## Zusammenfassung des dritten Teils:

1. Psychische Belastungen sowie günstige Einflüsse wirken als gefährdende bzw. fördernde Faktoren auf die kindliche Entwicklung ein. Genaue Vorhersagen über die quantitative Wirkung solcher Faktoren sind im Einzelfall meist nicht möglich, da es sich bei jeder Persönlichkeitsentwicklung um ein einmaliges geschichtliches Ereignis handelt.

2. Naturwissenschaftlich exakte Erklärungen und Vorhersagen sind in der Praxis menschlichen Handelns grundsätzlich nur sehr beschränkt möglich. Diese Beschränkung beruht nicht auf einer bestimmten philosophischen oder anthropologischen Vorentscheidung, sondern liegt in der Methodik der Erfahrungswissenschaft selbst begründet. Die Erfahrungswissenschaft kann Komplexe geschichtliche Prozesse nicht kausal erklären, sie kann ethische oder normative Fragen nicht beantworten, und sie kann keine Wahrheiten aussprechen, die nicht stets zur Revision anstehen. Zusätzlich wird die Anthropologie traditionell von vielen Schulen her als die empirische Forschung transzendierend betrachtet; von diesem Standpunkt aus muß jede empirische Anthropologie fragmentarisch sein. Der Unterschied zwischen reduktionistischer und transzendentaler Anthropologie läßt sich nicht durch die Erfahrungswissenschaft überwinden, hat aber für das praktische Handeln eine große Bedeutung.

3. Die tiefenpsychologische Theorien beziehen einen Teil ihrer Überzeugungskraft und ihrer praktischen Verwendbarkeit daraus, daß sie an sich nicht wissenschaftlich beantwortbare Fragen, die existentiell wichtig sind, scheinbar exakt wissenschaftlich «lösen». So kann die angeblich wissenschaftliche Theorie zu einer Ikonographie über existentielle Probleme werden. Diese ikonographische Wahrheit darf jedoch nicht mit wissenschaftlichen Wahrheiten verwechselt werden.

4. In der Psychotherapie und im Alltagsbewußtsein entstehen durch die nur scheinbar wissenschaftliche Autorität der Traumatheorie (und anderer simplifizierter Anthropologien) ernste Schäden. Diese Schäden könnten vermieden werden, wenn sich wissenschaftliche Aussagen auf das erfahrungswissenschaftlich Erfaßbare und auf ihren gesicherten Erkenntnisstand beschränken würden.

5. Das Bestehen eines Risikos, auch wenn dessen Höhe nicht genau bestimmbar ist, reicht als Begründung für das praktische Handeln aus. Wenn es um menschliche Schicksale geht, wird in der Regel selbst ein nur geringes Risiko einer Fehlentwicklung oder eines Scheiterns als zu hoch betrachtet. Alle Maßnahmen der Versorgung und Fürsorge für Kinder ergeben sich aus der Pflicht, jedes vermeidbare Risiko zu vermeiden und jede Fördermöglichkeit zu nutzen. Über eine solche Pflicht besteht in unserer Gesellschaft Einigkeit, und daher kann auf der Grundlage dieser ethischen Haltung gehandelt werden.

# Literatur und Anmerkungen


[1] Aus der Broschüre der Bundeszentrale für gesundheitliche Aufklärung, Köln, Das Baby, S. 23

[2] J. C. Lair, W. H. Lechler, I Exist, I Need, I'm Entitled, Doubleday, Garden City, New York (1980)

[3] Josef Rattner, Der schwierige Mitmensch, Fischer Taschenbuch, Frankfurt a. M. (1973)

[4] Josef Breuer und Sigmund Freud, Studien über Hysterie, Deuticke, Leipzig, 4. Auflage (1922)
Eine zusammenfassende Darstellung der «Studien über Hysterie» findet sich u. a. bei Leonhard Schlegel, Grundriß der Tiefenpsychologie, Bd. 1, Francke Verlag, München (1972)

[5] Aus: Sigmund Freud, Studien über Hysterie, Frühe Schriften zur Neurosenlehre, Ges. Werke Bd. 1, S. Fischer, Frankfurt a. M. (1952), S. 90

[6] Eine ausführliche historische Untersuchung des Denkens von Sigmund Freud aus moderner Sicht bietet Frank Sulloway, dt. Übersetzung: Freud, der Biologe der Seele. Jenseits der psychoanalytischen Legende, Hohenheim Verlag, Stuttgart (1981).
Zum «energieanalogen Triebbegriff» Sigmund Freuds entnehme ich aus diesem Werk vor allem folgende Information: In der zweiten Hälfte des 19. Jahrhunderts fehlte es nicht an Versuchen, psychologische (mentale) Vorgänge physiologisch, das heißt mechanistisch oder mindestens biologistisch zu erklären. Für ein solches Programm stehen

so bekannte Namen wie EXNER, KRAFFT-EBING oder auch FLIESS. Im Gegensatz zur eigentlichen Physiologie, in der dieses reduktionistische Programm zu großen Erfolgen führte (siehe zum Beispiel HELMHOLTZ), war derselbe Reduktionismus in der Psychologie nicht erfolgreich. Aus heutiger Sicht geht dieser Mißerfolg vor allem darauf zurück, daß die Vertreter des «biophysikalischen Programms» des 19. Jahrhunderts die moderne Informationstheorie und Kybernetik noch nicht zur Verfügung hatten. Heute ist es fast eine Tautologie geworden zu sagen, daß das Nervensystem ein Organ der Informationsverarbeitung sei und daß daher seine Funktionen (wenn überhaupt) nur auf Begriffe der Kybernetik reduzierbar sind. Im Kapitel VI wird dieser Weg auch in dem vorliegenden Buch versuchsweise beschritten werden. Wie weit der anthropologische Reduktionismus überhaupt gehen kann, wird dagegen in Kapitel IX besprochen werden. Zur Zeit FREUDS konnte der psychologische Reduktionismus – ob berechtigt oder unberechtigt – nur physikalische und mathematische oder im höchsten Fall biologische Begriffe wählen, um sein Ziel zu erreichen. Es bot sich an, das affektive Geschehen mit einer «Energiebilanz» oder mit «Energieströmungen» im Rahmen der Ökonomie «neuraler Energien» zu erklären, und diesen Weg ging FREUD mit einigen seiner Zeitgenossen. Und obwohl er später sein Projekt aufgab, eine mechanistische reduktionistische Psychologie zu erarbeiten und sich mit einem biologistischen Reduktionismus zufriedengab, ja diesen sogar in eine reine Psychologie überführte, so blieb der «energieanaloge Triebbegriff» doch stets erhalten. Er wirkt selbst in unserer Zeit noch stark auf das Denken vieler Psychologen ein, die andere Biologismen und Physikalismen des 19. Jahrhunderts nicht mehr benutzen oder nicht einmal mehr kennen.

[7] SIGMUND FREUD, Ges. Werke, S. Fischer, Frankfurt a. M., Bde. 5 u. 10, insbesondere: Drei Abhandlungen zur Sexualtheorie.

Um Mißverständnisse zu vermeiden, muß beachtet werden,

daß FREUD nach Entstehung seiner Entwicklungspsychologie den Begriff «Trauma» zum Teil anders benutzt: Er unterscheidet jetzt zwischen der neurotischen Disposition, die durch die Kindheitserfahrungen entsteht, und einem Trauma als «zufälligem Ereignis», das dann die Neurose des Erwachsenen auslöst und manifest werden läßt. Damit verliert der Begriff «Trauma» seine ursprüngliche Bedeutung und wird unwichtig, an seine Stelle tritt das Konfliktträchtige «infantile Ereignis». In diesem Buch wurde der Begriff «Trauma» für das ätiologisch wichtige eigentlich pathogene Ereignis beibehalten, was nicht gegen die Absichten FREUDS verstößt.

[8] ROBERT HEISS, Allgemeine Tiefenpsychologie, Kindler, München (1973)

[9] THEODOR HAU, Einführung in die Gruppendynamik, Praxis der Kinderpsychologie 19, 41–44 (1970)

[10] ANNEMARIE DÜHRSSEN, Psychogene Erkrankungen bei Kindern und Jugendlichen, 5. Auflage, Verl. f. Medizinische Psychologie, Göttingen (1965)

[11] HANSJÖRG HEMMINGER, Flucht in die Innenwelt, Ullstein Verlag, Berlin (1980)

[12] BERNHARD HASSENSTEIN, Instinkt, Lernen, Spielen, Einsicht, Piper Verlag, München (1980)

[13] BERNHARD HASSENSTEIN, Verhaltensbiologie des Kindes, Piper Verlag, München (1973)

[14] Lerntheoretisch bedeutet «Vergessen», daß eine bedingte Verknüpfung durch Nichtbenutzung langsam schwächer wird. «Extinktion» bedeutet dagegen, daß eine bedingte Verknüpfung durch entgegengerichtete Erfahrungen gelöscht wird. Es bewirkt zum Beispiel eine Extinktion, wenn ein zuvor durch Belohnung erlerntes Verhalten plötzlich nicht mehr belohnt oder bestraft wird.

[15] WILLIAM R. MILLER, ROBERT A. ROSSELINI, MARTIN E. P. SELIGMAN, Learned Helplessness and Depression, in: J. D. MASER, M. E. P. SELIGMAN, eds., Psychopathology: Experimental Models, Freeman, San Francisco (1977)

[16] Von S. 297 aus [8]

[17] HORST EBERHARD RICHTER, Eltern, Kind und Neurose, Rowohlt, Reinbek (1969)
[18] Die moderne Vorstellung von der Wirkung prä- und perinataler Traumata hat auch enge Verbindung mit der sogenannten Narzißmustheorie: Die Narzißmustheorie beschreibt die Entwicklung der menschlichen Selbstliebe im Gegensatz zur Entwicklung der (libidinösen) «Objektliebe», wie sie von der FREUDschen Sexualtheorie erfaßt wird (es sollte besser von «Partnerliebe» gesprochen werden). Verletzungen der Selbstliebe oder «narzißtische Kränkungen» werden als eine wesentliche Ursache späterer Störungen betrachtet, zum Beispiel solcher depressiver Art, von Sinn- und Orientierungskrisen und so weiter. Und es wird von vielen Autoren angenommen, daß intrauterine und perinatale Mangel- und Schmerzerlebnisse als besonders schwerwiegende «narzißtische Kränkungen» wirken. Allerdings spielen auch postnatale Erfahrungen (Ablehnung durch die Mutter etc.) in der Narzißmustheorie eine große Rolle.
[19] Zum Beispiel TH. VERNY, Toronto in seinem Vortrag «Prenatal factors in character formation» auf der Tagung der Internationalen Gesellschaft für pränatale Psychologie (ISPP), Basel 2.–6. 9. (1979)
[20] In [11] habe ich ausführlich beschrieben, in welch hohem Maß im Therapiegeschehen einer psychotherapeutischen Institution dasjenige reproduziert wird, was von der herrschenden Theorie her zu erwarten ist.
[21] WOLFGANG SCHMIDBAUER, Vom Es zum Ich, Deutscher Taschenbuch Verlag, München (1978)
[22] ERIC BERNE, Spiele der Erwachsenen, Rowohlt, Reinbek (1970) und THOMAS A. HARRIS, Ich bin o. k. – du bist o. k., Rowohlt, Reinbek (1975)
[23] ARTHUR JANOV, Der Urschrei, S. Fischer, Frankfurt a. M. (1973). Ders. Anatomie der Neurose, S. Fischer, Frankfurt a. M. (1976)
[24] ALICE MILLER, Das Drama des begabten Kindes, Suhrkamp, Frankfurt a. M. (1979)
[25] *elastic mind movement* bedeutet in etwa eine Bewegung,

die die Elastizität des kindlichen Charakters oder «Geistes» annimmt.
[26] Ergebnisse des kulturellen Vergleichs werden referiert in Jerome Kagan, Resilience in Cognitive Development, Ethos 3, 231–247 (1975) und Jerome Kagan und Robert E. Klein, Cross-Cultural Perspectives on Early Development, American Psychologist, November 1973, S. 947–961
[27] Jean W. MacFarlane, Perspectives on Personality Consistency and Change from the Guidance Study, Vita humana 7, 115–126 (1964)
[28] Jerome Kagan, Change and Continuity in Infancy, Wiley, New York (1971) und Jerome Kagan, Emergent Themes in Human Development, American Scientist 64, 186–196 (1979)
[29] Jerome Kagan, H. A. Moss, Birth to Maturity, Wiley, New York (1962)
[30] H. J. Eysenck, G. D. Wilson, Experimentelle Studien zur Psychoanalyse Sigmund Freuds, Europaverlag, Wien, München, Zürich (1979)
[31] George E. Vaillant, Antecedents of Healthy Adult Male Adjustment, in: Life History Research in Psychopathology, Vol. 3, D. Ricks, A. Thomas, and M. Roff (eds.), The University of Minnesota Press, Minneapolis (1974). Vom selben Autor erschien auf deutsch: Werdegänge. Erkenntnisse der Lebenslauf-Forschung, Rowohlt, Reinbek (1980)
[32] Jerome K. Myers, Jacob J. Lindenthal, Max P. Pepper, Life Events and Psychiatric Symptomatology, in: Life History Research in Psychopathology, Vol. 3, D. Ricks, A. Thomas and M. Roff (eds.), The University of Minnesota Press, Minneapolis (1974)
[33] E. J. Anthony ed., Explorations in Child Psychiatry, Plenum (1975) und N. Garmezy, Vulnerable and Invulnerable Children: Theory, Research, and Intervention, Master Lecture on Developmental Psychology, American Psychological Assoziation (1976)
[34] Werner Liptow, Das alkoholbehinderte Kind, Neuland Verl., Hamburg (1977), S. 13/14

[35] Balthasar Gareis, Eugen Wiesnet, Frühkindheit und Jugendkriminalität, Goldmann, München (1974)
[36] DFG Forschungsbericht, Schwangerschaftsverlauf und Kindesentwicklung, Boldt Verl., Boppard (1977)
[37] Merrill Roff, Childhood Antecedents of Adult Neurosis, Severe Bad Conduct, and Psychological Health, in: Life History Research in Psychopathology, Vol. 3, D. Ricks, A. Thomas and M. Roff (eds.), The University of Minnesota Press, Minneapolis (1974)
[38] Eleanor Glueck, Sheldon Glueck, Jugendliche Rechtsbrecher, Enke, Stuttgart (1963) und ders., Toward a typology of juvenile offenders, Grune and Stratton, New York, London (1970)
[39] H. J. Eysenck, The biological basis of personality, New York (1976)
[40] Michael Bohman, Adoptivkinder und ihre Familien, Verl. für medizinische Psychologie, Göttingen (1980)
[41] Lydia Lambert, Jane Streather, Children in Changing Families, Maxmillan Press, London (1980)
[42] Jutta Westphal, Und keiner wollte ihn haben, Droemer Knaur, München/Zürich (1978)
[43] Annemarie Dührssen, Heimkinder und Pflegekinder in ihrer Entwicklung, Verl. für Medizinische Psychologie, Göttingen (1958)
[44] L. Pongratz, Prostituiertenkinder, G. Fischer, Stuttgart (1964)
[45] Die Liste der Befunde, die zur Untersuchung der Traumatheorie herangezogen werden könnten, ist natürlich alles andere als vollständig. Es war jedoch aus Zeitgründen nicht möglich, allen Hinweisen gründlich nachzugehen und es gab kein Anzeichen dafür, daß sich dadurch das Ergebnis geändert hätte. Hier ein Beispiel einer vielversprechenden, aber nicht weiterverfolgten Spur: Auf einer Expertentagung zur kindlichen Sexualentwicklung in München (1980) wurde berichtet, daß die psychosexuelle Entwicklung bei Kindern von Homosexuellen, Transsexuellen und so weiter ganz unauffällig verlaufe. Homosexualität des Erwachsenen

sei zwar mit einer problematischen familiären Herkunft korreliert, nicht jedoch mit der Existenz homosexueller Bezugspersonen. Wenn dies generell zuträfe, wäre dieser Befund für die tiefenpsychologische Entwicklungstheorie sehr schwer zu erklären, würde jedoch gut zu lerntheoretischen und verhaltensbiologischen Entwicklungstheorien passen.

[46] Zu ARTHUR JANOV siehe [20]; TILMANN MOSER, Lehrjahre auf der Couch, Suhrkamp, Frankfurt a. M. (1974)

[47] KARIN OBHOLZER, Gespräche mit dem Wolfsmann, Rowohlt, Reinbek (1980)

[48] W. PENFIELD, Memory Mechanisms, Archives of Neurology and Psychiatry 67, 178–198 (1952)

[49] In dem bereits zitierten Buch von EYSENCK und WILSON [27] wird eine Arbeit von H. J. EYSENCK abgedruckt (S. 436–458), die angibt, daß die Rate von spontanen Remissionen bei schweren Neurosen bei etwa 70% innerhalb von zwei Jahren liegt. Die Erfolgsrate, die von der Tiefenpsychologie für diesen Zeitraum angegeben wird, ist geringer oder höchstens gleich groß. S. RACHMANN (The Effects of Psychotherapy, Oxford 1971) bestätigt in etwa diese Zahlen. Danach bewirkt die Tiefenpsychologie als Therapeutikum also im Durchschnitt entweder gar nichts oder verhindert sogar mögliche Spontanheilungen. Die genannten Arbeiten wurden allerdings häufig kritisiert, und zum Teil, der großen Schwierigkeiten solcher Erfolgserhebungen wegen, sicher mit Recht. Als Haupteinwand wurde oft genannt, daß die Zahlen EYSENCKS und RACHMANNS auch sogenannte «Aktualneurosen» enthielten, die durch eine momentane Belastung entstehen und die unbestrittenermaßen häufig schnell wieder verschwinden. Echte chronifizierte Neurosen, die auf einer frühgeschichtlichen Vorstruktur beruhen, so wurde gesagt, hätten keine solche Chance der Spontanheilung. Da das Patientengut, auf dem die Rechnung der Spontanheilungsrate beruhte, von Praktikern der allgemeinen Medizin vermittelt wurde, erschiene es tatsächlich plausibel, daß viele kurzlebige «Aktualneurosen» in der Population unbehandelter Patienten die Chance der Spontanhei-

lung zu groß erscheinen lassen. In Wirklichkeit ist dieses Argument aber nicht stichhaltig. Es setzt voraus, daß in der üblichen psychoanalytischen Praxis eine Differentialdiagnose zwischen Aktualneurosen und Neurosen mit kindheitsgeschichtlichem Kern vorgenommen wird und nur letztere in eine Langzeitbehandlung aufgenommen werden. Dies ist nach meiner Erfahrung aber eindeutig nicht der Fall. Jeder Patient, der mit psychischen Problemen in die Sprechstunde eines Analytikers kommt, wird so betrachtet und behandelt, als seien seine Probleme in der üblichen Weise von Kindheitserlebnissen vorstrukturiert worden. Dies gilt auch dann, wenn der Therapeut, wie FREUD, noch an die theoretische Möglichkeit einer Aktualneurose glaubt. Es gilt um so mehr, wenn er – wie viele moderne Analytiker – dieses Stück Theorie ausdrücklich aufgegeben hat. Und es gilt sogar, wenn die Neurose eindeutig durch ein aktuelles Ereignis ausgelöst wurde. Es wird dann angenommen, dieses Ereignis habe die neurotische Vorstruktur lediglich aktiviert. SUTHERLAND (Seelische Krise, Europaverlag, Wien [1978]) schildert in seinem Buch sehr anschaulich, wie er mit akuten psychischen Problemen, die durch eine schwere Ehekrise verursacht wurden, in die Behandlung eines Psychoanalytikers kam. Die Selbstverständlichkeit, mit der dieser über die Gegenwart hinwegging und zur frühen Kindheit des Patienten kam, ist nicht nur typisch, sie ist nahezu allgemeingültig. Das heißt, im Patientengut von EYSENCK und RACHMANN waren, soweit überhaupt etwas bekannt ist, nicht mehr und nicht weniger hypothetische «Aktualneurosen» vorhanden als in dem eines beliebigen Analytikers. Der Haupteinwand gegen diese Arbeiten kann als widerlegt gelten. Allerdings sollte man die von RACHMANN und EYSENCK dokumentierten Fälle nicht als «Spontanheilungen» bezeichnen. Diese Menschen wurden dadurch erfaßt, daß sie sich ihrer Probleme wegen an einen Arzt wandten. Das heißt, sie vollzogen den ungeheuer wichtigen Schritt, ihre Schwierigkeiten sich selbst und nicht irgendeinem widrigen Umstand der Umwelt zuzuschreiben. Wie und warum sie im einzelnen diesen Schritt taten, mag ganz verschieden gewesen sein, aber von ihm allein geht erfahrungsgemäß eine heilsame Wirkung aus.

[50] Siehe zum Beispiel das zitierte Buch von HASSENSTEIN [13] oder ELISABETH TINBERGEN und NIKOLAS TINBERGEN, Early Childhood Autism, Parey, Berlin, Hamburg (1967)

[51] Aus Gründen der Einfachheit wurde im Text eine Gleichgewichtsvorstellung benutzt, um den von der Verhaltenssteuerung angestrebten optimalen Erregungszustand zu beschreiben. Diese Vorstellung geht von einer Art von Optimumskurve der Erregung aus, das heißt, der Erregungszustand kann zu jeder Zeit von einem Optimum nach beiden Seiten abweichen. Diese einfache Vorstellung ist weit verbreitet, wird von manchen Autoren aber für zu einfach gehalten (siehe zum Beispiel KORTMULDER, On ethology and human behavior, Acta Biotheoretica 23, 2, 55–78 (1974) und SMITH and APTER, A theory of psychological reversals, Piction Publication, Chippenham (1975). Die genannten Autoren gehen eher davon aus, daß es unterschiedliche Zustände der Verhaltssteuerung gibt, wobei eine Zunahme des Erregungsniveaus in einem Zustand als angenehm, im anderen als unangenehm empfunden wird und umgekehrt. Zum Beispiel wird ein «neugieriges» Kind aktivierende Reize gezielt aufsuchen, während ein «verängstigtes» Kind dieselben Reize meiden wird. Ein chronisches Kontrollverhalten kann also durchaus «erfolgreich» sein in dem Sinn, daß das Erregungsniveau trotz Angst in Grenzen gehalten wird. Auf der anderen Seite kann das Kontrollverhalten langfristig höchst dysfunktionell in einem anderen Sinn sein, indem durch die Vermeidung aktivierender Situationen Erkunden, Spielen und damit Lernen in dem betroffenen Bereich verhindert werden. Solche Zusammenhänge lassen sich mit Hilfe der Theorien KORTMULDERS und SMITH und APTERS möglicherweise noch besser erklären als mit einer einfachen Gleichgewichtsannahme. Die genaue Beziehung zwischen der Kontrolle des Erregungsniveaus und der

Effektivität der Lernvorgänge ist sicherlich komplexer Natur und nicht genau bekannt. Eine Übersicht gibt zum Beispiel P. VAN DER MOLEN: Striving, Playing, and Learning, Manuscript, University Groningen, Niederlande, vorgetragen ISRA-Kongreß 8.–10. Sept. 1981, Straßburg

[52] IRENÄUS EIBL-EIBESFELDT, Grundriß der vergleichenden Verhaltensforschung, Piper, München (1978) oder NIKOLAS TINBERGEN, Instinktlehre, Parey, Berlin, Hamburg (1972)

[53] Eine etwas abweichende, aber vergleichbare lerntheoretische Deutung des Zwangsverhaltens findet sich in ISAAK MARKS, Phobias and Obsessions: Clinical Phenomena in Search of a Laboratory Model, in: J. D. MASER, M. P. E. SELIGMAN, eds., Psychopathology: Experimental Models, Freeman, San Francisco (1977). Allerdings muß angemerkt werden, daß solche Hypothesen zwar Verhaltensweisen wie Waschzwänge oder Kontrollzwänge einigermaßen plausibel erklären können, nicht aber aggressive oder sexuell schamverletzende Zwangsimpulse. Zwanghafte Tendenzen, andere zu beleidigen, anzugreifen oder obszön sexuell zu schockieren, lassen sich nicht ohne weiteres in dieselben Erklärungsschemata pressen.

[54] Für den Verhaltensbiologen sind diese beiden entgegengesetzten Taktiken eng mit den Verhaltenselementen des sozialen Dominanzverhaltens und des Subordinationsverhaltens verknüpft. Unter diesen Verhaltenselementen befindet sich eine Reihe von angeborenen Signalen wie Beschwichtigungsgesten, Drohgesten, beruhigende und aggressive Mimik und ähnliches. Diese Elemente lassen die entsprechende Verhaltenstendenz beim Menschen sehr leicht erkennen, auch wenn ein solches Verhalten kognitiv ausgelöst wurde.

[55] VERNON REYNOLDS, The Biology of Human Action, Freeman, San Francisco (1976)

[56] Für besonders interessant halte ich in diesem Zusammenhang die Philosophie des englischen Neorealisten SAMUEL ALEXANDER, Space, Time, and Deity, Vol. 1, 2, Macmillan, London (1920).

[57] Eine Zusammenfassung der Primatenexperimente zum Hospitalismus gibt SUSAN MINEKA, STEPHEN SUOMI, Social Separation in Monkeys, Psychological Bulletin 83, 1376–1400 (1978)
Weitere neuere Literatur: STEPHEN SUOMI, HARRY F. HARLOW, Production and Alleviation of Depressive Behaviors in Monkeys, in: J. D. MASER, M. P. E. SELIGMAN, eds., Psychopathology: Experimental Models, Freeman, San Francisco (1977)
STEPHEN SUOMI, HARRY F. HARLOW, Early Separation and Behavioral maturation, in: A. OLIVERO (ed.), Genetics, Environment and Intelligence, North-Holland Biomedical Press (1977)
STEPHEN SUOMI, HARRY F. HARLOW, MELINDA A. NOVAK, Reversal of Social Deficits Produced by Isolation Rearing in Monkeys, Journal of Human Evolution 3, 527–534 (1974)
[58] JOHN BOWLBY, Bindung, Kindler, München (1975)
Ders. Trennung, Kindler, München (1976)
[59] E. HAGMAN, A Study of Fears of Children of Pre-School Age, Journal of Experimental Education 1, 110–130 (1932)
[60] SIGMUND FREUD, Analyse der Phobie eines fünfjährigen Knaben (der kleine Hans), Studienausgabe Bd. 8, Frankfurt a. M. (1969)
[61] Siehe den unter [53] zitierten Artikel von MARKS
[62] PAUL H. MUSSEN, JOHN J. CONGER, JEROME KAGAN, Child Development and Personality, 5th Ed. Harper & Row, New York, London (1979)
[63] JEROME KAGAN, The Child in the Family, Daedalus 106 (2), 33–56 (1977)
[64] Siehe zum Beispiel MARSHALL H. KLAUS, JOHN H. KENNEL, Maternal-Infant Bonding, Mosby, St. Louis (1976)
[65] ARTHUR JANOV, Das befreite Kind, S. Fischer, Frankfurt a. M. (1975); s. dazu auch MILLER [24].
[66] Leider hat die Orientierung an einem hypothetischen Ideal die unerfreuliche Folge, daß eine ständige Unzufriedenheit mit den tatsächlichen Verhältnissen entsteht. Ich meine damit nicht die schöpferische Unzufriedenheit, die daraus ge-

speist wird, daß machbare Verbesserungen aus Dummheit, Trägheit oder Eigennutz nicht vorgenommen werden; für diese Art leidenschaftlichen Einsatzes bietet die Welt genug Anlaß. Ich meine die Unzufriedenheit, die sich in einer persistenten Vorwurfshaltung erschöpft, in der Theorie und Ideologie steckenbleibt und immer anderen die Schuld daran zuschiebt, daß sich nichts ändert. Der ausdrückliche oder verborgene Entschluß, nur mit dem (durch die eigene Ideologie bestimmten) Ideal zufrieden sein zu wollen, fördert die praktische Arbeit nicht, er lähmt sie vielmehr.

[67] Die – im weiteren Sinn – materialistische Lösung des Leib-Seele-Problems, die die Mittel der modernen Systemtheorie einsetzt, wird «Funktionalismus» genannt. In ihr werden mentale Prozesse als die Funktionen von informationsverarbeitenden physikalischen (chemischen, biologischen) Strukturen dargestellt und mit diesen Funktionen identifiziert. Das hier (und im übrigen Text) von mir vorgetragene Plädoyer für die Einbeziehung der Systemtheorie in die anthropologischen Theorien bedeutet nicht, daß ich den Funktionalismus in seinem Gegensatz zu dualistischen oder transzendenten Anthropologien für richtig halte. Es bedeutet lediglich, daß, soweit mentale Prozesse naturwissenschaftlich reduzierbar sind (wieweit dies immer der Fall sein mag), dies in der Tat durch die Beschreibung informationsverarbeitender Strukturen geschehen muß. Insofern bringt der Funktionalismus einen großen Fortschritt gegenüber den früheren materialistischen Anthropologien, die sich auf den Behaviorismus oder neurophysiologische Identitätspostulate stützten.

[68] Das hier berührte Problem wird traditionellerweise als das Leib-Seele-Problem bezeichnet. Die Philosophien, die entgegen der szientistisch-immanenten (reduktionistischen) Auffassung eine nichtmechanistische Anthropologie vertreten, gehören drei Gruppen an: Die erste Gruppe besteht aus den transzendenten Anthropologien jüdisch-christlichen Ursprungs. In ihnen erscheint der Mensch als eine unauflösliche Einheit von Leib und Seele, die einerseits ganz der Na-

tur angehört und andererseits, kraft ihrer Zugehörigkeit oder Kraft ihrer Gabe des wollenden, schöpferischen und einheitlichen Geistes Gottes, diese Natur auch transzendiert. Eine moderne Formulierung dieser Art von Anthropologie findet sich bei RAHNER [71]. Nach dieser Auffassung können Leib und Seele weder wirklich getrennt noch auch verschieden bewertet werden; ethische und Sinnfragen werden nicht innerhalb der menschlichen Persönlichkeitsstruktur betrachtet, sondern betreffen die Beziehung Gott – Mensch. Die zweite Gruppe nichtmechanistischer Anthropologien weicht hiervon ab: Sie trennt Leib und Seele (oder Leib, Seele und Geist) in der Weise voneinander ab, daß der Leib den natürlichen, materiellen Anteil, die Seele (oder der Geist) aber den metaphysischen, immateriellen Anteil bildet. Damit verbunden ist meist eine Bewertung des Leibes als niedriger oder sogar böse, während die Seele als edel und gut betrachtet wird. Diese meist als «dualistisch» bezeichnete Art der Anthropologie wird auf PLATO zurückgeführt. In der abendländischen Geschichte ist sie mit den Namen DESCARTES verbunden, in neuerer Zeit mit dem der Idealisten des 19. und beginnenden 20. Jahrhunderts. Eine moderne Formulierung des Cartesianismus stammt von dem Gehirnforscher JOHN ECCLES (The Human Mystery, New York [1979]). Sowohl die jüdisch-christliche als auch die dualistische Anthropologie können als «transzendent» bezeichnet werden.

Für die dritte Gruppe nichtmechanistischer Vorstellungen trifft dies nicht zu: Sie gehören zu einer Denkweise, die man als Lebenskraftlehre oder «immanente Geistlehre» bezeichnen könnte. Nach solchen Auffassungen entsteht ein neues, die materielle Welt transzendierendes Element im Menschen aus der Evolution des Menschen selbst. Ohne eigentliche kosmische Transzendenz bringt die kosmische Entwicklung eine neue Welt des Geistes hervor. Diese Zwischenform zwischen einer eigentlich transzendenten und einer szientistischen Anthropologie geht, soweit ich weiß, auf HEGEL zurück und wird in der modernen Form einer *emergent evolution* zum Beispiel von KARL POPPER vertreten (mit JOHN ECCLES, The Self and Its Brain, Springer, Berlin [1977]).

Ohne dies hier ausführen zu können, will ich anmerken, daß die Grundlagen dieser Art von Anthropologie für mich nicht nachvollziehbar sind. Es erscheint mir als undenkbar, daß irgendwie – auf unbekannte Weise über unbekannte Zwischenstufen – durch eine Evolution, durch eine Zunahme an Komplexität aus den naturwissenschaftlich beschreibbaren materiellen Elementen ein Gebilde mit Eigenschaften entsteht, wie sie Menschen haben: Rationalität, Willensfreiheit, ethische Bindungen, objektives Ich-Bewußtsein und so weiter. Es ist mir klar, daß die Theorie von der *emergent evolution* nicht widerlegbar ist. Niemand kann das Experiment machen, auf diesem Weg einen homunculus hervorzubringen. Ich nannte diese Vorstellung für mich undenkbar in einem wörtlichen Sinn: Mein Denken scheint nicht imstande zu sein, ihr zu folgen. Zwar finden viele Menschen die Lehre von einer *emergent evolution* oder von einem Weltgeist einleuchtend – ich kann in ihr nur eine ungeheuer weitreichende und gleichzeitig ganz und gar spekulative Behauptung erkennen, für die es keinen Erfahrungshintergrund gibt. Es wird zuerst ausgeschlossen, daß andere als naturwissenschaftlich beschreibbare Elemente im Kosmos existieren – eine wie alle kosmischen Allsätze sehr weitgehende Behauptung. Und dann wird zum zweiten angenommen, daß durch irgendeinen Prozeß aus diesen Elementen doch so etwas wie Geist oder Willensfreiheit oder Selbst als Entitäten in der objektiven Realität entstünden. Dies sind Gedankengänge, deren Vorzüge ich nicht erkennen kann.

Die Weltgeistlehre hat allerdings psychologische Vorteile, die sehr gut erkennbar sind:

Sie versucht, aus allen Positionen die angenehmen und tröstlichen Aspekte zu übernehmen, ohne den damit verbundenen Preis zu bezahlen. Die Glaubens- und Hoffnungsmöglichkeiten einer transzendenten Anthropologie sollen gewahrt bleiben (man kann an den «Weltgeist» glauben und Sinn aus ihm entnehmen), ohne aber die Bindungen und das individuelle Gefordertsein anzuerkennen, die mit einer echten Transzendenz der eigenen Existenz und der anderer Menschen einhergehen. Man kann als Anhänger der *emergent evolution* an die wissenschaftliche oder zumindest philosophische Beherrschbarkeit des Menschen glauben und gerät doch nicht in den Alptraum eines sinnentleerten Tanzes von Atomen, wie er andere Denker (LUKREZ und aus unserer Zeit CAMUS) so sehr schreckte. Aus der Sicht der Lebenskraftlehre ist der Mensch eingebunden in ein großartiges, erhebendes Entwicklungsgeschehen, das hin zum Weltgeist führt, ohne daß er individuell allzu gefordert wäre oder sich im Alltag mit den ärgerlichen Ansprüchen einer bereits jetzt realen Transzendenz auseinanderzusetzen hätte. (Wäre diese Art der Philosophie sonst schlüssig, hätten psychologische Argumente wenig Gewicht. Ich kann diese Schlüssigkeit jedoch nirgends entdecken, weder bei einem Philosophen wie POPPER noch bei einem fast pantheistisch religiösen Denker wie TEILHARD DE CHARDIN.)

[69] CHRISTOPH KRAIKER, Psychoanalyse, Behaviorismus, Handlungstheorie, Kindler, München (1980)

[70] B. F. SKINNER, Jenseits von Freiheit und Würde, Rowohlt, Reinbek (1973)

[71] KARL RAHNER, ALBERT GÖRRES, Der Leib und das Heil, Grünewald, Mainz (1967)

[72] Eine moderne Stellungnahme zu dieser Frage läßt sich zum Beispiel bei FRITZ MORGENTHALER finden: Zur Dialektik psychoanalytischer Praxis, Syndikat, Frankfurt a. M. (1978).

[73] S. ELHARDT, Die Angst des heutigen Menschen in analytischer Sicht, Mitteilungen der ev. Landeskirche Baden 11/12, 42–51 (1979)

[74] Zum Beispiel CHRISTA MEVES, Erziehen lernen aus tiefenpsychologischer Sicht, Bayerischer Schulbuchverl., München (1971)

[75] HELMUT SCHULZE, Das Prinzip Handeln in der Psychothe-

rapie, 2. Aufl., Enke, Stuttgart (1975)
Ders., Nesthocker Mensch, Enke, Stuttgart (1977)
Letzteres Buch beschäftigt sich sehr intensiv mit der Frage, die bereits im Kapitel IX anklang, nämlich inwieweit Lebensprobleme und psychische Störungen mit einer mangelnden Ablösung vom Elternhaus, mit einem Verzicht auf Selbständigkeit erklärt werden können – ein an und für sich sehr «untiefenpsychologisches» Thema.

[76] Ich beziehe mich auf den «Fall Luise» in Hans Zullinger, Heilende Kräfte im kindlichen Spiel, Fischer Taschenbuch Verlag, Frankfurt a. M. (1970), S. 81 ff

[77] Alexander Mitscherlich, Margarete Mitscherlich, Waisenkinder mit Eltern, Badische Zeitung 31. 10./1. 11. 1979, Freiburg i. B.

[78] Eine umfassende deutsche Darstellung der modernen Verhaltenstherapie ist mir nicht bekannt. Ich verweise daher auf D. C. Rimm, J. C. Masters, Behavior Therapy: Technique and Empirical Findings, Academic Press, New York (1974)

[79] Albert Ellis, Die rational-emotive Therapie, J. Pfeiffer, München (1977)

[80] Einen Überblick über die augenblickliche Lage im Bereich der Psychotherapie bietet Virginia Binder et al., Psycho-Fahrplan: Ein praktischer Führer durch 12 verschiedene Therapieformen zur Überwindung psychologischer Probleme, Verlag Moderne Industrie, München (1977)

[81] Interview von A. Reif mit H. Strotzka, Badische Zeitung vom 1. 10. 1979 Freiburg i. B.

# Register